大夏书系 | 语文之道

有趣的语文

凌宗伟 —————— 著

华东师范大学出版社
·上海·

图书在版编目（CIP）数据

有趣的语文 / 凌宗伟著 .
—上海：华东师范大学出版社，2024
ISBN 978-7-5760-4903-9

I.①有… II.①凌… III.①语文教学 - 教学研究 IV.① H19

中国国家版本馆 CIP 数据核字（2024）第 076966 号

大夏书系 | 语文之道

有趣的语文

著　　者	凌宗伟
策划编辑	朱永通
责任编辑	潘琼阁
责任校对	杨　坤
封面设计	淡晓库

出版发行	华东师范大学出版社
社　　址	上海市中山北路 3663 号　邮编 200062
网　　址	www.ecnupress.com.cn
电　　话	021-60821666　行政传真 021-62572105
客服电话	021-62865537
邮购电话	021-62869887
地　　址	上海市中山北路 3663 号华东师范大学校内先锋路口
网　　店	http://hdsdcbs.tmall.com/

印 刷 者	北京季蜂印刷有限公司
开　　本	700×1000　16 开
印　　张	16
字　　数	245 千字
版　　次	2024 年 5 月第一版
印　　次	2024 年 5 月第一次
印　　数	4 100
书　　号	ISBN 978-7-5760-4903-9
定　　价	69.80 元

出 版 人	王　焰

（如发现本版图书有印订质量问题，请寄回本社市场部调换或电话 021-62865537 联系）

修订说明

这本书 2016 年由中国人民大学出版社出版。曾获得江苏省第十五届哲学社会科学优秀成果三等奖，中央电视台二套对这本书也有过专门的推荐。在这里对费小林编辑再一次表示衷心感谢！出版后有朋友批评这本书有点故弄玄虚，涉及的理论层面的东西多了，操作层面的东西少了，也就是"干货"不多。这恐怕也是这本书未能成为畅销书的原因。感谢大夏书系给了这次修订的机会。这次修订，书中增补了一些课例（算不算"干货"，还有待读者朋友去评判）以增强一点可读性，从与时俱进的原则出发删减了一些内容，也修正了一些错误，甚至对一些内容如"在特定的情境中展开语文教学"彻底推翻重写。但我依然坚持自己的个人认知，即离开了理论指导的教学不过是跟着感觉走的教学，离开了理论指导的文字，充其量也不过是经验的总结。尽管我也承认中小学教师的教学研究更多的应该是实践方面的研究，但一个好的教学研究者是必须了解一点教育教学理论的，中小学教师的教学研究的重点之一是如何将理论转化为具体的教学行为，在经验总结的过程中上升到一定的理论高度。因此，在这次修订中我依然坚持理论与实践的结合，至于结合得如何，还要交给读者去审视与批判。法国学者埃德加·莫兰说："尽管我们要对自己的言论、文字和举止负责，但是我们既无法向他人的阐释负责，也无法对这些行为的后果负责。"[1]但任何人的言说一旦在公众面前呈现出来了，就应该坦然接受来自各方面的声音，尤其是批评的声音，否则不如不说。

凌宗伟

2023 年 12 月 31 日于嗜书斋

---

[1] ［法］埃德加·莫兰.伦理［M］.于硕，译.上海：学林出版社，2017：151.

目录

第一篇 语文学科的价值在哪里

第一讲 教育价值是学科价值的旨归 / 003

第二讲 语文学科的价值在哪里 / 010

第三讲 批判性反思是语文教育的一种价值旨归 / 016

第四讲 语言表达与内容、情感的关系 / 025

第五讲 几个必须关注的基本问题 / 035

第二篇 语文教师要有自己的课程意识

第一讲 为什么要有自己的课程意识 / 045

第二讲 语文课程的价值取向在哪里 / 058

第三讲 语文教育需要返璞归真 / 065

第四讲 教学,首先是要让学生学 / 072

第五讲 语文教育,需要沉静 / 087

第三篇　语文教学应该是有趣的

第一讲　语文教学在大气与细小之间 / 101
第二讲　文本解读，语文教师必备的功夫 / 110
第三讲　"有料"的课堂教学才可能"有趣" / 120
第四讲　语文教学的要义在于体悟生命 / 127
第五讲　保卫课堂的自由 / 133

第四篇　有趣的教学是在良好的生态中发生的

第一讲　在特定的情境中展开语文教学 / 149
第二讲　重要的是用教材，而不是教教材 / 164
第三讲　作文指导首先要让学生有话可说 / 176
第四讲　良好的课堂生态是促进生命生长的生态 / 185
第五讲　语文教学更应追求"得意忘形"的境界 / 194

第五篇　语文教师应该是个好玩的人

第一讲　好玩的人首先是个"有问题"的人 / 207
第二讲　语文老师应该是一个好玩的人 / 218
第三讲　语文老师还应是个敏感的人 / 228
第四讲　语文老师更应是一个乐于行走的人 / 234
第五讲　批判性思维对语文老师来讲尤为重要 / 241

后　记 / 247

第一篇

语文学科的价值在哪里

第一讲　教育价值是学科价值的旨归

学科教学的价值有多种衡量角度，可以是理论的，也可以是实践的，可以是学生立场的，也可以是教育者、研究者、管理者立场的，无论从哪种角度衡量，都一定有被所有人、所有立场都认同的价值基础，我认为这个基础就是教育的价值。著名哲学家费尔南多·萨瓦特尔《教育的价值》一书的《致老师的一封信》中是这样诠释教育的价值的："我所说的'教育的价值'中的'价值'有两层含义：教育是有益的、很重要的和有效的，但却是一种勇者之为，是人类迈出的勇敢的一步。"[①]这有两层意思：一是希望我们认识到教育对于人的成长的重要性、必要性和有效性，是有助于"使人成为人"的事业的；二是当下的教育是一种异常复杂的工作，许多时候我们会遭遇冷嘲热讽，以至于受到打击、压抑，需要勇气去坚守教育的方向。从这个角度理解学科价值的话，就是任何学科教学的教育价值都是指向人的，而不只是学科知识。当然，人的发展是离不开知识的。

学科教学应基于人的生命成长

学科教学要有益、有用、有效，我理解的"有益、有用、有效"，首先是基于人的生命成长，也就是从"使人成为人"的学科教学目标出发。萨瓦特尔说，学科教学经常是用"一种常识救援同类命运"，"将人从动物性中跳脱出来""让人获得真正的自由"的活动；而不是只关注学生学业成绩，甚

[①]　[西]费尔南多·萨瓦特尔.教育的价值[M].李丽，孙颖屏，译.北京：北京大学出版社，2012：15.

至不惜以流水线的方式生产统一规格的产品的产业。这"有益、有用、有效"更多的应该是从学生的心智健康和社会健康的角度出发。或者借用尼采在《论我们教育机构的未来》中谈及现代学校的未来时的话语:"现代学校学科教学的目的将必须是:让每个人获得进步,让所有的个体都能得到发展。通过这种方式可以增加知识,并从知识中知晓,他们可以获得最大可能的幸福和收益。每个人都将必须有能力去准确地评价他自身,将会必须知道他能从生活中得到多少。"①换句话说,就是让每一个人都获得进步的学科教学才是有益、有用、有效的。

既然学科教学要"让每个人获得进步",它的出发点就应当是基于个人的,方式方法也应当是从每一个人出发的,而不只是基于某种统一的标准、流程、方式和方法。面对当下学校学科教学的现实问题,萨瓦特尔清醒地认识到"解决的办法并不是寄希望于学校身上",如果我们"指望把学校变成兵营或管教所,在那些地方,青年人会被军事纪律或监禁控制这些强有力的手段给'规范化'",学校"必须培养自由的公民,而不是狂热的严守纪律的士兵"。一个明智的教师,心中的学科教学目标不仅要基于学科教学的根本目标和社会健康的需要,还应当立足于每个学生的心智特征和年龄特点,选择和采取相应的学科教学策略,更应当能够容忍学生对教师教的东西保持不敬和怀疑的态度,乃至容忍他们提出异议,进行讽刺。这样的学科教学才可能是有益、有用、有效的。

学科教学也是一种"勇者之为"

萨瓦特尔说:"在教育问题上,不该有懦弱、胆怯或多疑之举。但问题是,我们所有的人都会感到害怕,生出怀疑,感到绝望,孤立无援,所以说在一个需要教育却又迷失教育前行方向的社会中,教师这一职业,非常容易让人生出心理挫败感,陷入抑郁,疲惫不堪,让人泄气,有被漠视或忽略感。"作为教师,我们需要有莫大的勇气面对随时而来的冷嘲热讽、疑惑误

---

① 转引自[西]费尔南多·萨瓦特尔.教育的价值[M].李丽,孙颖屏,译.北京:北京大学出版社,2012:181–182.

解、质疑批评甚至诋毁诽谤，没有这样的勇气，我们是没有可能恪守作为教师应有的操守和底线的，更不可能在纷纷扰扰的迷乱中找到学科教学本应当有的方向和路径。

所谓"勇者之为"，还应当表现在我们对当下所从事的学科教学实践的反思上。一个明智的老师，会时时刻刻反思当下学科教学实践的具体现象和问题，探寻这些现象与问题所产生的根源，进而思考解决这些现象和问题的路径与方法。更重要的是，他会在自己的学科教学实践中有意识地克服、避免他所看到的问题，会坚持自己认定的学科教学目标和主张，排除艰难，不断前行，并在前行的道路上不断修正和完善自己的目标和主张，使之变得更明晰和明确。

帕克·帕尔默在《教学勇气》中分析教学三大困境的原因的同时，也明确告诉我们教学就如人们的生命一样复杂，甚至比生命更为复杂，"我们如何为人，也就如何教学"①。我理解的教师的教学勇气恰恰体现在对自己"如何为人"的认知上。我们如何为人，自然也就如何理解教学，实施教学。帕克·帕尔默认为，"好老师们有一个共同的特性：在教学中折射出强烈的自我意识"。教学中的教师行为折射的是教师个人的价值观、教育观、教学观。而好老师"在教学中将自我、学科与学生融为一体"。三位一体，相互作用，方能构成好的教学。②

学科教学的价值在于让学习者修炼"心眼"

正因为学科教学的价值基础是教育价值，在学科教学中我们更要始终抱有教育情怀，能够在五光十色的学科价值画布上涂抹教育价值的底色，帮助学生将"学习肉眼"修炼成"学习心眼"，由看"可变世界"转为看"可知世界"。这样的转变大致有以下四个方面。

---

① ［美］帕克·帕尔默.教学勇气［M］.方彤，译.上海：华东师范大学出版社，2020：31.
② 同①：43-44.

1. 教会思维，养成良好的思维品质

杜威曾这样告诫我们："学科教学应当使人都具有学者、科学家和哲学家的精神，不论他们的职业兴趣和目的如何。但却没有道理认为一种思维习惯就比另一种优越，也没有理由强制地将实际型的转变为理论型的。"从思维的层面来看，"每一个人都有这两种能力，如果这两种能力能够紧密地联系起来，那么每个人的生活都会更有效、更快乐""学科教学的目标应该保证两种思考态度的平衡融合，并充分考虑到个人的性格，不能阻碍和限制他自身所具有的强大力量"。[1]有学生工作多年之后会觉得许多数学题目已经不会做了，但这并不代表以前的数学都白学了，因为他思考问题的方法始终在脑海中。这就如同一个人年少时读过王维的诗，长大后再看到沙漠，就会想起"大漠孤烟直"，他就有了人生诗意的体验。

有人主张，无论是小学数学教育，还是初高中数学教育，基础知识的学习，不应求全，而应求联；数学基本技能的练习，不应求全，而应求变。弗赖登塔尔在《作为教育任务的数学》中有个观点：对学生而言，与其说学数学，不如说学习数学化。[2]如果只追求解题速度，不关注思维品质的提升，这样的学习，必然导致学生的探究、归纳和逻辑推理能力不能得到充分训练，丧失最有效的培养学生探究、归纳和逻辑推理能力的机会。用数学的思想和方法带动具体知识内容的教学，不仅可以使学生对数学的认识得到提高，也帮助他们逐步学会数学思维。

数学教师应该都明白，从赫拉克利特、毕达哥拉斯开始，数学与哲学就是密不可分的。比如，一个问题的成立与否，要通过严密的推理来论证，而不能凭直观想象，这就给学生建立了科学的真理观。再如，通过开放性与多元性的题目探究，对不同的解题方法进行比较，能够促成优化、有序的思维品质。复旦大学附属中学的曾容老师将数学学习归纳为三个"什么"：是什么、为什么、还有什么。这三个"什么"，就是着眼于培养学生的优化与有

---

[1] [美]约翰·杜威.我们为何思维[M].任中友，译.北京：新华出版社，2013：115.
[2] [荷]弗赖登塔尔.作为教育任务的数学[M].陈昌平，唐瑞芬，等编译.上海：上海教育出版社，1995.

序的思维品质。我以为，不单数学学科应该这样，语文学科乃至其他学科也应该关注这个问题。无论哪个学科，如果从人的生命成长的视角出发，教学最要紧的就是培养学生的批判性思维，帮助他们形成批判性思维品质。我们期待的创造性人才才有可能从他们当中出现。

2. 价值引领，形成积极健康的人生观念

不管是人文学科还是科学学科，能够独立成科的学科，都有其人文、科学的内核，以及以此为基础的价值导向。从小学到高中，数学学科的教学都经历了数集的扩张。我们可以看到数集的扩张不是简单地否定过去，而是在保留原有数集最核心性质的基础上的发展，是继承的发展。我们可以从中感受到继承与发展的和谐统一，这与我们社会的发展是一致的。因此，中学数学教学的价值不只在于传授初等数学知识，更在于培养学生的逻辑推理思维、科学精神和人文精神。

中学语文教学同样如数学学科的教学，其价值也不只限于传授听说读写的基本知识，还应该培养学生的思维能力，帮助学生形成积极的人生态度和正确的价值观，提升文化品位和审美情趣。雅斯贝尔斯在《什么是教育》的第一章就开门见山地揭示了"教育之本真"，指出："所谓教育，不过是人对人的主体间灵肉交流活动（尤其是老一代对年轻一代），包括知识内容的传授、生命内涵的领悟、意志行为的规范，并通过文化传递功能，将文化遗产教给年轻一代，使他们自由地生成，并启迪其自由天性……通过现存世界的全部文化导向人的灵魂觉醒之本源和根基。"[①]著名教育家张伯苓更是如此浅显地阐述："作为一个教育者，我们不仅要教会学生知识，教会学生锻炼身体，更重要的是要教会学生如何做人。"

学科教学的重要任务就是为学生的精神生活提供一切可能的空间，而绝不只是进行单纯的知识教学，让学生做题和考试。学科教学应指向心灵、指向灵魂。学生跟教师学什么？最根本的是学会学习、有智慧，学会合作、宽以待人，拥有健康的状态、积极的人生观念，以及严谨的科学态度和脚踏实

---

① ［德］雅斯贝尔斯.什么是教育［M］.邹进，译.北京：生活·读书·新知三联书店，1991：3.

地的实证精神。

3. 陶冶情感，达成精神和思想的自由

雅斯贝尔斯认为，陶冶是一种生活形式，"它是以作为思维能力的培养为其支柱并把规则的知识作为培养这种能力的场所。陶冶的材料包括：对已成形的事物构造的直观、一般有效的知识以及语言——存在的家园""作为形成人生态度的陶冶必须为人们提供广阔的空间，使人们在理性中寻求道路，全面地展开精神运动"。[①] 而（遗憾的是）我们当下的学科教学已经退化为简单的知识、技能的传授。学科教学中，个体从客观世界中获得的经验，通过个人在团体中的内在行动而得到生长。这样对知识获得的体验，能够达成精神和思想的自由，这就是不知不觉的陶冶。学任何东西都要有质疑的精神，我们要质疑知识的本质是什么，为什么是这样，除此之外还有什么，只有这样才能最终促进学习，提升学习能力和思维品质。即使是纯理性的数学，任何一个数学概念的产生都不是偶然的，它的前行是我们不断用数字来刻画自然界基本规律的过程，这样的过程就是一个学习如何认识我们这个世界的过程，是培养科学的态度和精神自由的过程。如果割裂了数学知识与其背后的思想、文化之间的有机联系，只有一个个孤立的知识点与题目，却没有鲜活的过程和体验，那么我们的教学就失去了"陶冶"。

4. 传授方法，掌握基本的路径与方法

传统教学传授知识，常常过于专注具体知识的传授，而忽视揭示其背后的道理。在一些学科教学中经常没有思考过程而只有结论，由条件到结论，其中缺乏说理的环节。把思维过程压缩成结论的抢答，就像给婴儿喂食，咀嚼好的食物无法真正维系孩子的生命成长，这种方式只能阻碍儿童生存能力的发展。数学知识概念都是前人的创造，学生唯有在教师的引导下模拟发现、探究的过程，才是最真实的学习。语文学科的许多知识又何尝不是如此！

---

① ［德］雅斯贝尔斯.什么是教育［M］.邹进，译.北京：生活·读书·新知三联书店，1991：103.

陶行知先生说："好的先生不是教书，不是教学生，乃是教学生学。"尽管每个学生的天资不同，基础不一，但一门学科的学习总还是有其基本要求和基本思路的。在语文学科的教学中，如果教学者能养成这样的习惯：在每读一篇文章时能就"写的是什么内容""有哪些精彩之处""表达了怎样的情感""用了哪些方法""对我有什么启发""我有哪些疑问"这六个基本问题做一些思考，那么是可以帮助学习者掌握语文学习的基本路径的。就具体的学习者而言，他可以就这六个方面进行全方位思考，也可以就某几个方面或者某一个方面深入思考。至于对这些问题的思考，学习者同样也有形成相应的思考方式与方法。这样就会形成每一个个体特有的阅读路径。

以数学学科为例，它的教学魅力在于让学生体会教材中数学概念产生的必要性和可能性，引导他们去重历这些问题的发生、发展的进程，从前人研究问题的背景以及相应的方法中掌握数学学习的路径与方法。这样的学习才能帮助我们正确地看待这个世界、理解这个世界，更好地感悟这个世界，形成理性的思维。这就是数学学科教学的基本路径与方法。地理学科、历史学科也如是。杜威做过很好的概括：地理是从空间上带领学生认识世界之美，并从世界大同、天人合一的整体角度，让人对自己的生命意义和使命责任产生认同；历史是从时间上给人提供感受世界厚重和发展的一种途径，让人讲逻辑，溯本初，辨真伪，提升生命的品质和韧度。我以为，语文学习也不例外。

一言以蔽之，当我们在谈论学科价值时，不论哪个学科，千万不要忘记，它实际上只是教育价值在不同维度的折射和反映，如果我们的教师能从学科知识到思维、方法、路径，再到思想、理念（哲学）、价值，让这些东西以一种润物无声、浑然天成的方式统一到学生的生命中去，"使人成为人"的教育目的就有了达成的希望。

第二讲　语文学科的价值在哪里

我一直认为语文就是语文，或者不如说语文就是一个国家的通用语言文字，这样更确切一些。不过这么多年来，我们"习惯"上称之为"语文"了，或者说是我们的母语"被语文"了。这样来看，所谓"语文"至多也只有"中国语文""外国语文"之分，其他不管什么语文，恐怕都是术语语文了。无论是中国语文还是外国语文，不外乎就是自己听得懂别人的话，看得懂别人的文字，自己的所见所闻能用自己的话说出来、写出来，再进一步就是能清楚人家哪里说得好、哪里写得好，假如自己说、自己写会是怎样的一种方式。这样理解语文教学的话，语文教学就是学生在教师的引领下，读懂别人的文字，听懂别人的言说，学会恰当地用自己的文字来表达的过程。它的基本方法也不外乎听、说、读、写、译、编，这些的背后有情感态度、价值观，也有情趣与文化素养。当然，中国语文与外国语文有一个最大的差异就是文字，中国的通用规范汉字更多的是表意文字，因此多了许多想象的空间，也多了几分学习的困难。所以中国语文的学习就有了涵泳的方法。通过涵泳体悟语言文字的精妙所在，当然还可能发现其中的问题，这就是最高境界了。

语文是什么

一般而言，语文是语言文字的简约式统称，或者是听、说、读、写、译、编等语言文字的能力和语言知识及文化知识的统称。语文能力是学习其他学科和科学的基础，语文知识几乎包罗万象。语文也是人文社会科学里一门重要的学科,是人们相互交流思想等的工具。哲学家们认为,语文是进行表述、记录、传递口头和书面信息的文字言辞的物质存在形式;语文是描述事实、引证思维、陈述思想、表达意志、抒发情怀以及改造事物和思想的信息定位的一种意识存在内容。语文也是中国的学校等教育机构开设的一门主要学科,中国语文教科书一般讲授的是汉语文。《现代汉语词典》(第7版)中对"语文"的解释有两种:语言和文字、语言和文学。《普通高中语文课程标准(2017年版2020年修订)》(以下简称《高中语文课标》)从课程的角度是这样解释"语文"的:"语文课程是一门学习祖国语言文字运用的综合性、实践性课程。"

  实际上,中国语文原本就与哲学、历史、天文、地理等学科密不可分,只是分科以后将一些可以分的学科分出去,分不了的、剩下来的就是"语文"了。也正是因为这样,语文形成了与其他学科的最大区别:包罗万象、大开大合。用现在的话来说,就是它的开放性和综合性。

  或许正是因为这样的特点,我们的语文课很难像语文。但有一点是明确的,它只是一个载体,通过语言文字将各种各样的现象、知识、道理、情感等呈现出来。我理解的"语文",不外乎就是自己听得懂别人的话、看得懂别人的文字——别人的话和文字呈现了哪些现象、知识、道理、情感等,还有就是如何将自己的所见所闻说出来、写出来,再进一步就是能清楚人家哪里说得好、哪里写得好,假如我自己说、自己写会是怎样的一种方式。

  《语言本能》的作者史蒂芬·平克说,实验证明:"语言并非文化的产物,而是人类的一项独特本能。"他认为:语言能力很大一部分是源自人类的基因。"所有的婴儿都是带着语言能力降生于世的。"[①] 脑神经科学研究也证明,一个人到六岁的时候,其语言能力基本发育到位了。果真如此的话,语文教学就只是教语言吗?从这个角度看,就像叶圣陶说的那样,语文教育的主要任务不仅是让学生认识语言现象,掌握语言规律,学会正确地、熟练地运用语言这个工具,还是思维的拓展与训练,文化素养与审美能力的培育与

---

① [美]史蒂芬·平克.语言本能:人类语言进化的奥秘[M].欧阳明亮,译.杭州:浙江人民出版社,2015:16.

提升。从语文学科的特质去审视,重点当然是语言的建构与运用。

  基于这样的认识,我认为所谓"语文活动",其实就是引导学生读懂别人的文字,听懂别人的言说,学会恰当地用自己的文字来表达的过程。没什么深奥的东西。有人问,这个活动,如果只是智力上的深思、涵泳、吸收,会不会被人误解为不动不活,是不是一定要让肢体和嘴巴齐动?我认为,师生间的,同学间的,师生与文本、与作者心灵间的活动才是最佳的活动。做题、讨论、"爬黑板"、高声表达均是表面现象,不思不悱,这种方式获得的知识,很可能只是短暂的记忆,在学生心里存不长久。

语文教育的本源在哪里

  我的认识告诉我,语文教育应该回归它的本源。本源是什么?我的回答是生命的互相浸润。语文课堂是什么?语文课堂应成为关注生命、放飞生命、提高生命质量的特定时空。因此,语文教学应该是师生与作者、文本的美好相遇,是一个生命与另一个生命相互对话、相互浸润、共同走向美好的过程。语文教育应该承认和尊重师生以及作者的生命存在价值,并为这种价值的实现创造各种条件和可能。

  我认为,这样的认识是对中国当下语境中的以人为本的主流价值导向,也是对《高中语文课标》中关于语文教学性质的个性化的回答。

  康德认为,人是"目的",而不是"手段"。人是理性的存在者,即"人",他们具有绝对的价值,他们的本性凸显为"目的本身","因此,这就不仅仅是其实存作为我们的行为的结果而对于我们来说具有一种价值的那些主观的目的,而是客观目的,亦即其存在自身就是目的的东西,而且是一种无法用任何其他目的来取代的目的,别的东西都应当仅仅作为手段来为它服务,因为若不然,就根本不能发现任何具有绝对价值的东西"[①]。人只有通过教育才能成为人。在康德看来,伦理道德是人之所以为人之所在,人的生命价值和目的不在享受了什么(幸福),而在做了什么(道德)。然而,需要追

---

① [德]康德.康德著作全集:第4卷[M].李秋零,等译.北京:中国人民大学出版社,2005:436.

问的是：人是什么？教育是什么？人类为什么需要教育？只有追根溯源，对这些形而上的本源性问题做一些思考，并形成清晰的看法，具体的日常的学科教学才不至于陷于盲目性，缺乏自觉性。

人是什么？这个永恒的斯芬克斯之谜一直困扰着人类。关于生命、宇宙以及一切的终极意义问题，其实是人对自身的哲学思考，也是对生命意义、人生价值的追索，对人生境遇的反思。生命教育是对"人是什么"的教育学诠释，也是我的语文教育思想本源之所在。语文教育不仅要传授语文知识和技能，更要引导学生对人的本质、生命意义进行思考，鼓励学生积极面对生活，珍爱生命，热爱自然，努力实现个人的自我价值与社会价值，明白人之为人的基本道理。

杜威主张"教育就是生长"。所谓"生长"，归根究底是生命的成长。观察和思考生命成长发育的过程，我们可以更深刻地理解教育的实质。从受精卵到胎儿，大致上重复了从动物到人的进化史，即由单细胞生物发展到高级动物的生命史。我们可以从不同年龄段儿童的认知过程（皮亚杰把这一过程分为无律阶段、他律阶段、自律阶段、公正阶段四个时期）来探讨早期人类的认识史。这为我们生命的互相浸润的思考提供了历史与逻辑一致性的佐证；反之，这也为我们提供了一种切近学生成长与发展本质的教学与研究的视角。

我主张把教学活动的注意力和重心放在对学生生命成长的关注上，关注语言现象背后的认知活动和情感活动。我的语文课堂教学是围绕文本展开的生动活泼的生命性的对话，语文学习过程是师生生命体验、感悟的内在过程，而不是外在的、名目众多而枯燥繁琐的习题化练习，更不是概念化的文本解析。我的教学思想与实践的主张是，语文教学的人文性和工具性只有在生命的和谐生长中才能得到有机的统一。

《高中语文课标》对语文课程性质做了如下阐释："语文课程应引导学生在真实的语言运用情境中，通过自主的语言实践活动，积累言语经验，把握祖国语言文字的特点和运用规律，加深对祖国语言文字的理解与热爱，培养运用祖国语言文字的能力；同时，发展思辨能力，提升思维品质，培育社会主义核心价值观，培养高尚的审美情趣，积累丰厚的文化底蕴，理解文化多样性。"这揭示了生命的丰富性和生命成长的全面性。我认为,《高中语文课标》下的语文学科理解和实践,首先要站在对生命深刻理解的高度理解语文。就阅读教学而言,文本教学必须重视引导学生了解文本作者的写作状态和时代背景、生活阅历与对生命的理解,如此,才有可能走近作者,走进文本,深刻领会文本本身的意义与内涵,然后才可能有适度的"代入感"。语文教育不只是语言文字的建构与运用,更是人文精神和文化传承的载体。通过语文学习,学生不仅可以体验到生命的喜怒哀乐、大自然的伟大、科学的神圣,更可以增进对生命价值和意义的理解。语文教学要让学生在听说读写的过程中认识到,语言绝不是冰冷的符号的堆砌,也不是刻板、教条、贫乏、单一的概念和公式。正因为如此,语文教学必须披文以入情,知人而阅世,这样才能在解读文本中的语言文字的教学中,见对话中的情趣与思想,还原与提升生活的真实,彰显师生以及作者与文本本身的生命和思想的活力、张力。这种直指心性、感悟生命的教学才是语文教学的应然之举。

语文的价值在使人成为人

雅斯贝尔斯在《什么是教育》中说:"教育须有信仰,没有信仰就不成其为教育,而只是教学的技术而已。教育的目的在于让自己清楚当下的教育本质和自己的意志,除此之外,是找不到教育的宗旨的。"[1]我理解的信仰就是教育是为人的教育,绝不仅是知识与技术的教育,尤其是语文教育。如果我们只是死死地盯在为了应试的效益去追寻所谓的"有效"与"高效",那么不要这样的语文教育也许对个体精神生命的成长与丰富会更有益一些。遗憾的是,现实世界中我们几乎无法摆脱分数的纠缠。

在我的语文教学生涯中,我还真的体会到雅斯贝尔斯所说的,"只有当我们不是故意遣词造句时,语言才是真实的",课堂上的情况,充分说明了我们只有"对事物的了解愈深入,其语言表达的水准亦愈高"。[2]教师是这样,学生也是这样。

---

[1] [德]雅斯贝尔斯.什么是教育[M].邹进,译.北京:生活·读书·新知三联书店,1991:44.
[2] 同[1]:86–87.

雅斯贝尔斯说：教育，为的是使人"通过语言传承而成为人"。这样的主张用来说明语文教育的价值，恐怕是比较合适的。"要成为人，须靠语言的传承方能达到，因为精神遗产只有通过语言才能传给我们。""学习语言可以在无形中扩大个人的精神财富"，因为"语言替我而思"。[①]从这个角度看，关于工具还是人文性的纠缠就显得相当无趣了。

作为语文教师，我们在教学中必须明确："起初人们苦心积虑地创造出来的语言，却在后人口中变成了惯用语而不知其意，那些深邃的表达方式也变成了实用性语言。结果一大堆空洞无物、歪曲原意的语言控制住人类：人就让这种语言操纵着，而忘记真正的自我和周围实在的世界。因此他们的教育只是为了语言能力的获得，而非对事物认识能力的提高；只是习得一堆惯用语，而没有去探究事物的本质。实存的、粗糙的、未被照亮的种种现实性就遮蔽在习惯用语之下，而没有自我构造。"[②]语文教师的一个重要任务就是要引领学生将那些被有意无意遮蔽的语言照亮，让学生在自主阅读中找到共鸣，读出自我。

黄玉峰老师说，做教师，要活得像个人。上课要力求引领自己的学生去求真，做学问要"人云亦云不云，老生常谈不谈，道听途说不说"。一个教师，最要紧的是要有自己的思考、自己的言说，不管那些思考与言说是不是正确，关键是有没有自己的主张，能不能引导学生乐观地面对生命中的各种可能，而不仅仅是懂得如何遣词造句、谋篇布局。

在我看来，语文教育作为一项使人成为人的事业，有它特定的"立体性"：要有它的长度，即为人一生的发展负责；要有它的广度，即发展人全部生活的各种层面；还要有它的深度，即应该以人生终极意义为诉求和皈依，不断提升生命的境界。因此，语文教师应当将教育上升到生命的高度，让教育充满生命情怀，用教育不断润泽师生生命。这是教育的最高境界，以此为追求，我们的教育必将以最博大的胸怀带给师生真正的幸福。

---

① ［德］雅斯贝尔斯.什么是教育［M］.邹进，译.北京：生活·读书·新知三联书店，1991：84.
② 同①：87.

第三讲 批判性反思是语文教育的一种价值旨归

今天当谈及语文教育的时候，不少人首先考虑的是课改模式与口号、各式各样的教学主张。一些大词丽句成了语文专家、教师追捧的目标，许多语文教育者将精力放在寻找大词与丽词上了。大词丽句成为某些语文人的主要营销工具，常被官员和教研者使用，同时也是我们这些语文教师经常争论的话题。弗莱雷在《被压迫者教育学》中说："人作为'处在一个境况中的'存在，发现自己植根于时空环境之中，这种环境造就了他们，他们也造就了环境。他们往往对自己的'情景性'进行反思，受'情景性'的挑战并对之作出行为反应。人存在是因为他存在于情景之中。他们越是不但对自身的存在进行批判性反思，而且批判性地对其存在作出行动，他们的存在就越具体丰富。"[①]作为语文教师，我们必须高度关注具体的教育教学情境，要通过对情境的观察思考，发现自己和教育对象对具体境况的反应，反思得失（我这里说的"情境"是真实而具体的，而非外设的或者人为的）。换个说法，批判性反思必须成为教师的一种存在状态，借此方能及时改善当下的教学，就语文学科而言便是为了寻得语文教育的真谛，不在人云亦云、邯郸学步中背离语文教育的康庄大道。应该说，语文教师相对于其他学科教师的探索似乎要多一些，争论自然也就相对多了。通观当今语文学科教学之间的种种纷争，不外乎以下种种偏执。

[①] ［巴西］保罗·弗莱雷.被压迫者教育学[M].刘建华，等译.上海：华东师范大学出版社，2001：52-54.

碎化思维，导致语文教学争议不断

当下语文界比较热闹的就是种种"某某之争"，比如"韩李之争"，其争议的焦点就是以"生死的意识"还是以其他什么意识解读《背影》。我认为《背影》中确实充溢着"生命与死亡意识"，但如同"爱情是文学的永恒主题"一样，生命与死亡也是文学的"显见之识""人之常情""世之常理"。就如同当下林林总总的语文名词（"真语文""青春语文""绿色语文""生活语文""本色语文""智慧语文""生命语文""人格语文""生态语文""文化语文"等）一样，说白了就是揪住语文的某一属性，从某一概念中拾起一个碎片，构造起一座意义大厦，对整体进行理解，造成的结果是"乱而不约"。再如，从易学的角度讲《雷雨》，从知识分子自由缺失的角度讲《珍珠鸟》等。作为学术研究，我们可以有不同的争鸣，但在常态的中学课堂中，置文本中固有的感情意识于不顾，纠缠于碎片之间的互相否定，难免会偏离语文学习的轨道。

泛化思维，导致文本解读混乱不一

补充删节，穿插诸多"独到"的研究性材料，以拓展延伸为求，"翻转"传统认识，是许多名家言辞或者公开课施教中常见的手段。比如，某位名师教《送东阳马生序》，特意补上删节"谓余勉乡人以学者，余之志也；诋我夸际遇之盛而骄乡人者，岂知余者哉！"再用诸多材料告诉学生，作者的家境和际遇其实绝不是文中所述"家贫，尤从致书以观"，最多也就有那么一两次遭遇文中所说的情形，让学生明白他在阅读中看到的是作者的矫情和炫技。影响深远的是，由于受众和价值意义的改变，叶圣陶主持新中国第一代中学语文课文的编选时定下规矩："入选文章要加工，思想内容要加工，语言文字也要加工。"由于教材编者对文本的加工，教材文本也就"获得了与原作等同的生命"。但事实上，教材中的文本显然已不全然是原作。于是就有了是尊重教材还是尊重原作的两难，甚至出现完全漠视教材的编者以及文本的生命独立意识，为了一个自认为猜想的结论，补充诸多导向性和暗示性的材料，在纯粹的文本之上嫁接、涂抹，以达到改头换面的结果。类似的"多元的解读"，实则是一种对语言思维独特的警觉性、灵敏性的泛化。尽管我们也知道一个人对具体文本的理解与其知识有着密切的关系，就如莎士比亚说的"一千个读者就有一千个哈姆雷特"一样，每个人都会对作品有不同的理解，每个人对待任何事物都有自己的看法，对同一个文本，一千个人可能有一千种不同的看法。但这并不意味着我们可以不去探寻文本本意与作者意图，至少我们不应该以"多元解读"给任意篡改文本本意与作者写作意图的情况披上"合理"的外衣。毕竟哈姆雷特是那一个哈姆雷特，无论几千个，终究还要回到莎士比亚笔下那个哈姆雷特上面去。

直化思维，导致素色的文字之思迷失

许多名师的教学样本，在45分钟的教学时间里，在教师与文本之外，还不厌其烦地呈现学案、文本资料、视频、PPT……整个课堂"繁花似锦"，毫无节制的拓展延伸将学生置于潮涌般的感官刺激下，直化了语言与思维的转化，众多"直观""明确"导向的材料钝化了学生应有的敏锐思维，殊不知连贯的PPT呈现就是一种披上高科技外衣的灌输。庄子说："君子之交淡若水，小人之交甘若醴；君子淡以亲，小人甘以绝。"素色的文字之思、文字之乐，才能让人在汉语中"出生入死"。"繁花似锦"的语文课堂，摧残的是怀疑精神、批判精神、分析精神和实证精神，久而久之让学生和教师丧失了联想与想象、发散与聚焦的思维能力，同时也忽视了文字背后原本存在的张力。比如，杜牧的《独钓》："窗外正风雪，拥炉开酒缸。何如钓船雨，篷底睡秋江。"如果让学生一句一句地翻译出来，岂不情趣全无，味同嚼蜡？有人也许会质问，你这不与前面对"多元解读"的批评自相矛盾吗？请注意，我前面批评的是不考虑作者所处的时代背景以及写作动机的"多元解读"。

从教学设计的立场出发，我觉得老师们不妨看看《基于证据启发的学习设计：让教师教学站在理解教育规律的基础上——访国际知名教育心理学和学习科学专家保罗·基尔希纳教授》一文介绍的保罗·基尔希纳的观点：

> 对接受教师教育的师范生而言，我认为最重要的是培养他们的批判性思维和研究意识。当师范生接触某种教学主张时，他们应该学会去了解该教学主张的来龙去脉，并在此基础上对其正确性进行理性判断和评估。在进行学习设计时，教师可以遵循"审视—追踪—分析—综合评价"这一流程，从而帮助他判断教学主张是否合理、科学。作为未来的教师，他们首先要学会判断有关教学主张的语言表述是否清晰、客观、理性和深刻，进而运用假设法对其科学性进行推敲。其次，他们需要追踪教学主张的理论依据，即找出支持其说法的证据，比如追踪相关文献。在多数情况下，人们会对权威专家发表的观点深信不疑。有时候，这些观点可能听起来合乎逻辑，但不一定是正确的、合适的。因此，对这些观点进行追踪是有必要的。随后，他们需要对教学主张进行分析。在分析教学主张时，可以辅以学习科学专家的研究结论，但这仍要求他们具有批判意识。最后，他们需要对教学主张进行综合评价。如果各个步骤中得到的结果都很不错，那就可以确定教学主张的合理性和科学性，就可以将其用来指导学习设计。①

我以为"审视—追踪—分析—综合评价"的流程同样适用于对学生的阅读指导。

简化思维，导致各种模式的强制推行

中小学校接连不断地推行各类"学案"和模式，似乎早早地进入了新常态，语文教学同样在这种"简单化思维"的影响下，出现了不合常理的怪象：名师创设出与众不同的教学模式、学校学习模式，就是教学改革；个人的创设或者学习模式，就是理论研究。前文所说的这语文那语文就是一个佐

---

① 蔡慧英，卢琳萌，董海霞.基于证据启发的学习设计：让教师教学站在理解教育规律的基础上——访国际知名教育心理学和学习科学专家保罗·基尔希纳教授[J].现代远程教育研究，2021（4）.

证。事实上，世界本就是多元的，人与人本就是不一样的，以同一种方式应对变化着的世界、教导不一样的个体原本就有违常识，而我们偏偏就要这么干，这也是语文教学饱受诟病的原因之一。好的教学，本当超越"同质教育"，尽力保证个体的高水平差异化发展，强调对每一个学生的个性、特长的关注，把教育的重心迁移到人格、素养以及品质的培养上来。模式化教学的本质是控制，是基于对应试分数的精确定位，对课堂的流程、方式、内容的模块式控制。同时，许多模式的成功背后还有诸多配套的体系，如师生思想支持体系，作业、试卷考评析体系，严苛的师生管理体系。过分强调模式的危害在于它会使教师的思维变得固化、呆板，其个性也会被磨灭。

面对各种纷至沓来的声音与教学样本，如果没有批判与反思，迷茫与恐惧恐怕在所难免，纷争与"口水战"也就难于避免。只有当批判性反思成为一种习惯的时候，我们才可能发现许多纷争其实就是"以科学公正的名义把有机的东西变成无机的东西，把变化中的东西变成现有的东西，把生变成死"，因为我们害怕变化，"从变化（这种变化没被他否认，但他对这种变化不抱希望）中看到的不是生命的迹象，而是死亡和衰变的征兆。他们的确研究变化只是为制止这种变化，而不是为了激化它或加深它"。① 因为一旦被我们视为金科玉律的东西遭遇质疑了，也就意味着我们将面临动摇的威胁。

《权衡：批判性思维之探究途径》的作者有这样的提醒：我们需要认识到我们是可错的（这种对于判断的暂时性的认识可以被称为可错主义）。这种认识会使我们抱有一定的谦虚态度，以及严肃地思考与我们观点相异的观点的开放性。这提醒了热衷于言辞的人，对他们来说，需要理解的就是，做判断、下结论的时候尽可能避免武断；对听者而言，需要的是耐心、谦卑基础上的自我审视与判断。那么如何在这纷争的状态中不致迷失呢？

---

① ［巴西］保罗·弗莱雷.被压迫者教育学［M］.刘建华，等译.上海：华东师范大学出版社，2001：54.

要抱有开放的心态

世界是多元的，人是多元的，语文教学自然也是多元的。作为具体的个体，彼此"处在一个境况中"的批判性思维，其实就是对彼此生存条件的反思。在种种语文主张中，我们必须明确："我不能替别人思想，没有别人我也无法思想，别人也无法替我思想。"在这样的反思中，个体的"生成主题便存在于他们的世界观中"，"其内容不断自我扩大，自我更新"。"他们通过别人的'考虑''重新考虑'他们自己原先的'考虑'"，并且"通过把自己专注的同一个现实再现给别人"，自然会对别人构成某种挑战，这挑战，也就会触动对方的批判性反思。① 我们要尽最大可能了解他者的观点，以及支撑其观点的理论及事实，在此基础上，努力去探寻"第三种"可能，寻找"第三选择"。换句话说，语文的主张就是对语文的个人认识，或者说语文教学主张就是具体的语文教师对语文教学是什么、怎么教、为什么这么教的理解，这既属于认识论范畴，又属于操作论（或者说实践论）范畴，没有绝对的真理。对于认识的过程，我们需要的是不简单地接受或者排斥他人的观点和自己所读到的文字以及已有的知识，从批判教育学的视角而言，我先前的所知和言说，现在已经过时。需要牢记的是，我们提倡开放的心态，但要注意从语文本身的属性出发，去生发、联想、想象，在不断实践、不断认识的过程中走向完善，或者说走向真理，否则就会失去语文的意义。

努力提升语文学科教学素养

教学是老师的本分，教学的素养不是学科素养，而是建立在学科素养基础上的教学能力、研究意识、教育视野以及理论实践的自信。教学素养是影响教学效果的重要因素，具体来说包括一个教师的教学认知，以及在这认知基础上的教学行为、教学语言等基本的教学功夫，还有相应的教学机智、教

---

① ［巴西］保罗·弗莱雷.被压迫者教育学［M］.刘建华，等译.上海：华东师范大学出版社，2001：54-57.

学艺术。我们需要审视的是自己的教学如何变得"可见",需要经常回过头来看看自己的研究又有多少是真正对学生学习有作用的学校教育属性——使学习可见的"进程"属性。

教学自然要关注学业成绩,但教学并不只是为了学业成绩,过分关心学业成绩就会错过太多信息,比如学生想知道什么、能够做什么、关心什么,如果错过了这些信息,教学就难免偏离学生的需要。事实上,许多学生热衷于学习,也会花大量时间取得与学校无关的成就,也陶醉于追逐学习——批判、错误的转变以及发现成果。但我们的教学往往无视学生这些方面的学习兴趣,其原因在于我们常常忽视教学的另一个重要目标——发展学生的批判性思维。我们更多地强调统一与服从。可喜的是,《高中语文课标》明确提出了提升学生逻辑思维能力,运用批判性思维审视语言文字作品的要求。我们需要努力的是,如何在实际的教学活动中践行《高中语文课标》中提出的这些要求。

回到语文应有的本义上来

语文教学有两个层面:一是必须遵循从语言开始,最后再回到语言的原则。吕叔湘先生认为,文本细读就是从语言出发,再回到语言。如此,就可以理解为什么无论有多少个哈姆雷特,最终还是要回到莎士比亚笔下的那个哈姆雷特身上去的观点了。语文课堂教学需要依靠语言文字的张力和创造力,对蕴含其中的感情进行体验。二是指在体验情感时,不加教师的任何个人偏见或喜恶,平和地完成,以更好地推动学生悟出文本的思想和诉求。这些需要教师暂时把自己的思维假定搁置起来,既不让它们发挥作用,又不要刻意去压制它们的出现。依靠足够缓慢的节奏、足够充裕的时间以及原始的抄写、背诵、涵泳、体悟、思考,语文教学中的"对话"不能基于"自认为猜想"去"灌输""强加",否则会影响学生对语言独特的敏感性,结果学生只会模仿一大堆貌似优美、实则空洞的"低级语言"。语文教育要有"思"的意识,必须明白文化与语言、思想原本就是一体的,文化还是动态的、变化的、发展的、多元的;尽可能地帮助学生学会思考,学会用自己的言辞去命名所生存的世界和自己的内心世界。这样，我们才能恰当、合理地解读文本作者所认识的世界和他们的内心世界；也只有这样，我们才能以自己的方式表达自己认识的世界和内心世界。比如，我这里谈的对语文教学的理解与认识，只是我个人的理解和认识，没有必要，也不可能强加给他人，同时，也一定会遭到别人的批评和质疑。

对课堂要保持敬畏

课堂是师生自由、创生的"育人"场所。好的语文教学追求的是个体"自由"的发展。帕尔默在《教学勇气》中有这样的观点：我们所教的学科像生命一样广泛和复杂，我们所教的学生远比生命广泛和复杂。教学就是不断的鲜活的相遇，自以为是的我们永远无法达到如此复杂的彼岸。由此，我们要对语文课堂保持敬畏感、神圣感。面对具体的教学问题，更多的是需要提问与思考。思维是逻辑分析的基础，不经过逻辑分析就轻易下结论，往往还自以为是，容不得质疑。无视逻辑正是谈批判性思维的困难所在，也正因为困难，所以必须坚持谈下去，至少坚持多问几次：这个结论靠谱吗？

教育是最稳固的，百年来方式方法的实质几乎没有任何改变，强加任何新的举措，都需要谨慎。我们之所以对"合作""探究""大概念教学""大单元教学设计""群文阅读""整本书阅读"等抱有幻想，是因为我们对它们不熟悉，没有把它们放到人与世界的关系中去。我们之所以膜拜"情境教育"，同样是因为我们不了解，不了解教育现象学的基本理论，更不具备哲学范畴的现象学知识。就像我们之所以把杜威当成"神"，是因为我们看不懂杜威晦涩的言语以及陌生的理念。杜威的"实用主义"教育，其基础是达尔文的"进化论"，强调的是对人性的改造。如果人性能够改造的话，那世界就不可能是我们所见的世界了。以合作学习为例，它只是多种学习方式中的一种，它的成长是契合国外小班化的班级构成、民主的学习氛围、创新的教育理念的，而在50人甚至上百人的课堂中照搬这一套恐怕只能事与愿违。何况，杜威的教育思考也遭到巴格莱、弗莱雷等学者的质疑与批判。再者，今天所见的这语文那语文的背景，其实就是当下这个崇拜效率的社会生态的折射。一方面，这语文那语文的现象折射出部分教研人员的浮而不实、人云亦云，以及许多教师不愿意付出精力去研究教学本原，又想一劳永逸的心态。另一方面，这也是一种长官意志与媚上文化的具体表现！如果从"生成主题"的角度理解上述问题，就是"生成主题不可能在脱离现实的人身上找到，也不可能在脱离人的现实中找到，更不可能在'无人的地方'找到。生成主题只有放在人与世界的关系中才能被理解"[①]。我们对"教育质量"概念的认识需要一个不断修正，也可能是后退，不断地趋于应然的过程，而这需要的不是简单地排斥或武断地下结论，而是冷静地思考以及理性地实证。

早在 20 世纪 30 年代，巴格莱就在《教育与新人》中指出："如果教育可以作为一种稳定力量，这就意味着教育必须发挥出有效的科学训练功能，教学材料、教学方法，以及学校生活必须成为一种样板，使许多社会理想变为现实。这些理想包括：为别人着想，合作，愉快，忠于职守，守信用，面对不利形势勇敢而不屈不挠，主动进取努力完成正在做的和能够做的工作任务，并能够寻找工作任务，衷心对待朋友、家庭和一切有责任心的人，具有实事求是的观念和面对事实的意志，有清晰而又诚实的思想。上述这些理想不一定具有永久的价值，但人们可以大胆地、完全自信地断言，这些理想从现在起一千年内都有意义，正如这些理想在过去的历史上一直有意义一样。"[②] 教育工作者，果能如此，敬畏也就在其中了。

---

① ［巴西］保罗·弗莱雷.被压迫者教育学[M].刘建华，等译.上海：华东师范大学出版社，2001：52.
② ［美］巴格莱.教育与新人[M].袁桂林，译.北京：人民教育出版社，2005：119.

第四讲　语言表达与内容、情感的关系

什么样的课才是语文课？有些专家不容置喙地下了这样的定义："集中于语言表达形式，品味其中的语言之美，培养学生语言的感受力和表达力，提升学生的语言素养；在完成语言学习任务的基础上，再自然地从语言形式中感受作者的情感之美、思想之美，提升学生的精神素养。"

这段文字表达的是当今语文教学界一种流行的观点，这种观点宣称要语文教师回归语文教学的本源。但我觉得在这些漂亮的语词下，其实还有许多值得商榷的东西。

语文教学中语言表达形式和内容是否可以割裂

我们知道，语言与情感、语言与思想本就是一体的。语言不是容器，不是装情感的袋子，语言就是情感本身，所以诗人林茶居先生说："我说爱，爱的情感就在这个词的深处了。"其实，语言表达的形式只是露出海面的冰山一角，而水面下的巨大部分是语言承载的某种思想和情感，这是看不见的，但正是这些看不见的东西，才有了语言的魅力。语言表达形式和内容是不可割裂的，不弄通思想情感，怎么理解语言？此外，理解语言是孤立地分析某个句子、某个词语、某种修辞方式，还是将这些放到文本中、放在特定的语言环境中？从教学的本质来讲，我们的教学对象并不是工具，而是活生生的人，这样情感因素恐怕就是第一位的了。刘勰在《文心雕龙·知音》中早就阐明了此种关系："夫缀文者情动而辞发，观文者披文以入情，沿波讨源，虽幽必显。"作家创作，总是由内而外，即先有客观现实的感发而产生内在情态，这种情态通过辞章表达出来，阅读文章的人通过文辞来了解作者所要表达的感情，沿着文辞找到文章的源头，即使是深幽的意思也将显现，被人理解。

先看一位教授执教《再别康桥》的教学过程。在导入后，教者就要求学生用一句话，说说各自的原初体验。然后，教者让学生按照自定的学习主题，以研究性阅读的方式，去探究、发现，用自己的心灵去感悟，用自己的观点去判断，用自己的思维去创新。研读过程中，让学生在纸上随时写下自己的感受，及时捕捉闪现的灵感。

于是全班马上变得生机盎然。发言者围绕纸上的文字提纲展开，组内同学认真倾听。

小组交流后，教者把他们引向全班："在小组交流过程中，肯定会发现一些有新意、有个性的观点，请每个组推荐一位同学，向全班同学介绍一下。也欢迎毛遂自荐，主动发言。"于是有了下列同学的发言——

陈同学：我的学习主题是语言。这首诗的语言很美，运用了大量华美的辞藻，比如"金柳""艳影""柔波""招摇"等，给读者很大的吸引力。文章运用拟人、比喻的手法：写"金柳"时，用"新娘"来比喻；形容波光时，用了"艳影"这个词，让人读了以后很陶醉，有种魂牵梦绕的感觉，真的好美！作者在诗的首尾用了"轻轻""悄悄"，不仅使首尾呼应，还让我们知道了作者似乎不忍心打破康桥的美、康桥的安详。

赵同学：我的学习主题也是语言。作者的语言属于那种比较华丽的类型，但他的华丽不是说每个词都晦涩难懂，作者用一些很简单的词构成一个个有意境的句子，其中也体现了诗人的创新。比如"那河畔的金柳，是夕阳中的新娘"，从来没有人把柳说成是金色的，但作者看到的就是夕阳照耀下的柳叶，把那时柳叶的高贵纯洁比喻成新娘。结尾说："我挥一挥衣袖，不带走一片云彩。"体现了作者的留恋和对离去的无奈。

姜同学：我的学习主题也是语言。我只补充一句：作者把金柳比喻成新娘，我认为能让人体会到柳树的娇羞。

郑同学：我的学习主题是思想感情。文章开头，三个"轻轻的"，渐渐使人进入作者的感情,非常宁静,非常美丽。文章写了"金柳""青荇""榆阴下的一潭"等景物,写得非常秀丽。可为什么作者花大量笔墨在上面呢?因为作者喜欢那儿。文中一句"我甘心做一条水草",多么有诗意!水草如此低下,却能拥有康桥的秀丽风光,而作者即将离去,不能再享受这美丽的景色。于是,作者越写越舍不得,越写越羡慕,也越写越珍惜,以至于最后"不带走一片云彩"。总体看,每一句都饱含着作者的留恋与向往。

王同学:我的学习主题也是思想感情。我的研读感受是,这首诗感情丰富,比如"沉淀着彩虹似的梦",表现了作者少许沮丧的心情。昔日的豪情壮志,到头来不过是一纸空文,在现实的压迫下,只有选择放弃,而去完成更符合实际的目标。还有"我挥一挥衣袖,不带走一片云彩",表现了作者对康桥极深的感情,不愿破坏它的一片宁静、安详。

徐同学:我的学习主题是意境之美。很欣赏作者把离别表达得如此淋漓尽致。他通过描写环境来表达自己的依依不舍,把金柳比作新娘,描写青荇在水中漂动则用了"招摇"二字,有种动感的美。"夏虫也为我沉默",把夏虫拟人化了,与"感时花溅泪,恨别鸟惊心"有异曲同工之妙。首尾两段呼应,使全诗的意境更深了。

……

对于徐志摩这样大师级的作家的诗歌,学生们在没有深入理解文本内蕴的前提下,就自主交流语言、情感、意境、结构。所谓的"语言表达",如果只是应付考试或者成为试题答案的归纳,这样的割裂语言、情感、意境、结构,用术语去肢解文本的语文教学符不符合语文课程标准的要求呢?

《高中语文课标》指出:"语文课程是一门学习祖国语言文字运用的综合性、实践性课程。工具性与人文性的统一,是语文课程的基本特点。语文课程应引导学生在真实的语言运用情境中,通过自主的语言实践活动,积累言语经验,把握祖国语言文字的特点和运用规律,加深对祖国语言文字的理解与热爱,培养运用祖国语言文字的能力;同时,发展思辨能力,提升思维品质,培育社会主义核心价值观,培养高尚的审美情趣,积累丰厚的文化底蕴，理解文化多样性。"那么，语文教学是不是只有"在完成语言学习任务的基础上，再自然地从语言形式中感受作者的情感之美、思想之美，提升学生的精神素养"这一条路径呢？显然不是。

语文是综合性、实践性的课程，它的内容具有较强的开放性和综合性，语文和数学、物理、化学等学科有着根本的不同。数理化这些"典型"的学科，具有比较清晰的学科边界，可以构成相对独立的封闭系统，语文不是由一套抽象的语言知识和定理、规律构成的。语文课不应该条分缕析语文的知识系统、构建语文学科规律的理论体系。同样，语文老师不是语言学者，更无须使学生个个成为精通语言的学者。

我经常思考的问题是，所谓"语文味"，是不是就是交给学生一些术语，然后让学生对号入座那么简单呢？退一步讲，是不是学生掌握了那些术语，就一定能走进文本、走进作者的心灵呢？

语文教学一定要集中于语言表达的形式并以此展开吗

《高中语文课标》指出："语文学科核心素养是学生在积极的语言实践活动中积累与构建起来的，并在真实的语言运用情境中表现出来的语言能力及其品质；是学生在语文学习中获得的语言知识与语言能力，思维方法与思维品质，情感、态度与价值观的综合体现。主要包括'语言建构与运用''思维发展与提升''审美鉴赏与创造''文化传承与理解'四个方面。"如此看来，语文课可以集中于语言表达的形式并以此展开，但语言的形式并非永远是唯一的教学重点，对于一些厚重、晦涩的文章，我们也可以围绕语言表达的内容（思维、情感、审美、文化等因素）展开。

作为从教几十年的中学语文教师，我个人的教学经验是：当我们看到一篇文章，首先要明白它写了什么，然后才思考它是怎么写的，为什么这么写。我们不太可能一上来就感觉它的哪个词语用得好，哪个句子写得美。同时，在特定的场景、面对特定的学生、处理特定的文章时，我们还必须先弄清文意，围绕语言表达的内容展开。

不错，语文教学要引导学生感受文本的语言美。为什么美？那是因为它承载了某种思想和情感。不弄通思想情感，怎么理解语言？还有，学习语言，仅仅是孤立地分析某个句子、某个词语、某种修辞方式，还是要将这些放到文本中，放在特定的语言环境中去理解？也许对一眼见底的文字，可以从文句开始学习，而对那些被删节了的课文，或者文意晦涩的文本，究竟是先弄清文意，还是先弄清具体的句子、词语，恐怕就没有那么简单。

比如《听听那冷雨》，教材收录的是删节了的文本，文章文意晦涩，文采飞扬，光引经据典就有20多处，这样的文本从哪里下手？在我看来，首要的是还原文本的本来面目，弄清楚作者写作的背景，进而探究作者要表达的情感。于是，我首先投影教材中删节的两段文字，把"文化大革命"的背景和那个时代的经济建设的背景提供给学生们，联系作者的《乡愁》引发学生们的思考：这篇文本与《乡愁》所表达的情感一致吗？在此基础上，询问学生们在阅读时哪些地方是他们最感兴趣的。学生们一下子就感受到这篇文本不但运用了比喻和拟人的手法，还描写得很细腻，比如对雨的声音描写等，更明白了世事变迁引发了作者对以前文化的一种追忆。

于是我相机向学生们介绍那个年代的台湾与大陆。要听到鸡叫，只有举《诗经》里的文字了。很多原有的中国传统的建筑已经消失了，那种对古典文化的追思溢于言表。加之当时的大陆和台湾之间信息不通，作者只有通过香港的报纸和安东尼奥尼的新闻片来揣度对岸的境况。于是，学生们也就明白了，这篇文本的情感比《乡愁》丰富得多，不仅有对祖国的思念，更有对祖国的大陆与台湾的分离、对祖国传统文化渐渐衰落的担忧。这种担忧渗透在类似"天潮潮地湿湿，即使在梦里，也似乎把伞撑着。而就凭一把伞，躲过一阵潇潇的冷雨，也躲不过整个雨季。连思想也都是潮润润的"这样的文字中，即便你"躲过一阵潇潇的冷雨，也躲不过整个雨季"啊。

我提醒学生，品味语言，必须通读全文，把握意旨，这样我们才可能发现，有些文字虽然普通，但是很有深意。比如为什么是"冷雨"，而不是"苦雨""愁雨"？学生通过自己的阅读和思考发现，"一切景雨都是心雨。这篇文章的基调是凄凉，雨是凉的，心更凉。因为他看了安东尼奥尼拍的片子，不知道自己魂牵梦绕的土地现在是什么样子，他只能从香港的报纸上获得一些消息，究竟发生了什么事情他搞不清楚"。学生也就明白了这种思绪跟这个"冷"字是相匹配的,这"冷雨"的意象是为表达作者内心的凄冷服务的。

在此课例中,我以解读文本内容探究作者的情感思绪为主线,并根据学生需求,相机而授语言与情意、文眼与文情等相关的语文知识,力求达到行云流水、浑然天成的境界。试想,这样的文字,不弄明白它的背景,不搞清楚作者的情感所在,学生怎么去感受它独特的语言风格和幽美的意境呢?

也许有人会问,这样教《听听那冷雨》,是"非语文课"还是"泛语文课"?《听听那冷雨》与"文化大革命"有什么关系?不谈"文化大革命",这样的课文,学生能理解其文字的魅力所在吗?

是基于语言表达形式还是基于生命的需要和可能

古代的文学巨匠肯定不懂何谓"主、谓、宾、定、状、补",不少人即便系统地学习了修辞,其文字还是味同嚼蜡。语言不仅仅是工具,更是人的生命活动、心灵活动。在我看来,人有怎样的生命状态,就会有怎样的言语。语言学习是一种生命体的活动,不是机械的加工。

从这个意义上说,把语言作为语文教学的基本内容没有错,错的是将语言与情感分为先后,让原本承载思想情感的语言退居其后,一味地为了"语文味"给学生灌输那些术语,将语文味等同于语文术语了。

苏联的科瓦廖夫在《文学创作心理学》中谈到"双重变换"时说,任何创作过程都包括两个方面:第一,个体在反映现实的过程中积累生活印象,舍此,任何创作都是不可思议的;第二,对这些印象进行创造性加工和把这项工作的成果用语言表现的形式投射出来。换句话说,创作过程不是别的,而是双重的变换过程,就是:第一,把外部刺激的能量变换成知觉的显示或者现实的形象;第二,把形象变换成作为形象客观化、物质化的体现的文字描写。

语言运用的实践,是鲜活的、灵动的、富有勃勃生机的,是与人的生命紧紧联系在一起的。语言和生命是一体的。语文教育应该基于孩子生命的需要和可能,帮助孩子学会用自己的语言表达思想,表达对生命对象和生命本身的体验、感悟、理解。

2014年1月3日，我在烟台三中给老师们上了一堂《兰亭集序》的公开课，下面是这堂课的教学片段。

师：那我们来看，就整个行文而言，（示意板书内容）作者的情感是不是一致的？

生：不是。

师：有什么变化？

生：开始时作者看到兰亭周围美丽的景色，感到非常快乐，后来由于快乐到了极点，就产生了一点悲伤，感慨人生为何如此短暂，再后来，作者就看破了，看懂了，看透了。

师：看透了什么？

生：看透了生死。其实（面对生死）这个问题可以不必那么困扰，可以把自己的思想以文章的方式流传下去，让后人继续思考，只要享受有生之乐就可以。

师：你们同意他的意见吗？

（生未回答）

师：我们先来解决这个问题。这篇文章的情感脉络先是喜，然后是悲。同学说到的，我阅读的时候还真没有想到，他说"看透了"（边说，边板书"喜、悲、透"），我还没有看透，说明这位同学比我厉害。那我们来看看，这里的思想情感是否发生这样的变化呢？

生：是。

师：那我想问一个问题：那么多文人骚客、志同道合的人在这里相聚，本是一件很开心的事——一边喝酒，一边写诗，这些诗形成了一个集子。为什么很开心的事情突然转入了"死生亦大矣，岂不痛哉"的悲痛中了？这里说的是"痛"呀，不是一般的"悲"，还有我们同学说的"看透了"，我想知道，为什么开心的事情，一下子变得很悲伤了呢？

师：（有同学犹豫要不要发言，师提示）抓着话筒。要养成这个习惯（主动发言）。机会是自己抢来的，机会是均等的，总是把机会让给别人，显得自己姿态高，这不是一种积极的人生态度。好，你来说。

生：我的想法是，当作者在赋诗时感到很快乐，他不想错过，所以想把时光保留下来，他就想到生的时候是非常快乐的，但死了就享受不到这种快乐了，就把它写下来，就会感到一些悲伤。

师：（疑惑）后面这位同学。

生：我觉得是"或取诸怀抱，悟言一室之内，或因寄所托，放浪形骸之外"（的意思）。既然人生有乐趣，我们就要即时享乐，这与"人生得意须尽欢"的意境有些相似。曲水流觞是一件快乐的事，但是乐极会生悲，所以，他在非常快乐的时候就想人生何其短，为什么不把快乐都享尽。从这儿开始悲伤，就"仰观宇宙之大，俯察品类之盛"，然后又像《赤壁赋》里"哀吾生之须臾，羡长江之无穷"……

师：你为什么想到《赤壁赋》？

生：因为《赤壁赋》里也是"与客曰……客曰……"

师：《赤壁赋》大家学过吗？

生：学过。

师：那它里面的行文变化与本文一样吗？

生：有些相似。

师：对，有些相似。我觉得这位同学真了不得，她不仅明白从文章的脉络前后勾连，也教了我们一招——在阅读时，要把过去学过的类似的文章联系起来，这样我们对文章的解读就丰厚了。华罗庚不是说：把书读厚，然后再把它——

生：读薄。

师：这也是一种读书的方式。这位同学，你有没有说完？

生：没有说完。

师：继续。

生：从这儿想到了人生短暂的悲苦，从人生短暂的悲苦又联想到自己，"每览昔人兴感之由，若合一契"，就是看到古人的文章，后人又看到他的文章，想到即使他的人生短暂，但文章的"生命"不会短暂，那他即使……（此处学生不太会表达）

师:"心乖于内,口拙于外",就是说,内心是明白的,但不知如何表达,我替你表达一下好不好?他其实不希望他的后人也如此感伤。其实这里有的,你先前已经谈了,我们读一下——"每览昔人兴感之由,若合一契",我想问的是,哪个方面"合契"?

生:我觉得是"昔人"和他感悟的那个同样的问题。

师:同样的什么问题?

生:人生苦短。

师:对,也就是"死生亦大矣",还有"后之视今,亦犹今之视昔",那么这个"昔"是前面的古人,还是我们这些人?

生:前面的古人。

师:是前面的人,还是王羲之他们,或是包括王羲之前面的人以及王羲之他们?

生:王羲之前面的人以及王羲之他们。

师:赞成不赞成?

生:赞成。

师:还有"后之览者,亦将有感于斯文"。他的逻辑关系是一环一环相当严密的,尽管是散文。你有没有说完?

生:我再说两句,(轻松幽默了一下)平时上课抓不着话筒。

师:(笑)继续。

生:从一开始的悲,到后来的伤悲又有点乐,其实他不是悲,他是看透了,然后觉得人生短暂又有什么呢,思想流传下去就行了,上升到一种博大的情怀,上升到了精神层面,那就没有什么人生短暂不短暂了。

师:大家赞成不赞成?

生:赞成。

师:我觉得你今天的发言质量高,频率也高。我们给她一点儿鼓励。

(生鼓掌)

……

我知道这里呈现的师生间对作者情感与文字表达的对话是散漫的,层次也不是那么清晰的。提供这个片段，是想问一问，是不是将情感与文字割裂开来或者一定要分先后才是语文课？就我们的阅读经验而言，恐怕很直白的感觉就是，拿了一篇文章，要不就是一目了然，要不就是不知所云，抑或是似是而非。但是"一目了然""不知所云""似是而非"这些感觉，能分得清是针对内容呢，还是语言呢？恐怕一下子难以分清吧。我总认为，语文课不能将语言和内容割裂开来，更要明白，文字是情感的流淌，一定要有先后的话，恐怕从写作过程而言，也是"情动于中而发之于外"的。我以为，课堂教学中生命和语言是一体的，教师的价值在引领、帮助学生用自己的语言表达生命的感悟，其中就包含着诸多语言表达形式的训练和感悟，让他们的语言生命获得应有的提升。语言生命的唤醒、素养的提升和价值的实现，必然激励他们用言语表现心灵、表现生命，而且更为高远、更为深刻、更为成熟！

不错，"泛语文课"确实可怕，动不动就呈现视频，动不动就配音乐，动不动就漫无边际地拓展和开展小组讨论，将语文课弄得不像语文课的现象确实有蔓延之势，这些我们的确应该警醒。但语文教学不是局限于单一封闭且枯燥单薄的知识和学科范围内的教学追求，而应该用各种手段激发学生的生命意识，激发语文学习兴趣，然后培养学生的读写能力。这样虽然也是玩，但玩得合乎语文教育规律，合乎我们国家通用语言文字的学习规律。

第五讲　几个必须关注的基本问题

一堂课究竟如何上？是按照专家的理论，还是执行行政的命令，抑或服从教学的实际需要？我想答案本该是明确的。但是，在今天浮躁的风气下，我们似乎在理论与命令中忘记了我们原本就明白的教学常识。

确定课堂教学目标、方法的依据在哪里

课堂教学目标、方法的确定，首先，要考虑《高中语文课标》与教材的基本要求，考虑学科的特点、教学的内容、学生的实际、教学的时间、教学的场所、实验的条件。要立足于学生已有的知识与能力结构，考虑智力因素与非智力因素。重要的是，要着眼于学生的能力培养和心智发展，也就是师生的生长。在确定教学目标之前，必须花气力找到学生实际上的"已知已会"与课程要求的"应知应会"之间的距离，找到恰当的教学起点。

有效的教学必须从学生的"已知已会"出发，而非"应知应会"。强调"应知应会"没有错，错的是不顾学生实际的"已知已会"。当我从这个角度同老师们谈适度降低教学起点时，总会遭到直接的抵制：考试怎么办？为什么不能换个角度想一想，并不是所有学生都能达到课程标准与教材的要求的，许多学生是不可能按教材要求深入理解与掌握的（对生源不理想的学校、班级来说更是如此）。但无论是谁，掌握一点总比什么都没掌握要强，掌握多一点更好，为什么一定要让所有的学生都在课程标准与教材的要求上"吊死"呢？学习原本就是积累的过程，是一步一步推进的，前面没学好，后面如何学？一蹴而就是不可能的。

一个教师不考虑学习者的实际，死抱住《高中语文课标》与教材的要求，是对学生负责还是为了自己的业绩恐怕很难说。如果是为了对学生负责，为什么不能树立起让学生掌握一点是一点的意识呢？为什么不能想想办法让学生在具体的学习体验中尝到一点乐趣，看到自己的进步呢？对任何人而言，学得好坏与多少，其实是与日常的积累和理解密切相关的。好的教学，需要好的设计，尤其是呈现信息的形式、时机等，以便让更多的学生接收到他可以接受和理解的信息，以便让学生能够经常接触到相关信息。

所以，教学目标与任务的设计必须用心，必须防止学习目标宽泛化、空洞化。目标要具体，要可操作，也要能分解成具体的任务，换个说法，就是要提供具体的知识点与方式方法来呈现目标。比如，你要学的是运用三步投球动作将篮球投出去（投向篮筐，或者投给队友）；可拆解的任务是运球（单手、双手、原地、运动中）、投球（攻、防、进篮筐或给队友）；评价的标准是会了哪些，哪些不会，原因在哪里，需要做哪些调整与努力……

我上艾青的《我爱这土地》这堂课时发现这首诗居然没有韵脚，在朋友的帮助下明白了个中原委，这就是一种生长。我们教师存在一个普遍的问题：要上课了，最先想到的是上网，看看网上有没有现成的PPT和教案，如果没有，就看教参和资料。没有这些，似乎我们就不知道怎么备课、上课了。

我教学时考虑的问题是，如果我不用PPT，能不能呈现所谓的新课程理念。我以为，新课程理念不一定要借助多媒体。奇怪的是，我们教研部门有一个不成文的规定：所有的评优课如果没有用多媒体，就一票否决。

立足于学生已有的知识和能力，就是"以学定教"。我们今天要教的课程内容，尤其是高中的理科教学，如物理、化学、生物中的概念、定律，其表述的方式在初中教材中是不一样的，这或许是因为教材的编写者考虑到学生的认知特点等方面的因素。一个合格的教师要熟悉临近学段的教材。我们更要了解学生已经具备的知识和能力。有一次我在无锡给初二的学生讲解《老头子做事总是对的》这篇童话的时候，就没有讲童话的知识。童话的知识学生在小学的时候已经知道了，我就问了一下童话的写作特点。学生说是想象，但是忘记了夸张。于是我就提醒了一下，童话的主要特点是借助想象和夸张的手法，把实际生活中不可能发生的事情变成可能。我在讲解《我爱这土地》，谈到使用的是象征还是比喻手法的时候，也没有让学生讨论，因为我认为初二的学生是应该知道象征跟比喻的区别的，如果我在初二的课堂上还谈这个问题，那就是浪费时间，就是"谋财害命"。

此外，要兼顾智力因素和非智力因素。做教师的应该明白，从某种程度上说，人跟人的智慧或者说智力是没有多大差异的。那些智力特别高的或者智力特别低的，比例是相当有限的，绝大多数情况下，人跟人的智力相差无几。但学生学习为什么有好有差，起关键作用的是非智力因素。这所谓的非智力因素，我个人认为最重要的是学习习惯和态度。我认为小学的教学更重要的是教习惯、教态度，当然，可能的时候，我们还要教方法；但是如果一个孩子进入了初中，我们还在不断地教习惯、教态度，就比较麻烦了。当然，我不是说初中生就不用强调学习的习惯了。初中新开的物理课对不少学生是一个挑战，化学课对一些学生又是一个挑战，这些新课程的学习方式和习惯跟已有的学习方式和习惯的差距在哪里，教师要给学生具体的指导。语文学科知识掌握的特点是"滚雪球"，不断复习，不断加深理解，这样的习惯就显得比较重要。

课堂教学流程如何确定

一堂课教学的流程究竟如何确定，是先学后教，还是先教后学，或是边教边学，是没有不变的准则的，要根据教材和学生的实际情况以及能力来决定。由于学科、教学内容、对象不同，流程自然会有所不同。即便是同一篇教材，在不同情况下的教学流程也是不一样的。

教学设计需要设计思维，设计思维的特点是整体考虑，系统规划，关注细节。换个说法，教学设计与备课的区别是，教学设计需要教师具备强烈的课程意识，在整个课程框架内考虑课程教学计划。课程意识要求教学设计者清楚什么时候教，教到什么程度，以及用什么方法教。因此，设计教学方案（计划、教案）不能仅仅在知识层面考虑，而应该更多地在学生的学习活动层面考虑。

教学设计的操作要求教师弄清楚本学科、本学段、本学年、本学期、本单元、本章节（一篇课文）在整个学科框架中的位置，进而推断针对具体内容应该怎么教，教到什么程度。要研判在这之前，学生的应知应会和实际的已知已会之间的距离在哪里；在学习过程中，学生需要通过哪些行为证明他们的已知已会，比如，他们必须能够说清楚相关的概念、方法、过程或者转述相关的内容，或者将核心内容通过表演或其他方式表现出来。然后，教师需要考虑的是通过什么策略与方法帮助学生达成教学目标（学习的结果）。所谓的结果导向、逆向设计，就是指向学生最终的学习目标的。教师的心里必须清楚，通过接下来的学习，学生将会知道什么，达到怎样的要求，将会用这样的知识去解决哪些问题（当然也包括未来的考试会怎么考）。所以，教学设计不是一节课、一节课孤立地去准备，而是要在整个课程框架里来考虑具体的教学问题和学生的学习行为。

　　有效的教学计划一定是十分具体的甚至是详尽的，核心知识总是由一个一个知识点构成，这些知识点是如何关联的，教学中如何把它们串在一起（就像三步投球在整个比赛中属于哪个部分），需要整体考虑，而不是放在孤立的一堂课上考虑，这就涉及一个老师的课程意识以及他对整个课程的熟悉程度了。离开这一点谈"单元教学设计""大单元教学"，那就是一场美梦。我早年就说过，没有精心的预设，就不可能有精彩的生成。一个教师，只有在备课的时候充分考虑到课堂上可能发生的种种情况，才可能有应对"意外"的敏感，否则，再好的机会（生成性资源）在他那里也不过是个"意外"……

　　我们也必须清楚教案和课件等不过是教学计划，在实际的课堂教学中教师要根据学生的实际情况做必要的调整。有人说教师不仅仅是知识的搬运工，还应该是厨师。这个观点提醒我们的是，厨师绝不会仅仅按照经典菜谱来操作，还需要灵活处理材料、火候等，最终呈现的菜品才可能合口。

　　我给无锡某校初二的学生上《老头子做事总是对的》时，教材并不难，但借班上课，我跟学生事先没见过面，如何缩短跟学生的距离、活跃课堂的氛围，是很实际的问题。我原先的设想是现场发教材，现场指导阅读，现场组织讨论。那天我特意没刮胡子，还穿了一套中装。我设想的导入是，上课伊始，在黑板上板书"老头子做事"几个字，然后请学生猜一猜，今天我这个老头子的语文课会怎么上。

　　这个设想不能说没有创意,但没想到对方学校的老师考虑到这是"示范课",课文还那么长,学生事先不看一下,怎么上?于是早早地将教材发给学生了。这变化了的情况让我不得不重新考虑流程。于是,我开诚布公地对学生说:"今天是借班上课,借班上课总有一点表演的意思,本来想事先不给你们发教材,让大家来猜猜老头子的故事会是怎么样的。刚才你们老师告诉我已经将教材发给你们了,那么我们就来看看教材。大家觉得这教材难不难?"学生都说不难。既然他们说不难,我就让他们先来说说故事的内容。谁知道几位学生都说不到要点上,于是我就要求学生将课文再读一遍。我在巡视中发现,这个班的学生读课文时,尽管很少有动笔的,但有一位同学在阅读的同时在教材上写了一串关键词。一个想法突然冒出来了:这堂课我可以指导学生画"思维导图"。

　　学生把课文读完了,我问那位同学为什么要写下那串关键词,他说这是为了把文中最要紧的词语拎出来。我又问他知不知道现在有一种比较"时髦"的快速阅读和学习的方法,就是借助思维导图进行快速学习和阅读。他告诉大家:思维导图,是把课文的主题、关键词等通过图像、线条、颜色联系起来的一种快速的学习方法。我问他是怎么知道的,他说是在网络上看到的。我问全班同学想不想学习这种快速学习与阅读的方法,大家都表示出强烈的兴趣。于是,我先让这位同学到黑板前将他画的课文内容的"思维导图"板演出来,让全班同学有一个直观的印象,然后要求全体学生自己尝试着去画。

　　我根据巡视中发现的问题,时不时地提醒他们,不仅要掌握一篇文章的主要内容,还要研究它的写法,比如顺序与详略、修辞与表现手法等,指导他们尽可能让那张图先变得丰富而具体,再变得简洁而明白。同时,还根据不同学生的不同问题给予具体的指导和帮助。

　　整堂课我没有花多少时间去同学生探讨故事的内容和故事揭示的道理,甚至连写作手法之类都没有做具体的研究,但从学生所画的"思维导图"来看,他们各自都有收获。这当中有先教后学,也有先学后教,还有边学边教。各种不一样的流程穿插在一起,形成了这堂课特有的流程。

如何看待和使用教学技术

教学，自然离不开技术，关键是我们如何看待和使用教学技术。广义上讲，"技术"包含了我们所说的方法和路径。狭义的技术指的是影视技术、多媒体技术、电子白板、电子黑板以及网络技术等。

是不是所有学科的所有内容都要使用这些技术？我觉得未必。语文教学更是如此，比如朱自清先生的《荷塘月色》，谁能很准确地为它配适合的图片、动画和音乐？谁能确定教师呈现的画面、塞进的动画、配上去的音乐跟课文的本意是一致的，哪怕是相近的？如果不能，那么这些东西一旦塞进去了，在某种程度上就破坏了文本原有的美感和意蕴。文字跟图片、动画、音乐最大的区别是文字可以给人不同的想象的可能，当然音乐也有这种可能，但是音乐给人的遐想与文字是不一样的，因为音符会给人们某种内在的导引。我们塞进去的这些东西的问题也在这里，因为这些代表着我们的认识，须知我们的这些认识有可能固化学生的思维，破坏他们的想象。

千万不要以为一堂有唱有跳又有画的课就是生动活泼的、有效的。所谓"外行看热闹，内行看门道"，一个内行，他就会思考这音乐、画面，甚至解说对这一文本的教学合不合适。所谓"合适"，还包括具体的施教者、教学对象和教学场景。同样是教《孔乙己》，有的会抓住孔乙己那双手，有的会围绕看客的笑，有的会从长衫与短衣表现出的不同身份入手，你能说谁优谁劣吗？前些年最为火热的恐怕是杨绛先生的那篇《老王》，多少名师在用他们各自的理解选择着他们认为合适的技术。

有一回我教《孔乙己》，就先给学生播放了《孔乙己》的影视片段，然后由学生交流这部片子留给他们印象最深的一个画面，再请学生讲讲为什么对这画面印象深，课文又是怎么描绘的。聊着聊着就把这堂课上完了。但这并不意味着我每次都这样上《孔乙己》，同样，那些名师也不见得每次都那样上《老王》，所谓"时移事异"是也。

总之，技术的运用有这样三个原则：一是有效性，二是形象性，三是适度性。不是所有的课都要运用现代教育技术。

即时、有效的课堂评价

评价要及时，这好比一桌佳肴，不是等吃完了才评价，而是菜一端出来就要有评价、有反馈。

评价要基于具体的个人，要有多维的思维。我们都清楚，就某个具体的人而言，不可能样样敏感、事事精通。多元的智能理论也告诉我们，人与人的智能因素是不一样的。每个人都至少具备语言智力、数理逻辑智力、音乐智力、空间智力、身体智力、人际交往智力、自我认知智力，以及自然主义智力和存在主义智力。但这些智力的遗传与发展落实到具体的人身上，情况是不一样的，有的语言智力好些，有的数理逻辑智力好些，有的音乐智力好些，有的空间智力好些……这些不一样反映在具体的学习内容上，各人的状态自然就不一样。如果我们的评价标准只有一种的话，那么这种评价对不同的个体而言就可能有失公正与公平。因此，评价要因人、因事（内容）而定，不可一概而论，必须关注每个人的智能因素和原有的起点。

同样，评价的形式也要丰富多元，尤其要扭转小学课堂教学中那种动不动以鼓掌为特征的单一而简单的评价方式。有效的评价与鼓励，一定是从那个学生的具体情况出发的，而不只是以标准答案为参照系的。合适的评价，对具体学生而言，说不定是他在一个阶段难以忘怀甚至终生难忘的。我们需要明白的是，过多的表扬不如不表扬，表扬总是靠鼓掌就没有意义了，教师可以让他给大家展示一下，让他比别人少做一些作业，或者奖励他一本书。更多地应该是与具体的指导融为一体的，比如，可以提醒学生关注某个词语、某个句子，关注某个段落、某种写作手法的运用等。

我觉得更为重要的是要多一些批判性、反思性评价。这种评价更多来自教师自己。弗莱雷说："人作为'处在一个境况中的'存在，发现自己植根于时空环境之中，这种环境造就了他们，他们也造就了环境。他们往往对自己的'情景性'进行反思，受'情景性'的挑战并对之做出行为反应。"[1]

---

[1] ［巴西］保罗·弗莱雷.被压迫者教育学［M］.刘建华，等译.上海：华东师范大学出版社，2001：54.

作为教师，我们必须高度关注具体的教学情境，通过对情境的观察思考，发现自己和教育对象对具体境况的反应，反思得失。一方面及时改善当下的教育教学，另一方面更是为了避免以后的教育教学重蹈覆辙。这种批判性反思总是在具体的情境中进行的，或者说总是针对某一个具体的境况的。因为人们就是这样"通过激发'对先前的认识的认识'以及'关于先前的知识的知识'进而促进新认识的产生和新知识的发展"的。

在教学关系中，必须明确"我不能替别人思想，没有别人我也无法思想，别人也无法替我思想"。在批判性反思中，个体的"生成主题便存在于他们的世界观中"，"其内容不断自我扩大，自我更新"。"他们通过别人的'考虑''重新考虑'他们自己原先的'考虑'"，并且"通过把自己专注的同一个现实再现给别人"，自然会对别人构成某种挑战。[1]这挑战，也就会触动对方的批判性反思。

---

[1] ［巴西］保罗·弗莱雷.被压迫者教育学［M］.刘建华，等译.上海：华东师范大学出版社，2001：54-57.

第二篇

语文教师要有自己的课程意识

第一讲　为什么要有自己的课程意识

课程意识映射的是教师的哲学观和价值取向，语文课程必须关注学生特点、语文知识、社会需要三个要素，语文教学必须紧扣《高中语文课标》，语文教学资源的开发和利用是实现课程标准的必要条件。比较遗憾的是，我们这些语文教师很少有自己的语文课程意识，更可怕的是我们自己没有也不允许别人有，一旦看到哪个教师在按自己理解的课程意志组织教学活动就会提出疑问：这是语文课吗？有语文味吗？

没有课程意识表现在备课、上课、评课时对教科书、教学参考资料的态度上。有课程意识的教师总会自觉地思考为什么教，教什么，什么时候教，怎样教，为什么要这样教，这样教对学生有什么帮助，这样教对自己的专业发展有怎样的意义。没有课程意识的教师总是习惯于教教材、搬教参，甚至习惯于等候集体备课提供一个现成的教案，哪有心思去思考上面那些教学的基本问题。时时刻刻纠结这些，会不会弄出个什么毛病来？

我们虽然知道语文课程的三要素——学生特点、语文知识、社会需要——尽管相互兼顾与统一，但对于具体的语文教师而言，课程意识应该关注社会对人才的需求，着眼于学生实际，致力于学生的语文素养培育。关于这一点，《高中语文课标》有十分明确的阐述。也就是说，语文学科同其他学科一样应该有它自身的课程体系，这一体系我觉得在《高中语文课标》关于高中语文学习的12个目标与义务教育学段的9个目标中已经说得比较明确了。但如果从课程内容来看，在我的认知里，这一体系应该包含语文知识、语言技能、语言敏感、思想情感、思维品质、个性品格、品德修养、审美情趣、文化理解、学习方向、学习习惯等方面的内容。这当中最能体现语文学科特质的是语言的建构与运用。但由于语文学科的特殊性，语文学科的学科体系不像其他学科那么明晰，学生语文素养的培育是通过"滚雪球"的方式积累和丰富的。因此，语文教师需要不断地在教学过程当中进行开发和完善，这对语文教师课程意识的形成提出了更为严格的要求，什么时候教，用什么教，怎么教，一切都需要教师审慎地思考。

课程意识是指教师对课程的敏感程度

课程意识，蕴含着对课程理论的自我建构意识、对课程资源的开发意识等几方面。处于具体教学岗位的教师，其课程意识的强弱程度直接影响着教改的成败及教学质量的高低。当下语文教学的一个弊端是，语文教师对课程意识的漠视和被动——"考什么教什么""文件（课程标准、教科书、中高考相关文件等）要求什么，教什么"。教程不断地冷漠化、孤立化、封闭化，教学随之变得机械、枯燥、乏味。我担心的是高考"引导教学"的功能可能会使这样的状况愈演愈烈。

在我看来，课程意识说的是教师对课程的敏感程度，用我的话来说就是"课感"，但"课感"又不是局限于一城一池的，而是教师有意识的课程理论自我建构，还有对课程资源的主动开发等职业意识。事实上，教师有没有课程意识，其课程意识的程度怎样，直接影响着是不是在自己的教学行为中以人为中心，或者说是不是以人为目的，是不是明白我们究竟为什么教，学生为什么学，以及什么时候教什么、怎么教、怎么学等问题。我有一次给全区初三语文教师执教一堂作文指导公开课，刚走进教室，就听到学生们高喊了一声："老凌，你好！"于是我扔掉了原来的教学设计，抓住这句问候跟学生"东拉西扯"，顺利地转到人物描写上来，教学效果还真不错（这堂课的教学片段，后面会具体谈到）。

一个教师要形成自己的课程意识，恐怕得从对课程的认识开始，形成所教学科课程教学的主张，培养课程资源开发与整合的能力，探究符合课程特征的教学策略，建立符合个性发展的课程评价指标。这就提醒我们，语文教师要从人的个人发展需要以及社会对人的需要出发，在自己的教育哲学和价值取向的指导下，用心研究语文课程目标，围绕目标研究教材，搞清楚我们在什么时候教什么、用什么教、怎么教，进而形成适合自己的教学对象和贴近自己个人知识实际的课程体系。当然，这一体系又不是不可逾越的，更多的要相机而教，要引领学生在阅读涵泳上下功夫，在实际的表达中不断丰富。

我相信，一个语文教师，如果有了自己的课程意识，就不可能轻易被专家的言辞左右，更不会被一个又一个模式迷惑。

从研读《高中语文课标》与通读教材入手

如何才能形成属于自己的语文课程意识？我以为可以从研读《高中语文课标》与通读教材入手。首先，要通读本学段本学科的课程标准与教材。理论上，《高中语文课标》与教材规定了本学段本学科教学的目标任务与内容，《高中语文课标》明确提出了本学科的"核心素养""教学目标""教学内容"与"质量标准"。有人问，如果课程标准与教材本身就有错误怎么办？我的回应是，不读它们，不去做一番研究，怎么知道它们有哪些问题、错在哪里呢。为什么个别有心的学生会发现教材的问题，我们这些用教材教学的教师却没有发现这些问题？这个问题值得我们反思。

其次，我们用的就是《高中语文课标》与教材，不去通读它们，怎么明白学生的"应知应会"？不知道"应知应会"，如何判断学生实际的"已知已会"？不知道具体学生的"已知已会"与"应知应会"的关联或者差距，如何确定新授的起点？至于研究每一个学生实际的"已知已会"与"应知应会"之间的差距，那工作量就更大了，而且难度也大，但提出这样的要求并不过分。正是理解这样的难度，所以才建议通读本学科的课程标准与教材，毕竟现在因为种种原因，老师们很少大循环，因为很少大循环，老师们更多关注的只是自己所教年级的教学要求与教学任务，教学的起点往往是从本年级的要求出发的，这起点对不少学生而言就难免"高"了。

最后，如果有条件，我还建议老师们能翻阅相邻学段的课程标准与教材。不是强调教师要有课程意识吗？读课程论的要求可能高了，但了解一下学生什么时候学什么、学到什么程度，对教师确定教学的起点，恐怕会有一些帮助吧。

　　如果一个教师不清楚学生在本学段本学科的课程学习中什么时候学什么，而只关心如何提升他在本年级、本学期的学习成绩，这样的关心算怎样的关心呢？研究教学，还是要多花点心思研究课程标准、教材与学生，少花点心思组织学生对照作业或是试题去读教材、"学"教材，而更应该在帮助学生搞清楚某个知识点的来龙去脉，指导他们完善自己的知识结构方面多花点功夫多做点努力。

课程的哲学取向和价值导向必须关注特定的社会背景

　　对于语文教师的日常教学而言，语文课程的三要素（儿童、学科、社会）是统一与兼顾的，他的课程意识更多的应该基于社会对人才的需要，着眼于学生实际，致力于学生的语文素养培育。但对三者尺度的衡量、标准的定度，映射的是教师的教育哲学观和价值取向。

　　教《雅舍》时，我就感觉教这篇文章应该是富有挑战性的教学，因为在我们这代人的观念中，梁实秋是一个"走狗文人"，有鲁迅先生的《"丧家的""资本家的乏走狗"》为证。按照教参中的文字，我们也很难看到梁实秋先生的另一面。所以，我在设计教学方案的时候，给学生提供了一段对梁实秋先生的生平介绍得比较客观的文字。课堂上学生通过阅读和研讨，从文本中看到了梁实秋的"风趣、幽默、乐观、阔达"，看出了他的"爱国心"，看出了他"对侵略者的憎恨"（学生语），明白了在评价一个人时要把他放在特定的历史条件和生存环境之中，而不是轻易地用"好"或"坏"来下结论，明白了对人的要求不能苛刻，对生命的敬畏应该是第一位的，然后才是思想内容。生命不存，何来人的发展。我觉得，这样的教学才是以人为本的教学，这样的教育才是尊重生命的教育。

课程内容的开发是动态的生成过程

课程的内容和意义在本质上并不是对所有人都相同的，在特定的教育情境中，每一位教师和学生对给定的内容都有其自身的理解，对给定内容的意义都有其自身的解读，从而对给定的内容不断进行变革与创新。教学是课程内容的开发的过程，课程内容的建设与丰富是动态的生成过程。

作为教师，我们要有打破语文课程"专制"的意识，由专家研制走向师生共同开发。课程内容一旦由学科内容走向学生经验，课程就不只是"文本课程"，而更是"体验课程"。在具体的教学过程中，要根据需要打破课堂界限、学科界限、课内外界限，拓宽语文学习和应用的领域，积极引导学生联系生活学习语文、解读文本，培养学生"处处留心皆语文"的意识，让语文学习满足学生的生活需要，使语文教学充满生命的活力。

我们把教学活动的注意力和重心放在对学生生命成长的关注上，关注语言现象背后的认知活动和情感活动。

比如，在与学生们研读《孔乙己》的过程中，为帮助学生们加深对"死读书"的教育对知识分子毒害的认识，我引导他们联系应试教育背景下，千军万马过独木桥的亟待改革的中高考弊端，加深了他们对教育改革紧迫性的认识。在指导阅读散文《散步》时，我让学生们回忆自己亲历的、与亲人共享天伦的情景，结合课文谈自己对亲情的感受。在这样的细节处理中，学生搜集和处理信息的能力、获取新知识的能力、分析和解决问题的能力、交流与合作的能力不知不觉得到了诱发和提升。时间长了，他们的听说读写能力、创新精神和解决实际问题的能力必然会得到全面发展。打破教材，并不是抛开教材另搞一套，而是要教师始终以组织者、参与者和指导者的身份，从课程的目标与任务出发，紧扣语文课程的学科宗旨，围绕如何帮助学生加深对文本的理解做及时指导，有效地帮助学生在具体的语文实践活动中调整思路、改进方法、总结提高。

任何教学形式都必须服务于课程目标

根据《高中语文课标》要求编写的新的高中语文教材，明确提出了"任务群教学"的要求。对此，多多少少会有不同的声音。要不要进行"任务群"教学？"任务群"与"群文"是不是一个意思？这是我们讨论任务群教学的前提。

我们先来讨论一下群文阅读。从字面上看，群文阅读是对一群文章的阅读。如果这样理解没问题的话，从教学的有效性来思考，我主张首先是单篇教学，然后才是群文阅读。没有搞明白单篇，就进行群文阅读，除了囫囵吞枣，恐怕就是一知半解。当然，从教学设计的视角出发，也不是不可以让学生同时读几篇文章，但要考虑学生的阅读理解水平，还要考虑这些文章的难度；从教学方法的多样化视角看，群文阅读不过是一种方式，只不过现行《高中语文课标》和教材是以任务群（一个一个主题的课文构成的"群"）的形式组织的。没有群文阅读的教学形式，显然是不符合《高中语文课标》与教材要求的。

如果从落实《高中语文课标》提出的语文学科素养要求和学科教学目标的视角考虑，单篇教学如果有了课程意识，也就没必要每堂课都采用群文教学的形式。课时就那么多，完全实施群文阅读，势必要求学生利用更多的课外时间阅读。时间是个常数，我的经验是，在数、理、化面前，语文本就是弱势学科，学生能有多少课外时间花在阅读上，我想各位语文老师再清楚不过。

换个视角，任务群教学不过是单元教学的另一种组合而已，不同的是，群文教学强调大单元、大概念。"大概念就是一个概念、主题或问题，它能够使离散的事实和技能相互联系并有一定意义。"换言之，所谓"大概念"，其实就是某个板块的核心概念，比如关于文学作品阅读的基本要求和方法，再往大处想，就是《高中语文课标》中提出的语文素养，这些在《高中语文课标》中有明确的表达。我以为，无论是单篇教学还是群文教学，扣住了《高中语文课标》的要求就是有了大概念、大单元的意识。反之，即便是几篇文章同时教，但只是就这几篇文章教这几篇文章，而没有将它们放在课程要求下组织，也不是真正意义上的群文教学。简而言之，无论你用什么方式教，前提是理解语文学科的性质，理解教学。

在日常教学中，我们要有意识地发现每个学生的具体情况，有针对性地进行帮助、指导，让他们能够运用已有的语文教学资源，获得语文素养的提升。事实上，不同的文本表达方式并不一样，流露的情感态度也不一样；我们面对的学生有的善于言辞，有的长于表演，有的重视思考，因而课堂教学设计就必须是从具体的文本和学生实际出发的，是多样化的，而绝不能是同一化的，甚至是固化的。课堂上，教师要凭借自己对《高中语文课标》与教材的理解，凭借自己的教学经验、教学敏感、专业技能形成教学理解，根据具体情境，选择合适的教学方式方法：或表演，或组织活动；或分工，或合作；或示范，或指导；或讲授，或研讨；或借助多媒体和网络平台，或读书、思考、讨论……流程的设计可以先整体，也可以先个别；可以先创设情境，也可以后再现场景；可以先微观，也可以先宏观……

尊重个体性的教学资源的开发和利用是实现课程目标的必要条件。这里说的个体性，可以是教材的，可以是学生的，也可以是教师的，最为理想的状态是三者兼顾。任何教学形式都必须服务于课程目标。

从课程与教学的视角理解任务群教学与群文阅读教学

《普通高中语文课程标准（2017年版）》出来后，我第一次看到"任务群"这个概念，就不明白为什么课标中只谈了任务群的三个特点：基于语文核心素养的大单元设计、真实情境中的探究学习与项目学习、以学习为中心的语文课程教学实践，却没有给任务群下一个明确的定义。看到新版高中语文教材中一些单元规定的"学习任务"时，感觉任务群就是一个"大杂烩"：半生不熟的项目学习、探究学习、合作学习、小组学习等的杂糅。

结合课标中的有关表述，我试着给"语文学习任务群"下个定义：语文学习任务群是指为完成一组作品的学习而进行的有目的、有关联、序列性的语文学习内容。其内涵是指有目的、有关联、有序列的学习内容；其外延是指与学习一组作品（可以同一个主题的或同一个文体的，也可以是不同作者的或同一作者的，还可以是除文本以外的其他媒介的作品）相关的有目的、有关联、有序列的语文学习内容。语文学习任务群教学是指为完成任务群教学设计方案，并根据方案相机实施教学的活动。其内涵是指根据语文学习任务群的内容设计的方案；其外延是指教学目的、教学任务、教学流程、教学监控与反馈策略等——基本要求是必须体现基于语文核心素养的大单元设计、真实情境中的探究学习与项目学习、以学习为中心的语文课程教学实践。所以我对"语文学习任务群教学"做了一个更简单的诠释：语文学习任务群教学是指向学生的核心素养发展的教学活动，且具有情境性、实践性、综合性特征。

后来，《高中语文课标》和《义务教育语文课程标准（2022年版）》相继颁布，但依然没有给"任务群"下一个明确的定义。综合考量后，我将"语文学习任务群教学"的定义修改为：语文学习任务群教学是一种以任务为中心的教学方法，是通过给学生提供真实、有目的、有关联、序列性的语文学习内容来促进学生语言能力发展的教学形式。任务群由一系列相关的任务组成，学生通过合作和互动来完成这些任务。任务群教学强调学生在实际语境中运用所学语言，培养实践和解决问题的能力。"语文学习任务群"是一组旨在帮助学生综合运用语文知识与技能，提高语文学习能力的有关语文学习的任务。

群文阅读教学是一种将多篇相关的文章或文本组合在一起，构成一个教学单元或教学群组的教学方法。这些文章或文本可以在主题、内容或形式上有一定的联系，旨在帮助学生深入理解和探索特定的主题或概念。群文阅读教学通过阅读和分析多个文本来培养学生的批判性思维和分析能力。群文阅读教学也可以学习任务群的形式进行。比如，高中语文教材相关单元中设置的一组"单元学习任务"，就是教材给学生的阅读布置的学习任务群，也是给教师设计教学提供的参考建议。

我以为，任务群通常具备以下几个特点：

（1）目标明确。任务群中的每个任务都有明确的目标，旨在促使学习者在实际语境中运用所学语言。

（2）关联紧密。任务群中的任务产生关联，前一个任务的完成为下一个任务的进行提供基础。任务之间的关联性有助于学习者逐步积累语言知识和技能。

（3）合作互动。任务群通常要求学习者以小组或团队的形式进行合作，共同完成任务。学习者通过互相交流、协作和分享信息，促进语言能力的发展。

在任务群教学中，教师和学习者之间要保持及时的反馈和评估，以帮助学习者发现问题、改进表达，并提供进一步的指导。

任务群的设计和实施需要教师根据学习者的需求和教学目标进行合理规划和组织，以达到最佳的教学效果。例如，一位教师将《卜算子》《定风波》《记承天寺夜游》三篇短文教学的核心任务定为：透过这三篇诗中苏轼"脚步状态"的变化，诠释苏轼在黄州期间的心境变化和性格特点。我以为教学目标可以这样设计：

（1）学生反复诵读这三篇诗文，扣住一些反映心境的关键词理解苏轼在黄州期间的心境变化和性格特点。

（2）学生联系具体文句分析《卜算子》《定风波》和《记承天寺夜游》中苏轼的"脚步状态"的变化，并了解其与心境变化的关联。

（3）学生运用文本证据，解读诗歌语言，支持自己对苏轼心境变化的理解。

（4）学生在吟诵与思考、讨论、分享中提升批判性思维能力、分析能力和文学鉴赏能力。

可以设计以下具体任务：

（1）阅读并分析《卜算子》《定风波》和《记承天寺夜游》这三篇作品。学生需要理解诗歌的主题、情感表达、修辞手法和意象，并注意苏轼的"脚步状态"的描写。

（2）选取支持性证据，解读诗歌语言，探讨苏轼在黄州期间的心境变化和情感转折。学生需要分析诗中具体描写的苏轼的"脚步状态"，并理解其背后所代表的情感和内心变化。

（3）进行个人思考和反思，将苏轼的心境变化与自身经历和情感联系起来。学生可以撰写关于自己对苏轼心境变化和思想成熟的理解和感悟的个人陈述。

（4）小组或全班进行合作讨论，分享自己的观点和发现，对苏轼在黄州期间的心境变化和思想成熟进行总结。

可以设计下面的任务群。

- 任务一：导入与背景了解。

学生阅读关于苏轼在黄州期间的背景资料，包括他的政治境遇、生活环境和文学创作背景。

学生分享自己对苏轼的初步认识和期待。

- 任务二：文本解读与分析。

学生阅读《卜算子》《定风波》和《记承天寺夜游》这三篇作品，并进行文本解读。

学生分析诗歌的主题、情感表达、修辞手法和意象，以理解苏轼在不同作品中的表达方式。

- 任务三：心境变化与情感分析。

学生选择其中一篇作品，分析其中表达的心境变化和情感转折。

学生通过选取支持性证据，解读诗歌语言，探讨苏轼在黄州期间的心境变化的过程和性格特点。

- 任务四：比较与对比研究。

学生比较三篇作品之间的异同，特别是苏轼的心境和思想发展方面。

学生撰写一篇关于《卜算子》《定风波》《记承天寺夜游》的比较研究文章，探讨苏轼在不同作品中的变化和成长。

- 任务五：个人思考与反思。

学生通过阅读和分析这三篇作品，进行个人思考和反思。

学生撰写一篇关于自己对苏轼心境变化和性格特点感悟的个人陈述。

- 任务六：合作讨论与总结。

学生在小组或全班进行合作讨论，分享自己的观点和发现。

学生总结苏轼在黄州期间心境变化的过程和性格特点，并展示他们的学习成果。

教学中，教师可以建议和指导学生对苏轼在黄州期间的背景进行一番研究，了解他在政治、社会和个人生活经历等方面的内容；要求他们撰写关于苏轼在黄州时期的背景和环境的研究性文章，以帮助理解苏轼的心境变化、性格特点与个人境遇的关系。

我将这理解为以任务群的教学方式进行的群文阅读教学。在这个群文阅读教学中，以任务群的方式让学生通过阅读和分析苏轼的几篇作品，探索他在黄州期间的心境变化和性格特征。任务群的设计旨在帮助学生理解和解读这些文本，并将它们联系起来，以便更好地理解苏轼的心境变化和性格特征。因此，上述任务群可以被视为群文阅读教学的一部分。

具体来说，任务群教学的核心是提供具有挑战性和意义的任务，鼓励学生主动参与和合作。任务群教学中的任务群是由一系列相关的任务组成，而任务之间存在一定的关系。任务群教学要具备以下特征：

（1）任务序列：任务群中的任务可以按照一定的顺序或序列进行。这意味着学习者需要完成前一个任务，才能进行下一个任务。任务序列可以根据学习者的学习进展和目标来设计，以逐步提升学习者的能力和知识水平。

（2）任务衔接：任务群中的任务之间可以存在衔接关系，即前一个任务的结果和输出可以作为后一个任务的起点和输入。通过任务之间的衔接，学习者可以逐步构建知识，培养技能，并将前一个任务的成果应用于后一个任务中。

（3）任务扩展：任务群中的任务可以在主题、难度或复杂度上进行扩展。较简单的任务可以为后续的更复杂的任务提供基础，帮助学习者逐步深入理解和应用知识。

（4）任务关联：任务群中的任务可以在主题或内容上有一定关联性，形成一个整体的学习主题。这样的关联性可以帮助学习者将不同任务之间的知识和技能联系起来，形成综合的学习体验。

从语文学习的不同视角考虑，可以有不同类型的学习任务群。比如，《登鹳雀楼》就可以给学生提供下面这些类型的学习任务群。

- 阅读任务群:

（1）反复诵读《登鹳雀楼》，理解《登鹳雀楼》的大意，将不理解的词句记录下来。

（2）课堂同步阅读，注意语音语调，试图模仿作者的情感读出诗句中描绘的画面（意象）。

（3）进行主题阅读，圈点《登鹳雀楼》描写的关键词语，如鹳雀楼、依山尽、入海流、欲穷、千里目、更上等，尝试理解它们的意思。

- 听说任务群:

（1）听老师讲解《登鹳雀楼》的背景知识和主要意思，记笔记。

（2）分组进行《登鹳雀楼》诵读比赛，注意诗歌的韵律和节奏，提高诵读能力，尝试理解诗歌的意境。

（3）小组内分享讨论：《登鹳雀楼》中让你印象最深刻的描写是什么？为什么？

- 思考和解析任务群:

（1）分析《登鹳雀楼》，理解整首诗的主题和意境，讨论这首诗如何体现山水间的广阔壮丽，以及此时此境中作者的情怀等。

（2）思考《登鹳雀楼》中的主题和写作手法，以及这样的写作手法体现了作者怎样的人生态度和价值取向。

（3）谈谈阅读《登鹳雀楼》后的感受，如哪些地方引发了深思等。

- 写作任务群:

（1）按照给定的提示，写一篇关于《登鹳雀楼》的感想。

（2）与同学分享自己是如何书写感想类的文字的，比如自己是如何把阅读过程中的感动和思考融入文字中的。

（3）听取老师和同学的评价和建议，修改自己所写的感想。

需要注意的是，任务群教学的核心是提供具有挑战性和有意义的任务，鼓励学生主动参与和合作。学生在实际语境中完成任务，通过合作和互动来促进学习。任务之间的关系可以帮助学生建立连贯的学习经验，提高学习效果。

需要说明的是，任务群教学不仅适用于人文学科，还可以在各个学科和领域中应用。

在人文学科中，任务群教学可以被用来促进学生的批判性思维、文献研究能力、创作和表达能力的发展。通过完成任务群，学生可以深入探究文学作品、历史事件、哲学问题等，并在合作中展示他们的理解和观点。

在科学、数学和工程等学科中，任务群教学可以帮助学生应用所学的理论知识解决实际问题，进行实验和观察，并通过合作和讨论来推动科学思维和创新能力的发展。

从课程和教学的角度审视语文任务群教学与群文阅读教学，它们有各自独特的教学目标和方法，在实施时需要根据具体情况进行合理设计和引导，促进学生语文素养的提升。

第二讲　语文课程的价值取向在哪里

指向人的生命生长的课堂，不仅包括对生命的关注，而且包括对生存能力的培养和生命价值的提升，表达的是对生命状态的关怀和对生命情怀的追求，使人更好地体验和感悟生命的意义，促进肉体生命的强健和精神生命的形成，在激扬生命之力的同时焕发生命之美。由此，关注生命的课堂，关注的是师生生命的互动与成长，是师生间生命的相互启迪与润泽。关注生命的课堂不仅要关注社会，更要关注个体的人、关注每一个人完整的生命，凸显人的生命价值，提升生命质量，进而不断追寻、实现对每一个人生命的回归。

教学宗旨：以人为本，彰显人性，尊重人权

如前所说，关注生命的课堂，关注的是师生生命的互动与成长。生命的成长，其归宿并不都是舍己救人的英雄、革命的斗士、尖端的人才。关注生命的课堂最根本的使命就是培养人不断地领悟世界的意义和人本身存在的意义，让所有的受教育者学会阅读、学会交流、学会生存、学会成长。它是建立在以人为本、彰显人性、尊重人权的思想基础上的。然而，因为某种原因，我们在教学中普遍存在对一些文本主旨"拔高"的倾向和"贴膏药"的行为。比如鲁迅的经典散文《从百草园到三味书屋》，我们究竟要让学生们掌握的是什么？大多数教师会不厌其烦地向学生讲解封建教育制度的毒害，十几岁的孩子听后会一头雾水。如果硬要让学生明白，教师就要讲什么叫封建教育制度、什么叫封建教育思想，最终结果就应了鲁迅先生的那句话：

"你不讲我倒明白,你越说我越胡涂了。"

教材本身、任何一篇文章本身,都有自身的价值取向,有个体的生命内涵。教学中的道德教育如果完全靠"贴膏药"进行,效果恐怕并不理想。如果要使道德教育达到所期待的目标,就要求教师去研究教材,研究教材背后的种种因素。比如对契诃夫笔下的那些小人物的理解,就需要教师全面了解契诃夫同类作品中的人物形象,然后引导学生联系现实了解契诃夫描写这些小人物的意图:除了对他们的批判,还有同情,因为在那个时代,这些小人物要想很好地活下去不是一件容易的事,他们必须瞻前顾后,必须虚与委蛇。

教学理念:课堂教学是师生的一种生命场

理想的课堂,是师生相互沟通、补充启发的过程。在这个过程当中,师生彼此分享生命的历程、对生命的感悟,交流自己的情感、心态、价值观、价值取向。由此,我们和学生共同形成一种"生命场"。教学的主体是一个个拥有鲜活生命、独立个性的生命个体,他们有各自的能量和动量,更有相互的碰撞。碰撞就会产生新的能量(也就是我们说的"动态生成"),常会生成意料之外的、有意义或无意义的、重要或不重要的新信息、新情境、新思维和新方法。教师们一定要有课堂的教学"生命场"意识、不同生命体之间矛盾和碰撞的意识。

下面是我在南通市通州区金沙中学任教时,于2008年在初二(1)班执教的《散步》课堂教学实录片段。在这个片段中,我力图引发学生联系日常的生活体验,走进课文,走近作者,并在这过程中增强学生对亲情的理解,在关联中拓展对自然与社会的认识。

师:文中一家四口在散步时发生了怎样的事?
生:分歧:"我"的母亲要走大路,而"我"的儿子要走小路。
师:分歧是怎么解决的?
生:"我"决定走大路,但"我"的母亲改变了主意走小路。

师："我"为什么决定要走大路？母亲为什么又改变主意走小路了？

生："我"觉得伴同儿子的时日还长，而"我"伴同母亲的时日已短，所以决定走大路；母亲因固有的舐犊之情和对大自然的热爱，改变了走大路的想法，同意走小路。

师：很好！本文写了一个我们身边时常发生的故事，可我们却很少有人去写，原因何在？

生：因为太平常了，我们没去关注它！

师：对！作文的素材就在我们身边，只要我们注意观察和积累，我们同样可以"见人所未见，发人所未发"。刚才我们在听朗读的时候，有没有发现自己喜欢的语句？

师：没注意？没关系，我们再听一遍，请同学们注意了：你最喜欢文中哪一句，为什么？

（多媒体播放《散步》朗读录音）

师：记住：在听读的时候，及时将自己喜欢的句子画出来。

师：同学们可以交流一下，然后用"我喜欢……，因为……"的句子来交流，好吗？

生：好！

生：我喜欢文中第二段，因为春天是生命力的象征，表达了作者对春天的热爱。

师：我读到这一段的时候，也很喜欢，因为我想起了我们家乡的一句俗语："寒冬到老牛，死老人。"文中"今年的春天来得太迟，太迟了，有一些老人挺不住，在清明将到的时候死去了"，说的也是这个意思。年老的人抵抗力差，挺不住寒冷的天气，像去年那场暴雪，使多少老人过世了。然而，春天总算来了！"我的母亲又熬过了一个严冬。"言语间，对春的期盼，对母亲顽强生命力的赞颂溢于言表。同学们觉得，老师为什么有这样的感悟？

生：老师将现实生活中的事情同课文内容联系起来思考，感想自然比我们深刻。

师：对！学语文，我们不能就课文说课文，要自觉地联系生活，联系以往所学来思考。这样我们对课文的理解就会深刻许多。同学们想想看，这段中"春天总算来了",还流露了作者怎样的心情?

生: 对春的期盼!

师: 很好!我们以往所学的课文中对春的期盼、对春的到来的喜悦的文字,你们印象最深的是哪篇?

生: 朱自清的《春》!

师: 好!能背其中几段对春的期盼、对春的到来的喜悦的文字吗?

生: (背)盼望着,盼望着,东风来了,春天的脚步近了……

生: (背)小草偷偷地从土里钻出来,嫩嫩的,绿绿的。园子里,田野里,瞧去,一大片一大片满是的。坐着,躺着,打两个滚,踢几脚球,赛几趟跑,捉几回迷藏。风轻悄悄的,草软绵绵的……

师: 作者为什么要说"我的母亲又熬过了一个严冬",而不用"挺""度"?

生: "熬"既写出了母亲忍受痛苦度过严冬的情景,又写出了"我"为母亲最终安然无恙而庆幸的心情,还写出了母亲顽强的生命力。

师: 说得真好!同学们还有其他喜欢的句子吗?

生: 我喜欢"她现在很听我的话,就像我小时候很听她的话一样"。因为它使我们看到了小时候我们对父母的依赖,而老人们对年轻人也很依赖,我们一定要关心老人。

师: 很好!我看到这句话,想起了我外公的一句话:"老候,老候,人老了,就变成候了",意思是说人老了,需要年轻人像照顾孩子一样来照顾他。

生: 我喜欢"这南方的初春的田野!大块儿小块儿的新绿随意地铺着,有的浓,有的淡;树上的嫩芽儿也密了;田里的冬水也咕咕地起着水泡儿",因为它写出了春天带给我们的生命力。

师: 对,这就如《春》中描写的"桃树、杏树、梨树,你不让我,我不让你,都开满了花赶趟儿"那句一样,春,充满着生命的活力。

……

再举例子,教《孔乙己》,如果我们的设计还是一味地死抠教材,紧扣教参,忘了联系时代背景去思考,去组织教学,学生就只能牢记教参的说法，孔乙己就是一个四体不勤、五谷不分、好吃懒做的封建科举制度的牺牲品。他们就读不出孔乙己内心的苦楚，读不出自己的同情与怜悯，我们也就看不到学生人性的善良。我的一次《孔乙己》教学中有这样一个片段：

生：孔乙己最后一次来店里喝完酒，"便又在旁人的说笑声中，坐着用这手慢慢走去了"。这个画面很凄惨！他被人毒打，还被人嘲笑。我觉得他很可怜。

师：同学们觉得孔乙己可怜吗？

生：可怜！

师：仅仅因为被人毒打吗？

生：每当孔乙己到酒店，那些喝酒的人都要嘲笑他，说明在那些人眼里孔乙己只是一个笑料。他们根本不理解孔乙己内心的苦楚。

师：有道理！你怎么知道孔乙己内心有苦楚的？

生：当旁人问："孔乙己，你当真认识字么？""孔乙己看着问他的人，显出不屑置辩的神气。他们便接着说道：'你怎的连半个秀才也捞不到呢？'孔乙己立刻显出颓唐不安模样，脸上笼上了一层灰色，嘴里说些话；这回可是全是之乎者也之类，一些不懂了。在这时候，众人也都哄笑起来：店内外充满了快活的空气。"这里的"颓唐不安"和"脸上笼上了一层灰色，嘴里说些话"就告诉我们他内心有苦楚。

师：哦，怎样的苦楚呢？

生：孔乙己梦寐以求的是读书、做官，却一直未能"进学"，这是他最大的苦楚和羞辱。当别人当面揭了他这疮疤，当然痛苦啊！

师：说得好！还有要补充的吗？

生：孔乙己的名字叫什么，大家都不知道，但"因为他姓孔，别人便从描红纸上的'上大人孔乙己'这半懂不懂的话里，替他取下一个绰号，叫作孔乙己"。一个人连名字都没有，值得同情。

……

这个对孔乙己形象分析的片段，师生通过思维的碰撞，折射出一些时代的变化。孔乙己是科举制度的受害者,原来的教学更多是从科举制度的受害者、冥顽不化的一个人物的角度而谈。现在更多地看到他是一个很值得同情的人。孔乙己为什么值得同情?他是连名字都失掉的人!这些角度,我们在过去的教参里不一定能看到。我就说鲁迅小说里最悲惨的是这些人——没有名字的小D、阿Q、祥林嫂……没有名字,没有身份,没有家人,没有故乡,没有土地,这是最悲惨的。

教学的归宿:启智、培智

启智、培智应该是关注生命的课堂的基础和归宿。能否学懂、学通、学活,并运用所学解决具体的问题,取决于智慧。关注生命生长的课堂的终极目标就是要充分开拓人的智力潜能,使人成为具备开拓创新"资本"的人,这种资本就是智慧。培植学生的智慧,教育者不仅要"有心",还要"有智"。仅有知识,只教知识,不仅难以培植学生的智慧,还会影响学生学知识、用知识的效率,制约其终身的发展,更会不经意地因其"教"而浇熄学生智慧的火花,使他们走向愚钝。墙角的花儿开了,你说它是"孤芳自赏",学生偏偏要说"它是有自信的",你能说他错了吗?你如果说他错了,就把孩子的智慧给扼杀了。

"智慧要靠智慧来培植",为师之道,在于运用自己的智慧来培养学生的智慧,成为智慧的播种者,使学生渐渐变得聪明起来。因此,我们千万不能只做一个"留声机",仅仅向学生传授知识。我们是有思想、有个性的生命,也要把孩子们看成一个个有思想、有个性的生命。我们自己首先得从生活的阅历和对生命的理解的角度来研读文本,具备从文本的字里行间理解文本本意的功夫。我们要用教材,至少得把作者理解清楚,然后把时代对人的要求了解清楚,还要大致了解作者究竟是在一种什么样的精神状态下写作的。如朱自清的《荷塘月色》究竟是在一种怎样的情景中写的?教参上写的是"迷茫",那么我们再看一看朱自清的文本中有几篇不用"美女"来作比喻的?这隐含了一种什么样的价值取向?……这些都是我们要去考究的。

再如《清塘荷韵》是用"荷"来喻人,用"荷"来抒情的,为什么要写

"波斯猫"这个细节?去掉它行不行?认真读一读就不难发现这个细节折射的是作者生活的趣味,"波斯猫"与"荷"是相映成趣的。教师如果不引发学生思考,学生往往是会滑过去的,甚至也可能认为这些细节是多余的、突兀的。"波斯猫"与"荷"的相映成趣不仅表达了作者对自然、对生命的赞美,更表达了对人生的感悟。还有,在《清塘荷韵》中作者是想种荷吗?如果是,为什么不去主动种?如果不是,为什么"丢下种子前要用铁锤在莲子上砸开一条缝"?如果作者把莲子投入池中,就听天由命了,那他为什么每天还要到池边去看看?这就是文本中反复强调这个"荷"叫"季荷"的缘故。

此外,《清塘荷韵》中写"蝉噪林愈静"这个细节,为什么说像"池花对影落"?这样的境界究竟有几个人能参悟呢?作者有没有参透?而写到一个喜欢荷花的邻居,天天来数荷花的朵数的时候,为什么要补上"我虽然知道他为人细致,却不相信他真能数出确切的数目"呢?为什么要写莲"做着春天的梦"?……我想这些问题,如果教师不去研究教材,不站在自己的生命的角度去思考,是提不出来的。

泰戈尔说:"教育的目的应当是向人类传送生命的气息。"指向人的生长的语文课堂,就是充分发挥教师智能中的人文情感和文本内容的人文因素,去唤醒学生的求知欲,凸显学生学习的主体地位,让课堂成为关注师生生命、放飞生命、提升生命质量的园地,让课堂奏响生命的乐章!

第三讲　语文教育需要返璞归真

康德说："人只有通过教育才能成为人。"然而，需要追问的是：人是什么？教育是什么？人类为什么需要教育？只有追根溯源，对这些形而上的本源性问题做出思考，并形成一些清晰的看法，具体的日常的学科教学才不致陷于盲目性，缺乏自觉性。

动物的生命成长是特定的，人的生命成长是待定的。很多蜘蛛生下来就能结网，人刚生下来什么都不会，但这些蜘蛛一辈子只能生活在网上，而人能生活在各种不同的环境中，从事种种不同的活动，有丰富多彩的物质生活和精神生活，有适应环境并改造环境的创造能力。这种能力是人类生命的一种潜在的遗传素质，教育使这种潜在素质成为现实的可能。

我认为，语文教师要有生命在场的意识，要努力与学生进行思想和心灵的沟通，努力捕捉课堂上能够产生生命碰撞的火花。如果说对文本的生命化解读体现了我的语文教育的"世界观"，那么这种关注教学的即时生成、努力捕捉思想火花的教学艺术则体现了我的语文教育的"方法论"。生命意识表现为辩证思维，语文教学也因此有了交流和感悟而生成的灵气和生机。只有这样，语文课堂才能摆脱照本宣科、机械训练的程式，走出死气沉沉、令人昏昏欲睡的困境。课堂教学的挥洒自如，体现了在教育生命意识观照下的语言文字的修养与教学艺术的机智。"文似看山不喜平""映日荷花别样红"，张弛起伏、个性鲜明的课堂教学艺术之所以为人称道，很大程度上是因为体现了一种"行乎其当行，止乎其当止"的自然流畅的风格，有一种雅致的意趣和深邃的哲理。

课程改革的重要理念之一是"教育回归生活"。我认为"只有关注生活才能拓展生命视野",读书既要提纲挈领将厚书读薄,又要举一反三将薄书读厚;既要有以书本知识为主的间接经验的习得,又要有社会生活中直接经验的接受。无论是间接知识还是直接知识,教学过程都要注重二者的沟通与融合,扬弃与提升。生活事件进教材、进课堂,课程资源因此而丰富和鲜活;书本知识应用于生活,则加深了对书本知识的理解,也提高了知识应用与创新的水平。一旦有了在生活中学语文,为把生活变得更好而学语文的意识,就可能让语文教学伴随时代前进的脚步和学生生命成长的节奏来进行,也能有效地将语文知识转化为学生的语文素养与应用能力,帮助并促进学生的生命成长。

语文教学是语言文字或语言文学的教学,语文作为工具的特殊性在于它体现着人文性,服务于并伴随着生命的成长。倘若离开这根本性的宗旨,语文教学便成为无源之水、无本之木。生命有其自然属性,教育应给学生以成长的快乐;生命有其社会属性,教育应培养学生有责任的担当;生命有其精神属性,教育应帮助学生形成完善的人格、高贵的品质。

下面是2010年我在任职的南通市通州区二甲中学借班执教《老王》的课堂实录片段。教学中,我尽可能引发学生从文本本身去探寻作者的情感态度,不夸饰,不拔高,当然也不贬低。整个过程实实在在,且水到渠成。

师:一共写了几件事情?哪件事情是作者最用心写的?

生:(小声回答)一共写了三件事。第一件写老王得了病;第二件写老王给别人送冰,但是给"我们"家送的冰比其他家大;第三件是最主要的,写老王给"我们"家送鸡蛋和香油。

师:我们将老王临死前送鸡蛋和香油的部分读一下。

(生齐读)

师:刚才,同学发言讲老王临死前来送鸡蛋和香油。你们怎么知道是临死前的?

生:在第二小节。

师:我觉得有一个词语可以看出来,他写老王是怎么走路的?

生:直着脚走。

师：谁能表演一下？直着脚走，如何走？我试了几次，不大好走。好，你来试一下？

（生试着直着脚走……）

师：我想问一下，他都这样走路了，为什么还要到"我"家送鸡蛋？

生：他认为自己活不了多久，鸡蛋放在家里没用。

师：你们赞同吗？

生：不赞同。

师：不赞同的原因是什么？

生：这是临死前的心愿。

师：你们赞同吗？

生：赞同。

师：你们年纪还小，没有太多生活经验。但在现实生活中，确实有这样的事情。一个人，临死之前，他会把他前几天突然想到的事情处理好，有没有听老人家说过？老王在临死之前到"我"家送鸡蛋，他认为这是自己临死前能够做的最后一件事，也是最重要的一件事情。为什么？联系前面来讲，"我"是顾客，他是车主，"我"跟他之间纯粹是雇佣的关系。老王临死前还来"我"家送东西，从这里，我们看到了什么？

生：老王是一个有恩必报的人。

师："我们家"对老王有什么恩？

生："我们"很照顾他的生意，他生病的时候，"我"女儿还会照顾他，他把"我们"当作他的亲人。

师：老王这时候到"我"家送香油、送鸡蛋，"我"的下意识反应是什么？

生：去拿钱。

师：老王送香油、送鸡蛋，"我"心里想我们是顾客和车夫的关系。注意这里：

我强笑说："老王，这么新鲜的大鸡蛋，都给我们吃？"

他只说："我不吃。"

我谢了他的好香油，谢了他的大鸡蛋，然后转身进屋去。他赶忙止住我说："我不是要钱。"

我也赶忙解释："我知道，我知道——不过你既然来了，就免得托人捎了。"

他也许觉得我这话有理，站着等我。

同学们想一下，我们这样读这几句话，与老王的生命体征一致不一致？

生：不一致。

师：你们体会一下一个这样走路的人（模仿直着脚走）。这样的话，我们应该怎么读？同学们先互相讨论一下，读出声音来。我们站起来读一下。

（生小声朗读）

师：不要害怕，声音大一点。读出一个将死之人的味道来。他读得有没有味道？

生：（有感情地朗读）……我不是要钱……

师：有味道！很好！我们再来看一看这句话中的描写，来体会一下到底应该如何读。请同学们把"有一天"这一段自己朗读一下，然后再把"我把他包鸡蛋的一方灰不灰、蓝不蓝的方格子破布叠好还他……"读一下，比较一下这两段，看一看遣词造句有什么相同，又有什么不同？

（生读课文）

师：（板书：镶嵌、直僵僵的、僵尸、骷髅、一堆白骨）我们现在来比较一下，看看有没有变化。友情提醒：阅读文本要善于比较，比较时要抓住文章中的关键词的变化；要养成讨论的习惯。大家认真讨论一下。

生：没有变化。

师：我刚刚问了两位同学，他们都说没有变化。我们再把这两段读一下，读了之后再看看这两段有没有变化。

（生齐读）

师：现在让我们来看看这两段的描述有没有变化？

生：有。

师：有怎样的变化？谁愿意说说看？（对一位学生）你来说说看。

生：前面是"打上一棍就会散成一堆白骨"，后面是"稍一弯曲就会散成一堆骨头"。

师：好，前面用的是"打上一棍就会散成一堆白骨"，后面是说"稍一弯曲就会散成一堆骨头"，要养成前后对照比较的习惯。在我们印象中，什么情况会有白骨？我们最早知道白骨是从哪里知道的？

生：从《西游记》里。

师：白骨精，对吧！在我们印象当中，"白骨精"这个词是贬义还是褒义？

生：贬义。

师：前面是"白骨"，后面就变成了"骨头"，为什么会有这样的词语变化？像这样的问题不能靠查字典解决，需要我们根据上下文来看。实际上，凌老师不是随随便便板书这两个词的。我们再联系写"我"心情的词语前面那个词语和后面那个词语，有什么细微的差别？

生："可笑"。

生："吃惊"。

生："抱歉""害怕得糊涂了"。

师：这样的词语变化反映了作者心情发生了怎样的变化？

生：因为在"我"眼里老王是车夫，老王这个样子了还到"我"家来送东西，"我"感到很吃惊。下意识想到的是交易，想到给他拿钱。

师：老王一句"我不是要钱"给了"我"心灵的震撼。"我"想的只是老王给"我"东西，"我"要给他钱。现在"我"已经意识到老王这个将死之人，把"我"当作亲人，感受到老王送"我"鸡蛋和香油的真情。所以在前后文的遣词造句上发生了改变。我们要善于联系上下文来比较，这是阅读的基本方法。

师：这个部分主要运用了什么写作方法来写老王？

生：细节。

师：关于课文的写作技巧方面，同学们掌握得还是比较好的。从这些句子中可以看出，老王对"我"是什么样的情感呢？那种亲人般的关爱、呵护、回报，是什么？我们用一个词概括一下。

生：牵挂。

师：那么作者为什么要写这篇文章？从文章中哪个词语可以看出来？

生：愧怍。

师：谁愧怍？

生："我"。

师：我们把这个句子读一下，看看是怎样的愧怍。

（生齐读）

师：幸运的人是谁？

生："我"。

师：不幸的人是谁？

生：老王。

师：我们课前的作业是应该查阅一下，作者和她的丈夫，他们幸运不幸运？

生：不幸运。

师：眼下幸运不幸运？

生：不幸运。

师：那为什么在这儿写他们是幸运的？

师、生：相对于老王而言。

师：这节课我们就上到这里。课后我们有个作业，请同学们再认真地读一读课文。有几个地方我提醒大家注意一下，也就是我们今天讲的——要用工具书，要学会抓住关键词，要相互讨论。比如，"我常坐，老王的三轮车"，为什么这个"坐"后面要用逗号？"他压根没想到这一点"，他为什么压根没想到？"我送钱给先生看病不要钱""你还有钱吗？""老王欣然在三轮平板的周围装上半寸高的边缘，好像有了这半寸边缘，乘客就围住了不会掉落""我也不懂，没多问"，建议我们课后围绕这些关键句子，完成短文解读。

    人作为符号性存在的动物，生命的属性在语言文字的符号中得以彰显，语言有其自身的逻辑体系，它在人类社会生活和生命个体的活动中得到体现。指向人的发展的语文教学坚决地排斥对文本的架空分析和游离于语言文字之外的随意发挥，它必须于文字句章中见生命的意蕴。语言文字的教学与生命成长紧密关联和高度融合。语文教学既要体现语言文字学习与应用的规律性，又要合乎服务学生生命成长的目的性，是合规律性与合目的性的统一。如此，才是语文教育的返璞归真。

我教《老王》是从学生的具体认知和理解的可能出发的，也就是从学生的生命状态出发的，语文的教学是穿插在文本阅读与理解过程中的，用我自己的观点来说，是"相机而教"的。

第四讲　教学，首先是要让学生学

教学，光有教，没有学，必然会索然无味。教师如何将学生的学摆到应有的位置上，是必须用心经营的。

学生是学习和发展的主体

在传统教学理念和教学模式的影响下，学生已习惯了教师讲学生听，教师布置作业学生完成作业，教师出题学生答题的学习模式。一旦教师放开了他们的手脚，他们反而会感到茫然而无所适从。课程改革所倡导的自主学习、合作学习、探究性学习、协同学习、项目学习等学习方式所体现的是：学生是学习和发展的主体，学习是学生自主建构知识的过程。在这样的理念下，教师的"教"只是为了学生的"学"。而学生要学好，必须有学的欲望。这欲望，就是学生的主体意识。教师的责任在于唤醒并张扬学生的主体意识，只有这样，课程改革所体现的教育理念方可成为现实。否则，就有可能是"老店新开，重换招牌"。

要让学生真正成为学习的主人，首先得明白：人究竟是如何学习的？记忆、动机、愿望和情绪在学习中占据着怎样的地位？我们对大脑惊人的能力又知道多少？为什么有些孩子和成人在学习时困难重重？《学习的本质》的作者安德烈·焦尔当的研究告诉我们，尽管人们对学习的研究有着这样或那样的分歧，但是有一点认识却是共同的，那就是"学习者不是一张可以让老师把自己的知识画在上面的白纸"，唯有"学习者通过与过往所有解释和模式相吻合的个体阅读'框架'来破译课堂上的信息"，才有可能在这张白纸上画上最美丽的图画。须知,"当教学被当作一种简单的知识传递时,它便不能引发学习,甚至还会阻碍学习"。①

安德烈·焦尔当认为,人,作为"一台学习的机器",其功能远不只是接收信息,事实上,人不用经过任何系统学习,就学会了许多基本的技能——走路、说话和爱。"学生的学习不在课堂上。"②学生通过一堂课就能获得一些初步知识的情况是很少见的,很多课堂练习对于学生而言是在大把地浪费时间。许多被专家和教师追捧的教学理论,总是从教师的"教"出发,很少顾及学生的"学"。"现在就连投产一种简单的家用电器,人们都会先进行调研,而对于学习的研究,包括大脑研究",其境地却十分凄惨,即便是在20世纪的法国,也"只占总研究经费的万分之一"。③

实际上,学习远不像人们想象的那么简单,因为"知识是一种不能被授递的个体认知",个体的人只有将知识变成自己的经验才可能成为自己的。这当中需要的远不只是"建构",更需要"解构"。不论是儿童还是成人,要让一个学习者掌握一项知识,就必须对他的先有概念进行真正地解构。安德烈·焦尔当认为,一个人"学习上取得的进展并不像建构主义者反复强调的那样仅仅是个人的事,也不像行为主义者说的那样是环境的事,它来自个体与环境的互动"。在互联网时代,在脑神经科学研究不断取得新进展的今天,是有必要反思类似"建构主义""行为主义"等理论可能存在的偏颇问题了。在这个变化中的世界,我们必须以批判的眼光审视这些变化,"观察更加广阔的社会、历史、文化和政治教学环境。批判教育学使我们有勇气将自己所看到的一切说出来"④。

或许"学生的学习不在课堂上"的论断有些偏颇,但我们是不是应该追问一下:花了那么多的时间研究教材、编写教案、设计课件、录制视频……这些工作是不是从学生的"学"出发的?学生的"学"究竟会如何发生?不是从学生的"学"出发的教案、课件、视频等,究竟有多大效益?实际的情

---

① [法]安德烈·焦尔当.学习的本质[M].杭零,译.上海:华东师范大学出版社,2015:16—19.
② 同①:1,3,4.
③ 同①:3.
④ [美]琼·温克.批判教育学——来自真实世界的笔记[M].路旦俊,译.长沙:湖南教育出版社,2008:51.

形往往是繁重的学习任务带来的负面效应"使学校失去了存在的意义",至少是让现在的学校成了方方面面指责的对象。

有冲动,就可能有真实的学习

在教学实践中,学生写作能力的培养历来是一个困扰我们的难题,加上如今愈演愈烈的升学竞争,我们的作文教学,更多的是在"技"的层面越"钻"越深。《尚书·尧典》有言:"诗言志,歌永言。"《汉书·艺文志》也讲:"故哀乐之心感,而歌永之声发。"所以,作文教学的基本目标是让学生写出自己内心的想法,或者叙事,或者论说,无非心发。但是遍观现今学生的习作,或灼灼华华,敷陈宿调旧言;或枯枯索索,赘述不必之语。很多学生苦熬一课甚至两课,写出来的都是些"无情"之作:一无情思,二无情语,三无情韵。归根到底,无情之作源于无情之教。

实际教学中,不少教师对于作文教学的备课不能说不详尽,从审题到思路,从谋篇到布局,也颇下了些功夫。上课时做指导,或自说,或点拨,也娓娓作谈,头头是道,有章有法,可学生写下来依旧效果不佳,于是就得出结论,作文教学备课与不备课并无二致。问题在于不少教师作文教学的着眼点依然是文章的框架结构,但由于深受阅读教学的影响,作文教学堕入了一种程式化、模式化、标准化的范式,陷入了对写作技巧的传授,陷入了"以文为本"的误区。如果我们不重视对学生写作情感的调动,不重视对学生自有生活的挖掘,不重视对学生真实情意的唤醒,那么学生从教师那里所能学到的也就只能是教师曾经在大学写作课上学到的那些看似有用实则无用的写作知识,而不是写作本身;学生连篇累牍的作文也只能是缺少情感的文字游戏,而无关他们自己。冷冰冰的写作知识,倘若不与有血有肉的生命自然融合,如何变成"有情"之作呢?

无情之教也源于教师自己的"无情"。一般来说,从教时间长了,有些教师就会有些怠惰,教师对生活没有激情,对教学日感乏味,因而对学生作文的指导也自然变得"无情"了,尽管教学时的声音是高的,但那只能表明这位教师是在尽责,而不是尽心,更不是尽情。无情之教自然生出无情之学，无情之学只能生出无情之作，作文教学在技术上的确也已跌到最低。

我有一回听了两位老师执教的《如何做到情景交融》。两位老师花了很大力气指导，用本单元几篇文章的片段，用"情景交融"的相关知识，也有安排学生对照自己课前写的校园景色的片段的修改环节，但总感觉就差那么一步。评课的时候，我建议两位老师看看教材上《如何做到情景交融》的短文。这个短文，没多少字，但我以为阐述精要，举例精当，特抄录如下：

"景无情不发，情无景不生"（范晞文《对床夜语》卷二），景与情在写作中应是相互依存，不可分割的。一篇景情自然融合的文章，更容易让读者产生心灵的触动和情感上的共鸣。

触景生情，情因景生。我们常常有这样的经历，看到某种景物，自然而然生出或被触发出某种情感。将这样的景描写出来，将这样的情抒发出来，并让景物与情感之间建立起某种联系，就是一篇好的写景抒情文字。如朱自清《荷塘月色》中，起初作者内心"颇不宁静"，淡淡的忧愁之感弥漫在字里行间。但随着作者独行小路，领略月下荷塘美景，忧愁虽然还在，但心头平添了一份淡淡的喜悦，感受到一丝得来不易的宁静。这喜悦和宁静都是由荷塘之景自然生发出的感受，作者在描写荷塘时并没有直接写情，但情自在景中。

因情写景，借景抒情。生活中我们常常会感到高兴或烦恼，轻松或沉重，热烈或悲凉，而随着情感的变化，似乎看到的景物也产生了不同，所谓"感时花溅泪，恨别鸟惊心"（杜甫《春望》），正是此意。以情感为轴心选择与之契合度较高的景物进行描写，将自己的情感赋予景物，使"物皆著我之色彩"（王国维《人间词话》），同样也能写出一篇好的写景抒情文字。如郁达夫《故都的秋》中，北平之秋景物众多，作者选择了槐树的落蕊、秋蝉衰弱的残声、微凉的秋雨等颇具悲凉之感的景物，来表现对故都的思念与眷恋，皆因它们与自己内心的孤独、苦闷之情相一致；史铁生《我与地坛》中，"剥蚀"的琉璃，"淡褪"的朱红，"坍圮"的高墙，"散落"的玉砌雕栏，也都高度暗合了作者失落、悲伤甚至绝望的心境。这样的文字，处处写景，字字关情，能给读者以思考或震撼。

我以为，这篇短文的关键在"处处写景，字字关情"八个字。既然前面读了本单元的几篇课文，同学们课前写了短文，教材上这篇写作指导的短文也用本单元课文为例阐述了如何做到"情景交融"：运用"写景抒情""借景抒情"等方法，通过意象如槐树的落蕊、秋蝉衰弱的残声、微凉的秋雨、"剥蚀"的琉璃、"淡褪"的朱红、"坍圮"的高墙、"散落"的玉砌雕栏等，借助一些精准的词语，如"落蕊""衰弱""残声""微凉""淡褪""坍圮""散落"等，表达了此景此情，为什么还要花那么多时间去谈"情景交融"的技巧而不让学生读读这段文字，扣住"处处写景，字字关情"八个字去审视自己与同学所写的短文，在实际的写作与修改中灵活运用写作技巧呢？

如果我来上这堂课，我以为这堂课的教学目的是指导学生升格片段描写，任务是"改""讨论""评价"。我的教学设计如下图。

下面是2007年我在"通州区中考作文指导研讨会"上借班执教的一堂作文指导课的课堂实录片段。

（预备铃响过，我从侧面走向讲台。"老凌，你好！"同学们顿时欢呼起来。）

师：（愣了片刻，旋即）同学们好！（台下掌声一片）"老凌"，好亲切的称呼。老师很想知道，同学们为什么要将这一崇高的称呼给我？

（生得意地笑，并伴有轻微的讨论声。）

师：是老师老了吗？还是你们觉得老师古板，或许太凶，让你们感到我是个糟老头、坏老头？

生：不是！

师：那又是为什么呢？告诉老师吧！

生：听别的老师这样叫，我们也喜欢这样称呼你。

生：你曾上过我们班的课，我们觉得你很亲切。

生：你看到我们总不忘叮嘱几句，就像我的邻居老伯伯。

生："老"是对成年男子的一种尊称，我们叫你"老凌"是对老师的一种敬重！

师：我很想听听这个"老凌"他哪里值得你们热爱、敬重呢？随便聊聊吧，想说的就站起来，我不指名了。

生：每天早上你都站在校门口迎接我们。

生：你对我们非常关心，常常喜欢摸摸我们的头，说："小家伙，加油！"记得有堂作文课，你读完我的作文，跑到我的身边，就是这样对我说的。

生：你是一个校长，你让我记忆最深刻的是，看到校园里的垃圾总会弯腰拾起。

生：我听妈妈说，你平时常到网吧里去抓学生，还有一个网吧就是因为你才关闭的。我妈说，你特行！

生：告诉你一个秘密吧，同学们说你的背影像韩麦尔先生，而我觉得你更像圣诞老人。

师：停！停！停！我真有点受不了了，尽在唱赞歌，你们称我"老凌"，说明你们已经将我当朋友了，因为我的朋友都喜欢这样称呼我。记得"难得是诤友，当面敢批评"这样一句话吗？我老凌也不是一个完人，作为朋友，你们能不能为我指出点缺点呢？自由发言吧！

生：老师，你表面留给人的印象太凶了，要不是你教过我们，我们肯定会怕你，因为你板着脸时是很吓人的！

生：老师，你不知道其他班同学有多怕你，我表妹说她班一个男生特爱搞恶作剧，别人说"班主任来了"，他理都不理，一说"老凌来了"，他就吓得往座位上溜。

生：老师，我们希望看到你的笑，你笑起来特别有亲切感。

生：老师，如果你个子再高一点，你一定是我们学校的美男子。

师：哦，一是太凶，二是嫌矮，对不？（生笑）非常感谢我的朋友们，我真是太高兴了，我争取改正。

生：（调皮地一笑）老师，你的身高怎样改呢？

师：（若有所思）是啊，我可以再和蔼一些，可这身材？

生：老师，完全不用担心，你和蔼可亲，你的形象不就更高大了吗？

师：好，太有创意了。你是想让老师用"内秀"弥补外表不足，是不？

生：是的。

师：真够朋友！我听你的，我将不断增强自身素质，用我的人格魅力来让你们觉得我很高大！

生：老师，事实上我们只是希望你个子高一些，更帅气，如果用人格魅力来衡量，你已够高的了。

师：太有意思了，你们真懂事，还担心老师接受不了。没什么的，身高没法选择，形象可以改变的，你们说对不对？

生：对！

师：说了这么多，你们觉得这个"老凌"怎么样，是不是蛮有意思的？

生：是蛮有意思的。

师：这就是我们从"老凌"身上所得到的感悟吧！同学们，能告诉老师，从"老凌"身上你们还感悟到了什么？

生：你工作很认真，对学生有爱心。

生：你很有才气，语文课上得特棒。

生：你很会说，升旗仪式上不用草稿，出口成章。

生：你这个人说话很有趣，幽默得很。

生：你对自己要求很严格，要求别人做到的，自己一定首先做到。

生：你处理事情常常是对事不对人。我妈是老师，我常听我妈跟我爸说学校里的事。

生："浓缩的是精华"用在你身上很恰当。

生：你很民主，上课总是先听听我们的意见。

生：你上课很投入，不像校长，像个顽童……

师：真是有趣极了。对于"老顽童"，你们又是从哪些方面感悟到的呢？

生：你给我们范读课文，很夸张的，特投入，有时还要唱上几句。

生： 我们在你的课上常常看到你弓着身子，十分投入地读书和仰着头手舞足蹈，十分激动。

师： 真是太棒了，观察得这样细致！现在让我们拿起手中的笔来写一写这个大家熟悉的"老凌"，怎么样？

生： 行！

师： 好啊，时间不允许我们写全文，我们就选择其中一个方面来写，比如外貌，或者你亲眼看到的一个场面，或者是你感受最深的一点，写好后就交流。

接下来我让学生花了5分钟去写，下面是几位学生写的片段：

片段1： 老凌个子不高，但做事有魄力。乌黑的头发、宽阔的额头，使他显得精神抖擞。他的鼻梁上架着一副眼镜，炯炯有神的眼睛，时而严肃，时而平和，正如冬日里的太阳，寒里透着温暖。

片段2： 曾经以为您是严厉的校长，永远顶着神圣的光环，而我们似乎也只能仰起头来看您。突然有一天，我发现您竟然亲自在捡纸屑，那时我才真正明白，校长只不过是一位比我们更热爱学校的老师。

片段3： 严厉而不失和蔼，刚正而不失宽容。言语中处处透着他独有的豪迈之气，行动中处处显示他独有的雷厉风行。与家长、老师交谈，不失风度，与学生、晚辈交谈，不失和蔼。

片段4： 他似乎是一个有着多重性格的人：那在主席台上慷慨陈词的人是他，那与同事、老师还有学生推心置腹交流的人是他，那在众人面前大声批评学生或老师的也是他，那为了学校利益勇敢地站出来说话的人还是他……

片段5： "浓缩就是精华"最能概括我对老凌的印象。老凌的身高似乎与他校长的身份不太成正比，有些"逊人一等"，但却丝毫不影响他的威严。每当他将手背在身后，缓缓踱过教学楼，那些高大的男生对他也惧怕三分。俗话说得好，"热闹的马路不长草，聪明的脑袋不长毛"，校长那头"稀疏"的黑发引来同学们的议论，但如今聪明人中有几个头上"枝繁叶茂"呢？

上面的作文指导片段，从开始部分看似不着边际的闲聊，到学生写的作文片段，我们可以看到，一旦学生有了表达的欲望，其表达自然会顺畅、流利，真情实感也就溢于言表。

学生的主体意识需要教师去唤醒

教育要着眼于对学生内在动机的唤醒，使学习成为自觉自愿的活动。所谓"内在动机"，就是学生的主体意识。有了内在动机，学生才可能自觉自愿地学。唤醒学生的主体意识，需要确立全新的教师观。要认识到，教师是学生学习的组织者、合作者、领导者，是学生发展的促进者。教师的作用在于帮助学生制定适合自己的学习目标，选择达成目标的最佳途径；指导学生养成良好的学习习惯，掌握科学的学习策略；为学生创设丰富而具体的学习情境，激发学生的学习动机，培养学生的学习兴趣，磨炼学生的学习意志。要唤醒学生的主体意识，需要确立全新的教学观。要认识到，教学是课程的再创造和重新开发的过程，是师生交往互动、共同发展的过程，是教师不断引导学生提出问题、解决问题的过程，是引导学生收集利用学习资源、构建知识的过程，是引导学生根据不同的学习内容，选择不同的学习方式的过程，是引导学生在学习过程中体验、探索、反思、发展的过程。只有教师树立了全新的教师观和教学观，学生的主体意识才有可能被唤醒。

法国教育学家第斯多惠说："教学的艺术不在于传授本领，而在于激励、唤醒、鼓舞。"课堂教学活动是在课堂这一特定环境中进行的特殊的认识活动。而课堂教学环境对教学的影响是无时不在、无处不在的，因而创设开放型的课堂教学环境有利于学生的交流，营造民主、平等、宽松的学习氛围，可以减轻学生的心理负担，促使学生积极参与、主动探索，促进学生个性发展。我在上述作文指导的课例中费那么多时间与学生"东拉西扯"，其目的就是给学生创造一个愿意言说的教学环境。从效果上看，这一目的是达到了的。当然，这得感谢学生们的那句"老凌，你好！"也许有同仁会问，怎么可能每次都有这样的契机？我以为这取决于教师日常与学生相处的情况。当然，还要有教师的教学敏感，也就是"课感"。

在教学过程中，教师要十分重视学生的积极性、主动性及主体地位的落实。积极启发引导学生，让学生真正成为学习的主人，采用启发课、自学课、讨论课等形式，让学生有机会参与学习，有机会进行沟通、交流和交往，能阐述自己的观点，倾听同学们发表的看法。课堂上教师的精讲是必要的，但学生自动表达自己的认识、感想更重要，所以教师要多提供让学生畅所欲言、各抒己见的机会，让学生议一议、做一做，让学生自己表演和体验。在学生讲的过程中，教师要耐心帮助、指导，给每个学生讲的机会。因为课上对很多知识的学习和探讨、对问题的思考和分析，学生的思索过程和最终答案不可能都是正确的、完善的，但是当学生将他们的想法和认识当众告诉老师和其他同学时，内心一定热切期盼得到老师的肯定答复，以证实自己认识的正确性。在教学中，对不同层次的学生的不同答案，教师在评价时要注意策略，以保护学生的自尊心和学习的热情。教师在教学方法上要善于启发，引导学生自己去发现、去探究。课堂上，教师还要放下架子，处处体现出关怀、尊重、信任、理解每个学生，为学生创造一种敢说、敢想、敢做的开放性课堂学习氛围，学生才能在多说、多想、多做的锻炼中，提高多角度、多层次的思维能力。这样才能激发学生主动参与的积极性，真正体现学生的主体地位，使学生成为课堂的主人。

我曾分别在西安和南京执教初三作文公开课，课题都是《成长的烦恼》。之所以选择这一课题，主要考虑到处于青春萌动期的初二学生，他们身上不仅有躁动，更有叛逆，可是现行的学校教育往往遏制了他们的天性，于是烦恼就是必然的了。他们渴望寻找解决这些烦恼的路径，而现实情况却是他们往往只能将这些烦恼放在自己的肚子里，他们没有办法，也没有地方倾诉。选择这样的话题会让学生动情，动情了也就有话说了。

西安灞桥区教研室语文教研员赵清风老师听完我的这堂课后说："当下课堂教学不缺学生发言，但缺少对话。佐藤学在《静悄悄的革命》里提出每个学生都发言，说的都是自己的话，生生之间微妙的相互碰撞和相互联系很少产生出来，老师不断确认，在中间也很难将他们的观点见解连缀起来。德国的克林伯格认为，在所有的教学中，都进行着最广义的对话，不管哪一种教学方式占支配地位，相互作用的对话都是优秀教学的一种本质性标识。师生之间的交往的本质就是一种对话。对话是学习和认识过程中不可缺少的组成部分。"这其实就是"交流自由地从学习者传到学习者身上，教师成为学习过程中的参与者"的另一种表述。

就教学策略而言，我从批判教育学视野出发，舍弃了我们习惯上的"作文指导"做法，选择了与学生一起写"成长的烦恼"的方式，教学过程则采取从学生中来、到学生中去的办法，同学生一起聊聊各自的烦恼，让学生谈谈如何解决这些烦恼，并试着将所聊所谈用文字表达出来，再对这些文字谈谈各自的看法，共同商量将这样的内容用什么样的方式写出来比较合适。用琼·温克的话来说，就是"舍弃学习涉及改变观点、信念和假定。舍弃学习就是打开一些陈旧的包裹"[1]。就如我的恩师陈有明先生所言，在教学实践中我们固然要学习别人，但绝不是复制别人，许多时候是要将从别人那里学来的东西丢弃掉，更重要的还是要丢弃自己固有的那些东西。这样你才可能有所长进。对教师而言是这样，对学生而言同样如此。当然，在课堂上，我们也不可能完全排斥传输与生成的方式，这两种方式都是为转化服务的。

从西安那堂课的实际情况来看，我的设想是符合学生实际的，也是达到让学生"说真话，诉真情"的目标的。就如赵清风老师所说："佐藤学认为：'教师讲述的行为也是倾听的行为。'因为在教室里的是一个一个学生，而不是铁板一块的学生群体。在对话的过程中，教师竭力以自己的身体言语和情感去与学生的身体动作和起伏的情感共振，凌老师的教学机智唤醒了学生情感深处的细微体验。在这样的公开课上能有真实的情感共振是难能可贵的。凌老师没有就事论事解决烦恼，而是倡导同学之间敞开自我，交流分享各自的烦恼。实际上，只要能够说出来，有人愿意听，烦恼也就不成其为烦恼，反而成了生活的趣味、写作的素材。"

南京市教研室语文教研员袁源老师观察了我在南京的课后对我说："这样的课，最大的'好'就是来自学生，还归学生，真正将学习的主动权交给学生。这样的课是挑老师的，假如老师没有对教材的全面、周到、细致、独

---

[1] ［美］琼·温克.批判教育学——来自真实世界的笔记［M］.路旦俊，译.长沙：湖南教育出版社，2008：27.

特的把握，很容易上成低效甚至无效的课。但对于一个热爱（或者喜欢）语文教学的老师来说，这样的课应该是努力的方向。这才是现代课堂，才能让师生都感到快乐而又有收获。当然，有些细节还可以处理得更好。比如，若事先请他们（提供场地的学校工作人员）取消屏保，课堂上就不会数次分神，乃至某次没法与学生正常交流，不得不让学生重复一次。"

尽管我知道和承认公开教学在一定程度上是一种表演，是演给观课的老师看的，既然如此，这样的课相对于常态课来讲更需要用心准备。为什么不少名师的公开课、示范课会毫无节制地拖课，而且还拖得振振有词？正是缺乏表演的意识，缺乏一种精益求精的态度，或者源于自负。我几年前的问题正是缺乏这样的表演意识，事先没有经过排练，也没有精心策划、反复推敲、反复修改，甚至没有课前与学生见面，只是在上课前与学生有一个简短的热身活动，根本没考虑多媒体有没有屏保的问题。说轻松一点是过于自信，说严肃一点其实是不够严谨。这几年，如果有公开教学，我虽然照样不会预演（退休教师，也没有学生配合我预演），但，表演意识倒是有了一些。

也许下面这段文字已经游离了这一讲的主题，但还是想跟各位分享一下。有一回，我跟一些老师谈中学生议论文写作的时候，再次表达了40年前的一个观点：考试作文中的所谓"文体不限"其实是"限"的，我所说的"限"是必须认真分析题目中的一些要素，譬如某一年上海高考的作文题《仰望星空》，是写记叙文还是议论文更合适呢？我以为如果文字功底不错，又有些思辨意识，写成议论性散文比较合适；如果思辨不够，即便写成议论文也难免东拉西扯，即便犀利，也难以避免会感情用事。正儿八经的议论文不是那么容易写的，我们所见的议论文多是简单粗暴的"就'事'说'理'"，即便是网红名师们笔下的评论，大多不过如此。用事实论证，或者说用故事说理是有风险的，然而，我们在教中学生议论文时往往热衷于用故事说理。我觉得这是一个值得语文教师认真反思的问题。

教与学在很大程度上就是一个不断舍弃学习的过程

从"学"的立场看，学生是主体，教学的一切活动都必须体现在学生身上，教学的最终效果更要通过学生来实现。心理学研究表明，恰当的问题情境能唤醒学生的学习热情，促使学生主动参与。学生主体参与教学活动，对教学意义重大，对此教师必须有清醒的认识。首先，学生主体参与教学有利于建立良好的教学人际关系，使学生成为学习的主人。如果教师能创造条件满足学生的参与欲望，学生就会产生明显的向师性。学生参与教学的热情越高昂，越能激发教师的教学热情，增强师生的交流与合作。这不仅会使学生的人格价值得到体现，更会使学生从与老师一起讨论问题、设计教学方法中感受老师对教学工作的事业心、责任感，增强对老师的理解和尊重，而老师的人格价值也会在学生心目中得到升华。其次，学生的主体参与可使课堂充满活力，使学生真正成为课堂的主人、学习的主人，这样课堂教学的效果才会稳步提高。教学中，我们可以创设诸如生活情境、动画情境、游戏情境、表演情境，把学生引入情境中，使学生意识到问题的存在，从而开动脑筋，去寻求解决问题的方法。譬如教《皇帝的新装》《威尼斯商人》等课文时，可以让学生根据自己对课文的理解，分小组将课文改编成课本剧，自导自演。课堂教学中，要有充分的时间和空间让学生进行表达、观察、体验，学生有事可做，有问题可以思考，才能体会到学习的乐趣，其主体意识才能得到较好的培养和发展。

要让语文课堂充满活力，就一定要把它变成学生乐于学习的场所，让学生在课堂上充分"动"起来，学得有滋有味、有声有色，用语文教学本身的美去唤醒学生的主体意识，这才是真正意义上的语文课堂教学。

安德烈·焦尔当认为，未来的学校，需要的是"通向一种整合教育"，"学校应该成为不同媒介（博物馆、报刊、电视、多媒体等）整合的场所"，"学校可以变成学生摸索的地方——学生可以在这里犯错，这里没有社会风险，因为人们安排了各种条件用以促进学习循序渐进地进行"，"学校甚至可以成为研究有益于社会的问题或解释公民问题的场所"……① 而教师将成为"一个变化中的职业"。事实上，教学如何顺应变化，已经是一个摆在我们面前的实际问题了。

---

① ［法］安德烈·焦尔当.学习的本质［M］.杭零，译.上海：华东师范大学出版社，2015：172.

安德烈·焦尔当反复告诫：探究学习的本质，寻求解构模型，并不意味着"寻求教育上的万灵药，要是真有这种药，大家早就找到了"，"普适的学习方式是不存在的，把科学学习上的指导性方法和非指导性方法对立起来""同样是可笑的"。① 正因如此，我们必须认识到营建活动的课堂的意义所在。

我们以往理解的"教"，就是"我教，你学"。因为在我们的字典里，教，就是"上所施，下所效也"，"我"掌握着知识，"我"说的就是对的，作为学生的"你"，就是接受的、服从的。这恐怕不仅是语文教学，也是整个基础教育阶段学科教学的问题所在。于是，在我们的学校里，规定的课程控制了我们的语言，控制了我们的思想，我们这些教师和学生的语言，成了受限的语言，我们的思想，也就这样成了受限的思想。于是，我们的主见没有了，思想没有了，甚至我们的躯体也没有了。我们有的只是"标准答案"。然而可悲的是，即便我们彻彻底底丧失了自我，我们还是不能成为统一标准下的"好教师"。

批判教育学有一个观点，当有了自己的批判教育学以后，我们就会发现，以往强迫自己和学生所学、所记的东西，往往是会害了我们自己和学生的。当我们意识到这样的问题的时候，才可能有意识地进行"舍弃学习"。也就是说，教师作为一个学习者，必须在自己的教育生涯中努力抛弃已经掌握了的知识，因为那些知识许多就是他者权力的产物，我们要舍弃这些他者权力的产物，就要花费更多的精力给自己增加新的知识。当然，对任何一个人而言，要舍弃原来学习掌握的知识是相当痛苦的一件事情，这样的情形下，需要更多的勇气，一种同旧知识、旧文化抗争的勇气。知识更新的困难就在于，对于我们以往所学习掌握了的东西，我们不仅早已经顺应了，很多时候感觉还很舒服。

批判教育学认为教学有三种视野：一种是传输模式，也就是我们所说的储存模式，强调的是种植和发芽，最终导致知识在学习者身上"茁壮成长"；一种是生成模式，仅仅发芽是不够的，学习者必须也显示出成长，于是交流实践在学习中相对变多了，学习者对许多问题都能得到回答，但这样的模式

---

① ［法］安德烈·焦尔当.学习的本质［M］.杭零，译.上海：华东师范大学出版社，2015：6.

依然将真实的世界关在了门外；还有一种是转化模式，学习者通过这种模式进入真实的世界，参加真实的活动，交流自由地从学习者传到学习者身上，教师成为学习过程中的参与者。当舍弃学习发生后，我们就会发现，原来在我们的世界外面，还有更广袤的天空。

有一回与几位老师讨论高中新教材的教学话题时谈到了"项目学习"，因为这是《高中语文课标》中的要求。尽管人们对"项目学习"有不同的声音，我也不赞成动不动就"项目学习"，但是换个思路或许就会理解"从广义上讲，项目制学习就是学生对开放性问题进行研究，并运用所具备的知识来制造真实的产品或制订出原创的解决方案。项目通常会顾及学生的自由选择，并为学生的主动学习和团队合作打下基础"[1]。比如"写景如何做到情景交融"由学生一个个去写，教师组织学生讨论如何写得更好，如何将所写的情境拍摄成一段小视频，就是"项目学习"了。

"项目制学习并非是完全开放式的，教师要对项目进行设计，从而强调严谨的学习目标，并且提供指导、学习资源和教学反馈来帮助学生取得成功。"[2]比如在学生将校园内某个场景拍摄成短片的学习活动中，学生一方面会有参与的冲动，另一方面也可能会有无从下手的焦虑。教师必须有精心的设计，包括写剧本、写解说词、配乐、现场拍摄、统筹，都要事先谋划，还要提醒学生哪些问题可以找哪些学科的老师提供帮助等。在学生学习过程中，教师的责任是帮助他们学会思考、学会钻研、学会应用知识。如此，学生学习的积极性可以得到维持，创造性可以得到激发，获得感也可以得到增强。做得好，不仅会提升学生的综合学习能力，还可以培养学生的合作能力、社交能力。

---

[1]［美］苏西·博斯，简·克劳斯.PBL项目制学习［M］.来赟，译.北京：中国纺织出版社，2020：6.
[2] 同①.

第五讲　语文教育，需要沉静

我在前面已经谈到，说起教改，恐怕这几十年来最热闹的就是我们语文学科了，他是"诗意语文"，你是"绿色语文"，我是"生本语文"，还有"生命语文""生态语文""草根语文""本色语文"，更好玩的是"文化语文""绿色生态语文"……我很是愚钝，是不是一加上这样或那样的定语，你的语文就与别人的语文不一样了？同样，你给教育加了这样那样的定语，你的教育就和人家的教育不一样了？

针对这些，有人呼吁语文要有语文味，语文不能泛语文，更不能非语文。那么语文味是什么味？泛语文、非语文又如何界定？

为什么本来很简单、很明白的问题总是让我们这些语文教师纠缠不清呢？我想恐怕是语文方面的专家相对比较多，对语文和语文活动的解释也就比较多了。

不要在术语上玩花头

1. "语文"就是语文

我一直认为"语文"就是语文，就是自己能听得懂别人的话、看得懂别人的文字，自己的所见所闻，能用自己的话说出来、写出来。再进一步就是能清楚人家哪里说得好、哪里写得好，假如自己说、自己写会是怎样的一种方式。前面谈到，语文教学就是学生能在教师的引领下，读懂别人的文字，听懂别人的言说，学会恰当地用自己的文字来表达的过程。它的基本方法也不外乎听、说、读、写、译、编。语文学科教学的根本目的就是培养和提升学生的听说读写能力，如此也许可以解释，我为什么认为《高中语文课标》中提出的语文学科"核心素养"中"语言的建构与应用"才属于"语文"。基于这样的认识，我认为所谓语文教育，就是在教师的指导下让人听得懂人话，看得懂人写的文字，最终会说人话，写人看得懂的文字的过程。在这个过程中，其情感态度和价值观，尤其是思维能力，也就得到了同步或者相应的提升。

语文教育新词的不断出现，实际上也是一种文化枯竭的表现。其实，许多时候我们所做的是换汤不换药的事情。"老店新开，换一个招牌"，目的是显而易见的，那就是为了免几年税金。可是学校不是店铺，教育教学更不是开店。换个招牌，还是要办学校、搞教育教学。

回过头来看一看，我们的教育改革，尤其是课程改革，一波一波，改来改去，到底改变了多少？

我们南通海门有一所百年老校，叫锡类中学。2000—2011年，这所学校改了六次校名，如海门附属中学、海门育才中学、海门能仁中学等。为什么偏要改成"育才"呢？"育才中学"里还有哪所能够超过段力佩先生那个时代的大上海的育才中学呢？也许因为育才中学与陶行知有关吧。但有没有想过这样七改八改，让那些老校友再也找不到文化的根了。所以，我认为语文乃至整个教育都要切忌"创新"。很多时候所谓的"创新"是哗众取宠。"锡类"出自《诗·大雅》："孝子不匮，永锡尔类。"如果一个人知道"锡类"的出处，会发现将它扔了就扔掉了学校的文化之根。

从这个角度审视，语文教育需要正本清源，需要回到语文教育原点上来，回到提升学生的语言素养及相应的文化素养、思维素养与审美素养上来，回到培养学生的自由思想与独立精神上来。

2. "语文"绝不等于教授语文术语

我曾听过一节《小石潭记》。执教的老师希望学生表演一下"凄神寒骨"，我比较欠学，也比较好奇，很想看看学生们怎么表演。遗憾的是学生没法表演，那位老师也没有能够表演。

还有一回，我在一个很大规模的教学活动中听了一堂课。课堂上，那个老师一下午给学生讲了 28 个语文术语，比如排比、拟人、夸张、正面描写、侧面描写等。

语文是不是就是教给学生一些语文术语？语文是不是就是要先谈文字后谈情感，甚至不谈情感？语文是不是等同于语言教学？语文教学是不是一定需要那些表演手段？

我常常想，我们的前人，如"唐宋八大家"们，他们知道主、谓、宾、定、状、补吗？尤其是那些词类活用。一看到那些词类活用，我就会想起我们在网络上看到的一些网络语言，如"油菜花""打酱油""酱紫"等。古文里的错别字也经常出现，我们说它们是"通假字"。但在当下，如果孩子的作文里出现了诸如"油菜花""打酱油""酱紫"之类的字眼，按照教材和我们接受的教育的要求，就是不符合语法规范了。

当然，我们暂且不论这些网络语言能不能运用到学生的作文中。我只是想问一问，有没有人思考过，我们是先学会说话还是先学会语法？是不是我们掌握了语法，就一定会讲话？或者说掌握了语法，我们的表达就很精彩？我并不是反对语文教师教授语法、修辞、逻辑、文化常识这些知识，相反，我主张必须有计划地、系统地教。我认为从语言学的角度来讲，把语言作为语文的主要教学内容，基本没有错，但在教学中，总不能人为地把语言和情感分个先后顺序。

我认为，如果让原本存在语言中的思想情感退出其位，一味地为了体现语文，给学生输灌那些术语，将语文等同于那些语文术语，那么这样的语文教学就是在戕害母语教学。

3. "语文"是"立人"的教育

我总是跟老师们强调对学生的教育一定要坦诚，要尽可能让他们了解真相。别相信什么善意的谎言，既然是谎言，何来善意，谎言终究还是谎言，一旦真相揭晓，你让学生如何看你，如何看社会？遗憾的是，不少名人，尤其是名班主任总是将"善意的谎言"奉为圭臬，那些热衷于向孩子们灌输"正能量"虚假故事的人也是如此。试想一个人一旦发现自己一路走来生活在谎言之中会是怎样的感受？有一部电视剧《一路繁花相送》，两姐妹共同的特点是容不得谎言，哪怕是最亲近、最喜欢的人的谎言。不知道那些视谎言为善意的人读到托马斯·杰斐逊的话时是怎么想的："第一次说谎的人需要下很大的决心，但第二次、第三次就会容易得多，然后说谎就会变成习惯，最后，他的谎言会像流水一样，而他说的真话则无人采信。语言的虚假会导致心灵的虚伪，最后吞噬人性中所有的美好。"

我虽然主张要为学生的学创造良好的教学环境，但却不主张语文教学的情境预设。尤其是在指导学生说与写的时候，一定要将他们置于自己熟悉的情境（真实的情境）中，而不是人为地为他们设置一个情境。马克斯·范梅南在《实践现象学：现象学研究与写作中意义给予的方法》中说："生活经验"始终是一个方法论概念。我以为这个论断有助于我们很好地理解杜威的"教育即生活"，同时也为我们正确地理解情境与教学提供了一种思想方法。"语文"既为"立人"的教育，就要引导学生在具体的语文活动中实事求是，老老实实地求真理、诉真情。

4. 语文课，不能这么"玩"

现在的不少语文课动不动就组成四人讨论小组。而实际的情形是，"讨论"的时候，这四人在玩，那四人在玩。他们玩好了，教师还要每个小组让一个孩子站起来"玩"。有一所学校有这样一个很极端的规定，小组代表发言时先要汇报所在小组的口号是什么，然后再汇报小组讨论的情况和小组对讨论的问题的看法。小组的口号与这节课、与小组讨论的问题之间有关系吗？恐怕什么关系都没有吧。倘若每次都这样，岂不无趣！

有意思的是，我们许多名师出来上课，事先都要反复地试教，有的不但试教了十遍八遍，甚至在与借班上课的学生见面时，还借机"放水"。更荒唐的是，有些"名师"都成为"教学艺人"了，他们的课完完全全属于"表演课"，带有表演性，在这里上的是这篇课文，在那里上的还是这篇课文；十年前上的是这篇课文，十年后上的还是这篇课文。这些"表演课"都是有套路的，第一步怎么做，第二步怎么做，第三步怎么做。如果每一次都按照这样的模式做，岂不很无聊！

我们听课评课的时候，如何看待一堂课的"好"与"差"？许多情况是，如果这节课掌声不断，笑声连绵，热热闹闹，就认为这堂课很"好"，也就是说，表面看来有着明显的、强烈的互动，能充分体现所谓的合作学习论。但对于公开课、示范课，这样的"讨论"与"合作"大都是预演过的，甚至很多情况下这些讨论的发言是事先指定的。有一回我应邀参与某名校组织的教学研究活动，有一堂课，让六年级的学生用在《两小儿辩日》中学到的"辩斗"进行"辩论"实践，这本来是一个很好的创意，遗憾的是，我现场数了一下，40个孩子居然有22个手头都准备好了辩论稿，而不是素材。老师让小学四年级的学生用"韦编三绝"造句，我一听到这个要求简直可以用目瞪口呆来形容，我是造不出来，我也只能用老师举的范例：孔子研究学问很认真，他翻《春秋》居然"韦编三绝"。我以为这些细节的背后，表面来看，是教学起点的问题，深入分析是理论与实践脱节；从根本上看，是目中无人的问题。如果我们的教学总是这样的话，如何能够使学生成为积极、负责任的公民？语文课，真不能这么"玩"！

这样的现象泛滥下去，恐怕才是导致语文不成语文的祸端所在。

"语文"对语文教师的要求

"语文"的课堂，在于帮助学生提升语言的理解能力和表达能力。泰勒在《课程与教学的基本原理》中说，语言有三个功能：第一个功能是发展有效的沟通，包括意义上的沟通和形式上的沟通；第二个功能是对有效表达的贡献，包括在表达过程中，个体努力进行内部调节以应对各种各样的内外压力；第三个功能有助于澄清思想，例如，以基础英语为手段，能帮助学生弄清对概念的理解是否已经清楚到了能用合适的词语来表达的程度。我认为一个好的语文教师的基本素养至少包含下面四点。

1.要有大视野

为什么只有"语文"才有这样或那样的名目呢？数学老师没有哪个讲过"生命数学""绿色数学""生态数学"，化学老师没有哪个去谈什么"青春化学""诗意化学"。我前面已经说过，语文就是语文，不需要任何修饰词。考其实质，这样那样的"语文"不过是"换汤不换药"，"老店新开，换一个招牌"罢了。

要将阳光播撒到别人的心中，至少自己心中要有阳光。大视野从哪里来？来自个人丰富的阅读。有人说，一个人的阅读史就是他的成长史，现在比较可怕的是，我们教书的人不读书。

虽然我也认同学校就是读书的地方，不是为了应付考试的地方。真正要进入那个境界很难，但不能因为很难，我们就不作为。至少我们对语文教材文本要有硬读的功夫，所谓对文本硬读的功夫，就是抛开教参，硬着头皮自己去读，在这个基础上，发现文本中能够跟我们心灵互动的那些字眼，乃至文本中我们有疑惑的地方，尤其是对那些"洁本"，要去找作者的原文来比对，在比对中靠近作者的意图。这样我们才可能进入"不畏浮云遮望眼"的状态，才可能带领我们的学生走进文本、走近作者。

当然，所谓"大视野"是需要建立在对教育、对语文的终极目标——人的发展——有清醒认识的基础上的，而非一城一池得失的盘算。

2. 要有独立意识和丰富的想象力

因为语文学科的特殊性，更因为我们的教师身份，我们不仅应当是"人师"，还应该成为"经师"。胸无点墨，势必人云亦云；没有文化，自然人云亦云。要想成为"人师"，恐怕还得先成为"经师"。

常言道，"经师易遇，人师难遭"。不过，我们的问题往往是"好为人师"，而鄙视"经师"（就像一心想成名师、大师，甚至教育家，而鄙视教书匠一样），很少考虑自身是否具备"人师"的资格。所谓"经师"，强调的是要有做教师的基本素养、基本知识、基本技能。一个语文教师，如果不具备本学科教学必备的系统的语法、修辞、逻辑、文学史、文化常识、历史知识、地理知识以及基本的教育学、心理学等知识，何为"人师"？

我们之所以成为老师，是因为具备了作为教师应该具备的专业知识和专业技能，这就是为什么我们要具备教师任职资格的一个原因。国家对教师不仅有学历的要求，还有与教师身份相应的资格要求。有入门考试，有上岗培训，入职以后还有一年的试用期，这些都告诉我们，教师是一个专业工作者。因为学生在学习生活中遇到的许许多多实际问题，需要我们去具体解决，许多时候别人帮不了我们。

做教师的不仅应该具备相应的专业知识，同时还应该具备丰富的人生体验（直接的、间接的）、良好的个体素养和特有的敏感。所谓"心有灵犀一点通"，在某种意义上讲的就是我们的"教"有没有触动学生的"学"。学生在课堂上的一举一动，其实是在给我们反馈信息：老师你讲的我懂了，老师你讲的我不明白。

雅斯贝尔斯认为，教学按照外在的形态来分，有演讲、练习、实验、研讨会、小组讨论、两人对话等形式。尤其是演讲（我以为可以理解为直接教学的一种方式），"每一次有价值的演讲，可以因主讲者不同的态度而迥然相异，如有的演讲在教学技巧上以听者为主，吸引住听者的心；有的演讲只是教师一人报告一项科学研究的成果，而且几乎不考虑学生的接受能力如何，但正因为如此，就让听众自然而然地参加了真正的研究工作"。[①] 也就是说，好的讲授，一样可以打动听者，引发听者的参与欲。从角色视角来看"经师"，必须明确我们的角色是多样化的，需要尽可能地多了解和掌握一些教学技能，以便在实际工作中随着角色的变化选择和确定具体的教学方法和路径。

但就表达而言，所谓"经师"，其教学语言要干净、有吸引力，关键在于教者的经验、见识、阅历。用雅斯贝尔斯的话来说就是，他们"在演讲中可以透过音调、手势以及精辟透彻的分析无意间造成一种气氛，而这种气氛只有透过说出来的话以及在演讲中——不可能在简单的对话和讨论中——显示出来。有些隐藏着的东西，只有在气氛的激促下，教师才会讲出来。教师在无意间表达了他严肃的思考，他对此的疑惑不解，这样，教师就真正让听众参与了他的精神生活"[②]。

在许多情况下，教师是要帮助孩子将梦想变成现实的。教师的一个重要

---

① ［德］雅斯贝尔斯.什么是教育［M］.邹进，译.北京：生活·读书·新知三联书店，1991：154.
② 同①：155.

责任在于点燃学生的梦想,"谁若每天不给自己一点做梦的机会,那颗引领他工作和生活的明星就会黯淡下来"①。要让学生有梦想,自己就要先有梦想。我认为,实现梦想的第一步是努力使自己成为一名技术精良的"匠人",即"经师"。当一名技术熟练的"匠人"并不是一件简单的事情,需要长时间的历练。在这个基础上,还需要玩一点技巧,将技术上升为艺术,将自己打扮成为艺人,但不能到处卖艺,不然早晚废了武功。

"经师"对教育要有自己的哲学思考,也就是对教育对于人的价值要有清醒认识,至少对自己任教的课程要有清醒的认识,并努力在认识的基础上形成自己的课程意识和教育主张。这恐怕光有梦想、激情以及埋头苦干的精神还不够,还要尽可能多读一些书,尤其是经历史验证过的教育经典。书读多了,可能会呆,但是不读书,就不会发现"今日为之黯然伤神者,前人早已慨叹"。事实上,当下的许多"人师"本来就没有伤过神!

如果我们的理想是成为"人师",最要紧的还是要努力使自己先成为一名"经师"。试想一下,若果连基本素养、基本知识、基本技能的水平都没有达到,何为"人师"?

我们总是习惯了对教材、教参的照搬照抄,习惯了迷信专家名师的理论和课例,而往往迷失了自己。于是,我们渐渐忘了,"作为形成人生态度的陶冶必须为人们提供广阔的空间,使人们在理性中寻求道路,全面地展开精神运动"②。由此看来,学校教育的重要任务是为学生的精神生活提供一切可能的空间,而绝不只是单纯的知识教育,胁迫学生做题和考试,"单纯的知识只是达到某种目标的手段,人们可以运用这些知识,但它们对于人而言,是外在的财富。而陶冶的知识却能够改变人、帮助人成为他自己"③。教育不是为了将我们的孩子打造成书橱,更不是为打造应试的机器,教育的目的在于使人成人,教育在于丰富人的精神内涵,使每一个人成为每一个自己。因为"每个人都有独特的个性,陶冶则意味着,在铸造和展开人的这一天然给定性过程中,通过人自身的活动、意识和他特有世界的形式与一般的形

---

① [德]雅斯贝尔斯.什么是教育[M].邹进,译.北京:生活·读书·新知三联书店,1991:156.
② 同①:103.
③ 同①:104.

式接近"①。

作为教师，一定要有自己的教育理解（或者说是主张），这理解，不是从专家那里来的，也不是名师教的，而是源于自己的阅读、思考和实践。当我们有意识地去想象、去思考、去践行的时候，我们才可能形成自己的教育理解。

3. 要"两会"：会说、会写

我把"会说"放在第一位，是因为教师的职业是靠言说进行的，教师是靠言说"吃饭"的。我任职江苏南通通州区二甲中学时在学校组织了一个青年教师读书会，有20来个人，我给他们提出三个要求：能说，会道，会上课。要能离开文本，围绕一个中心，很流利、很有层次地表达自己的观点。我们作为教师，如果在任何情况下说话都要拿着一个本本，那麻烦就大了。要达到这个要求，其实很简单，我开始时要求老师们围绕一个话题，每个人准备500字，先写，再背；在背的基础上，老师们坐在一起，把所写的内容表达出来；然后过渡到写提纲，再过渡到写关键词，最后进入脱稿状态。我当初做老师，在背教案上也花了不少功夫。

会写。语文教师总是埋怨学生不会写作文，但是平心而论，我们有几个人自己会写作文，或者说，我们有几个人自己的文字写得还可以看？过去提倡"下水作文"不是没有道理的。你总埋怨学生不会写，你自己也写写看，至少可以通过你的体验把你的思考和表达的过程跟学生分享一下，让他们在你的经验的基础上有所感悟。如果做到这两点，我认为我们可能就会上课了。

4. 要有自己的课程架构

会上课还不行，好的语文教师还需要有自己的课程意识。现在不少教师的麻烦在哪里？在不仅不读专业的书，也不读闲书，甚至连教材都不读。这样说可能很武断，但平心而论，有多少教师通读过现行的中学语文教材？教高中的，高中语文教材的内容能烂熟于胸吗？20世纪80年代初，我刚当老

---

① ［德］雅斯贝尔斯.什么是教育［M］.邹进，译.北京：生活·读书·新知三联书店，1991：104.

师的时候，对自己有这样一个要求：凡要求学生背诵的课文，都要求自己去背，凡文言文自己都要会背，上这样的课，自己就不带教材走进教室。身为教师，许多时候，我们在学生面前还是需要显摆一下的，要尽可能在学生面前展示你的才华。

　　作为语文老师，我们如果从泰勒关于语言的三个功能的论述角度来思考语文教学的话，语文教学的功能恐怕就在于帮助学生提升对语言的理解能力和表达能力。不具备这样功能的语文教学，从教学目标上来讲，其实是无效的。

　　语文课程跟其他课程相比，是没有严密的课程体系的。但是，阅读、写作还是有基本的规律和要求的。作为语文教师，我们一定要明白教什么、用什么教、怎么教、什么时候教等。我个人的感觉是，语文教师的课程意识，就是我常常要求自己做到的"遇物则诲，相机而教"。遇到什么教什么，看准时机教当教的。比如，小学生识字量少，不会写的字可以让他们用拼音代替，但当我们发现他们用拼音代替了某个字，就要及时去教他们那个字，而不是任他们一直用拼音代替下去。一个称职的教师要明白，哪些东西什么时候教过，教到什么程度了。比如高三语文复习，大家基本上采用这样一种模式：拿一本复习资料去上课。复习资料上基本上会列一个个知识点、一个个考点，写出这个考点用哪些方法去解。那么我想问问，你拿这个方法去考试，能考好吗？尤其是现代文阅读和诗歌欣赏，平心而论，不看标准答案，你能得几分？毕竟你掌握的"方法"要比学生娴熟得多。

　　我常跟高三语文教师讲，复习文言文，与其跟学生大谈什么词类活用的规律，还不如让他读三篇文言文，让他试着去翻译，翻译有困难的地方就是问题所在。让他们想一想，曾经在哪篇课文中遇到类似的词，或者这样的句子在那篇课文中是什么意思、什么用法，拿到这里来合不合适。道理其实大家都明白。但我们有一种什么心态呢？我什么都讲了，考得到考不到，那是你们的事情。万一考的那个东西我没讲，于心不安。然后学生会有埋怨，家长会有闲话，领导会批评。我讲了，就没责任了。但是我想提醒老师的是，我们教学是要凭教师的良心、事业心和责任心，还是要看学生、家长和领导的脸色？

我认为一个教师的课程意识，还体现在他对课程资源的开发与整合的能力上，如此，才能有自己的课程架构。一个有清醒的课程意识的教师对课程一定会有特别的敏感性。他一定明白，哪些信息是干扰信息，哪些是该了解的信息，也一定会明白可教与不可教、当教与不当教之间的界限。

面对浮躁的教育生态，我们能做的就是沉下心来，回归语文的本源。语文就是语文，语文教学就是国家通用语言文字教学，语文教育就是成为人的教育。雅斯贝尔斯说："要成为人，须靠语言的传承方能达到，因为精神遗产只有通过语言才能传给我们。"[①] 我想，"精神遗产"的内涵，恐怕不只是语言和语法、方式和方法，还有那些浸润生命的人文精神、哲学元素、审美情趣等更为丰富的内涵吧！

---

① ［德］雅斯贝尔斯.什么是教育［M］.邹进，译.北京：生活·读书·新知三联书店，1991：84.

第三篇

语文教学应该是有趣的

第一讲　语文教学在大气与细小之间

长期以来，语文教学高耗低效、少慢差费的状况一直被社会关注，并困扰着广大语文教师。我们一直在思考、探索如何走出这一困境。然而，我们很少从语文学科区别于其他学科的社会性这一突出特点上探求原因。细想起来，凡是有人活动的地方就有语文和语文学习，语文学习的外延与社会生活的外延是相等的。正是这样的特点决定了语文教学有区别于其他学科教学的特征（即语文教学不可偏废的两个支点）：一方面，语文教学必须是"广纳百科，于大开大合中显境界"的；另一方面，语文教学必须是"寻章摘句，在细思细辨中见功夫"的，这也是语文教学的情趣、智趣与乐趣所在。

有人这样形容语文：语文是对秦砖汉瓦的向往，语文是对唐诗宋词的热爱，语文是对陶渊明"不为五斗米折腰"的叹服，语文是对"红楼梦"的崇拜。语文是一手流利的方块字，语文是离不开名著的双眸，语文是听人讲话时的那份专注，语文是从笔端流出的锦绣文章，语文是侃侃而谈的风度和气魄。语文是与生人见面时，彬彬有礼的"您好！"；语文是与他人辩论时，智慧的应对；语文是处变时，镇定自若的神情；语文是举手投足间的"书卷气"。语文是捡纸屑时弯下的腰，语文是抛向不守公德者厌恶的眼神。"文以载道"，社会生活的复杂性、精微性决定了语文学科教学的恢弘宽广和细腻精致。对于语文教学这样纷繁复杂的多面体，我们必须多角度、全方位地从宏观和微观的结合上进行深入细致的不同层面、不同维度的整体研究，用心寻找语文教学诸种结构元素之间的联系及其最佳结合，使语文教学各个方面、各种因素结合成和谐、协调的有机整体，具有最合理的密度和最恰当的容量。我认为"大气磅礴""细处摄神"是对语文教学两个侧面的高度概括。

语文教学的实践性决定了语文教学的开放性、社会性

语文教学充满了流动的信息与丰富的资源。《高中语文课标》在"基本理念"部分指出:"语文课程作为一门实践性课程,应着力在语文实践中培养学生的语言文字运用能力。学习运用祖国语言文字的资源和实践机会无处不在,应增强学生学语文、用语文的自觉意识,积极利用信息技术以及身边的各种资源和机会,通过阅读与鉴赏、表达与交流、梳理与探究等语文实践,积累言语经验,把握语文运用的规律,学会语文运用的方法,有效地提高语文能力,并在学习语言文字运用的过程中促进方法、习惯及情感、态度与价值观的综合发展。"可见,语文教育必须拓展语文教学外延,沟通课堂教学与课外活动的联系,沟通语文学科与其他学科之间的联系,沟通语文教学同社会生活的联系,做到课内外结合、校内外联系、各学科渗透,真正形成语文教学的整体合力。教材只是一个例子,要在教学中挖掘其潜在的语文养料,同时我们又要超越例子,也就是说,不要把学会、学懂作为语文教学的终极目标,而要将之作为桥梁,通过这座桥梁走入更广阔的人文空间。

《高中语文课标》明确要求:"应在课程标准的指导下,提高教师水平,发展教师特长,引导教师开发语文课程资源,有选择地、创造性地实施课程;把握信息时代新特点,积极利用新技术、新手段,建设开放、多样、有序的语文课程体系,使学生语文素养的发展与提升能适应社会进步新形势的需要。"语文教学的社会性决定了学生学习语文的自主性。

《高中语文课标》在阐述"思辨性阅读与表达"任务群的"学习目标与内容"时指出:"在阅读各类文本时,分析质疑,多元解读,培养思辨能力。""学习表达和阐发自己的观点,力求立论正确,语言准确,论据恰当,讲究逻辑。学习多角度思考问题。""围绕感兴趣的话题开展讨论和辩论,能理性、有条理地表达自己的观点,平等商讨,有针对性、有风度、有礼貌地进行辩驳。"任何学科的教学不仅要教学生学会,更重要的是要教学生会学。阅读,没有学生的独立感悟是完全不可想象的,学生会学,才能更主动地获得知识发展的能力。因此,在课堂教学中,教师应该把改进自己的教法和指

导学生的学法有机结合起来，在拓宽语文学习的空间上改进教学方法，还要对学生的自主性进行充分挖掘和发挥。只让学生懂得答案、技巧是远远不够的，重要的是让学生在阅读实践中，在自我感悟、品析的基础上逐步形成一个自己的学习认识系统。学生有了很强的自主阅读与思辨意识，就会有创造性的实践活动。

语文教学的社会性决定了文本解读的多样性（理解的不确定性）。语言艺术是想象的艺术，而想象的基础是想象主体的生活库存，它因人而异。"一千个读者就有一千个哈姆雷特"，为什么会出现这种情况呢？除了语言塑造形象所造成的不确定性，还有人们生活阅历的差异造成了阅读者理解的不确定性。鲁迅先生说一本《红楼梦》，"单是命意，就因读者的眼光而有种种：经学家看见《易》，道学家看见淫，才子看见缠绵，革命家看见排满，流言家看见宫闱秘事……"事实上，对一部作品的解读过程是一个再创造的过程，每一个人的解读都有自己的独特性。所以在课堂教学中，教师绝对不能过早地抛出所谓的"标准答案"，而应该鼓励学生用自己的知识积淀和情感经验去体验作品，将课内与课外，将课本知识与自己的阅读积累有机串联，让学生根据自己的阅读体验、人生经历等进行个性化解读。

语文教学在许多情况下必须是大开大合的

语文学科的综合性、社会性，带来的语文教学的开放性、文本解读的多样性、语文学习的自主性，要求我们的语文教学在许多情况下，必须是大开大合的。语文教师在教学中必须充分运用教师智能中的人文情感和文本内容的人文因素，去唤醒沉睡的学生，唤醒他们的求知欲望。启发学生思考，引领学生创造，我们才能带领学生面向社会、联系生活、联系自己、读出自我，才能实现文本的个性化阅读。阅读教学是学生、教师、文本之间对话的过程。如果教师在阅读教学中什么都讲了，学生还会有个性化的阅读吗？作文又怎可能不是千篇一律的呢？遗憾的是，我们许多同仁虽然都希望学生能自主阅读、自主作文，但在教学操作的实际中却总是对学生一百个不放心，生怕自己少讲了，学生考不好、写不出，殊不知，正是我们的不放心，才造成语文教学效益低下的恶果！

要教得"大开大合",很大程度上取决于教师对语文的独特感情。语文是极富人文魅力的一门学科,语文教师如果没有对语文教育的独特情感,如果没有对祖国语言的热爱、对语文教育的痴迷、对学生的人文关怀,那么,他的课堂将是毫无生机的一潭死水,更谈不上对学生进行人文素养的熏陶、感染了。有了情感,才能潜心研读教材、研究学生;有了情感,才能感染学生、振奋学生;有了情感,教学语言才会有生命力;有了情感,才能根据课文内容,充分利用表情、动作、声调、文字、图像来再现和渲染文本表现的思想,表达和宣泄自己的感情,用充满感情的语言带领学生进入情景交融的境界。愉快时,语调如泉水叮咚;激昂时,语调似疾风暴雨,排空而过;深沉时,像春雨入夜,润物细无声;愤怒时,应语沉字重,愤慨之情溢于言表;悲壮时,应低沉厚重,惋惜之情油然可见。这种充满感情的语言,将会成功燃起学生内心的激情,使学生产生情感的共鸣,从而与老师一起领略语文世界的无限风光。

从项目学习的视角看,当我们按照教材组织学生进行《乡土中国》整本书阅读时,如果是想帮助学生深入了解"中国传统社会结构"这个"大概念",以及与这一"大概念"相关的"礼俗社会""差序格局""礼治秩序""家庭""血缘社会"等关键概念的话,那么理论上讲,我们这些语文教师对这本书阅读教学的目的与任务包括教学重点以及预期的学习效果是有基本判断的。按照我们的判断,教学也有可能很理想,甚至很"高效"。但在实际的教学中,师生遇到的问题则远远超越了《高中语文课标》与教材编写者的预测,因为学生(甚至还有不少语文教师)对这方面知之甚少,于是除了极个别的教师和富有洞察力的学生能按照《高中语文课标》与教材的要求进行综合探索,去理解上述这些概念,更多的教与学必然是支离破碎的、一知半解的,甚至是不着边际的、死记硬背的。《红楼梦》的整本书阅读也是这样。

语文学科的综合性、社会性正表现在这里,学习的过程与结果跟个体的个人知识(包括他所生活的具体社会环境)有很高的关联。《乡土中国》《红楼梦》的整本书阅读,作为项目学习,即便我们是从学生实际和内行建议开始的,但如果真的要产生效果,恐怕还需要执教教师在全面、深入地理解课程目标（《高中语文课标》与教材要求）和学生的实际需求，尤其是他们的已知基础上，设计有助于他们的真实学习体验的活动。我认为，如果非要组织"项目学习"，就要意识到语文这门实践性课程决定了语文教学的开放性、社会性，就要在更大的视角下设计教学。在实际的教学中，真的想指导学生在具体的实践活动中学会学习的话，教师就要大气一点，就要认识到这样的语文实践活动虽然要用规定的教材，但绝不能依赖教材，教材在具体的教学活动中不过是学习参考的一个方面。教师更需要向学生提供并倡导学生去寻找更多的阅读材料以及与这些概念相关的信息，引导学生在中华民族发展的历史长河与当下的社会现实中去审视"中国传统社会结构"形成的历史文化原因以及对我们民族历史和未来发展的影响。重要的是，让他们在这一系列语文实践活动中感受到学习的乐趣而不是走向固化的、唯一的答案。

实际的情况是，很多语文教师并不具备这样的能力。《高中语文课标》与教材是将《乡土中国》《红楼梦》作为必修要求的。不理解"项目学习"，不能按《高中语文课标》与教材要求组织实施这两本书的"整本书阅读"任务的教师，不妨更大气一点，放手让学生自己去读，督促学生将这两本书通读一遍。学生如有不理解，教师就利用一点时间组织学生自己交流，当然，教师自己至少要通读，要尽可能熟悉主要的内容和重要的概念，而不是将希望寄托在名家的解读上。他人的解读终究是他人的，不是自己的，更不是学生的。我们的大气，更多地要体现在"知之为知之，不知为不知"上，名家的解读或许可以帮助自己打开某些思路，但终究不能代替自己思考。要充分相信，随着年龄与阅历的增长，学生们总有一天会弄明白学生时代没弄明白的东西。也要认识到，有些问题对具体的人而言，可能是至死不喻的。另外要提醒的是，千万不要被一些专家误导而让整本书阅读走进学术化的胡同。

要教得"大开大合"，语文教师在一定程度上需要有一点诗人的气质。诗的本质是创造，诗的灵魂是创造。追求语文的诗意，就是追求语文的创造。语文课，要时时奏响学生心中的诗的琴弦，使他们的求知欲、好奇心、鲜明的想象力和创造能力得到最大限度的发展。在语文面前，每一个人就其天性来说都应该是诗人。诗人气质是语文教学的一种底气。这种底气，表现为语言的芳香、文字的醇味、语言和情感共生的魅力。眼界高远，语文课堂才可以大开大合。要以自己的儒雅、神韵、气质、魅力、领悟影响学生、感染学生、吸引学生，以自己文化的、精神的、心理的、内在的、主体的体验与学生进行心的交流、美的引导、理的启示，或如长河激浪，奔腾千里，或如高山之瀑，飞流直下，或淋漓尽致，绘形绘色，或鞭辟入里，妙趣横生。如果是抒情，则欣然忘其形，陶然似已醉；如果是叙事，则举手投足皆成诗篇，一颦一笑尽在不言；如果是阐理，则能益人智慧，发人深省……

要教得"大开大合"，语文教师不仅自己要关注社会生活，更要引导学生去关注社会生活。美国教育家华特·B·科勒斯涅克指出："语文学习的外延与生活的外延相等。"语文学科的社会性决定了它广泛的综合性；语文学科的综合性决定着语文教学内容的丰富性。语文学科教学内容所涉及的知识，大至宏观世界，小至微观世界，古今中外，包罗万象，无所不有。随着现代科学技术的发展，许多科学的新成就、新兴学科的知识，伴随语言材料不断地进入中学语文教科书，为语文教学提供了更丰富、更广泛的教学内容。这就要求语文教师必须具有广博的科学文化知识。语文教师深入生活、熟悉生活，积累丰富的社会生活经验，要做到在点上深入，重视生活，在面上拓展，开阔视野。只有这样，才能深入地对教材信息进行理解吸收、加工处理，教得生动，教得真切，才能真正揭示教材所反映的社会生活的认识价值、教育价值和审美价值。

要教得大开大合，语文教师必须具备娴熟完备的教学技能。一个合格的语文教师只有具备合理的知识结构并由此形成和发展为完备的能力结构，才有可能深入地钻研教材，理解和把握教学内容，才能有效地组织和实施语文教学活动，完成特定的语文教学任务。语文教师的教学技能，固然包括语文教学应该具备的口头表达能力、书面表达能力、阅读能力和语文教学所特有的思辨能力，但仅有这些能力是远远不够的。如前所述，语文是包罗万象的综合性极强的学科，因而语文教师不仅要致力于提高文学素养、拓宽文化视野，还得"杂采众家"，根据自己的基础、气质、爱好，结合教学工作的需要，对文艺、运动、电脑网络广泛涉猎，打一口深井，构建适合自己的个体性知识结构，形成自己的语文课程架构，使自己的观念、思维方式、表达方式不断与时代的发展同步，并有机地、无形地渗透于自己语文教学的方方面面。

语文教学在大开大合的同时需要"细思细辨"

诚然，有效的语文教学，光有"大开大合"是远远不够的，还必须根据文本和教学的实际做到"细思细辨"，于细微处见真功。有情趣、智趣与理趣的语文教学需要教师重视教学细节的设计。在进行教学设计的过程中，要仔细考虑这堂课可以运用哪些教学方法、采用什么教具、什么时候展示教具；课堂教学中如何根据学生的状态，应变修订教案，即席做出反应性安排；针对课堂教学过程中的各种偶发情况，怎样应对等。很难设想，一节语文课有很好的构思及框架，有很好的理念和方法，却没有细节，没有"血肉"，那将是一节怎样的语文课。细节，可以是教师精心设计的一次提问、一件教具，也可以是师生互动的一个场景，还可以是具体的词句（像《孔乙己》中掌柜说的那句："孔乙己还欠十九个钱呢！"这样一些文字背后蕴含的深刻、含蓄、双关、暗示的特殊意义，即深层意义的解读）。教学细节的处理要求教育者的教育理念必须摆脱传统社会思想观念的影响，适应社会实际，紧随时代发展的步伐，树立与现实社会相适应的具有前瞻性、预见性的知识观、科学观和人才观，并在教育实践中牢牢抓住每一个关键的教育细节。细节的纯熟运用，是一个成熟的语文教师综合素质、水平能力的外化，是整合语文课堂教学中各种资源的有效载体，是语文课堂教学科学性、艺术性的集中体现。一系列精美的细节，就是语文教师教育机智和教育艺术的反映，大量的、精彩的教育细节的处理，会促进我们逐步形成自己的富有个性的语文教育理念。

"细思细辨"，需要教师对语文教学敏感（课感）。教学活动本质上是不可预测的，许多情况下要的是灵活性，其背后是教师的教学智慧。教师凭着临场应变的机智，根据课堂实际的状况对预案做一些修正或者调整。课堂教学是千变万化的，每一堂课都是新的。我们在课堂上、在活动中会遇到许多特定的情境，没有什么理论研究或图书可以直接、具体地告诉教师在特定的情境下该做什么。比如，我在与同学们研读《紫藤萝瀑布》一文时，无意间发现作者在写十多年前自家门口的紫藤萝时忽然冒出一句："那时的说法是，花和生活腐化有什么必然关系。"这句话有什么用意呢？作为"文化大革命"的过来人，我自然理解作者的意图，但现在的初中生对"文化大革命"几乎一无所知。于是我放下原先的预设，引导学生联系写作年代去思考、去讨论，进而丰富了为什么要写十多年前自家门口的紫藤萝这一问题的内涵，也在研讨中帮助学生认识到，一些关键句就是理解文本思想的关键。

"细思细辨"，需要教师关注语文教学过程的特定情境。语文教材中的文本大多是文质兼美的佳作。在语文教学过程中，教师必须在深入钻研教材的基础上，将文本特定的情境转化为课堂教学的现实情境。"孩子们常常能够准确地分辨出哪些教师是'真正'关心他们的，哪些教师是'假装'的，并非真正对他们感兴趣。""教育机智主要体现在与孩子相处时关心取向上。"①"教育机智做什么呢？教育机智做那些对孩子好的和正确的事。"②譬如学生喊的那句"老凌，你好！"表面上触发了我的随机应变，实际上就如马克斯·范梅南所言，"机智表现为对情境的自信""每一个情境都有它自己的调子"③。这背后是教师对课堂运作直接感知的能力和相应的处理能力，反映的是教师的教学智慧，是教师在课堂运作过程中，感性与理性结合生成的一种悟性、灵性。这种悟性、灵性使教师在课堂教学中，根据学生的思维状况、学习状态等，下意识、及时地改变原先设计好的教学方案，以顺应学情，去实现预定的教学目标。做出正确的决策依赖于许多因素，如问题产生的背景、教师的知识储备、心智潜能、课前预设的目标等。教学中，要利用一切可以利用的手段来激发学生的热情，触发学生的想象，将教情、学情、材情（教材中的特定情感）融为一体。因为教情也好，学情也罢，都必须植根于教材和生活，充满教育内涵的教材文本、充盈师生情趣的社会生活、富有生命活力的课堂环境，为创造富有诗情画意的教学情境提供了坚实的基础。

教师的教学敏感会触发我们迅速捕捉课堂上稍瞬即逝的情景，实现有效的动态生成。教学中要有意识地根据文本所承载的作者情感，如《我的母

---

① ［加］马克斯·范梅南.教学机智——教育智慧的意蕴［M］.李树英,译.北京：教育科学出版社,2014：142.
② 同①：153.
③ 同①：150.

亲》中的母子情、《与妻书》中的夫妻情、《我的老师》中的师生情、《祭妹文》中的兄妹情、《乡愁》中的思乡情……激发学生联系自身的感受，进入文本特定的情景，加深对文本的理解，实现读者与文本、读者与作者、读者与生活、学生与教师、学生与学生的心灵互动的理想语文教育境界。用陈有明先生的话来说，就是"拾到芝麻就打油"，根据具体的教学场景处理相关的教学问题，如对某个字、词在具体语段中意义与表达效果的分析。

"细思细辨"，离不开教师对文本的独特感悟。语文教材是最主要也是最重要的教学资源，教师的教学要在"细微处见真功"，于"细微处见真章"就要有对教材的深度开发。语文教学效益如何，关键看教师在教学过程中将教材用得如何。"教材只是例子"，我们教一篇课文的目的不是要让学生把这一篇课文"吃透背熟"，而要以具体的教材为引导，帮助学生掌握语文学习的基本规律。一本教材，其价值不外乎两种：一种是教材本身的内容价值和艺术价值，一种是教材在使用过程中的教学价值。语文教材的教学价值，作为一种教学内容，是待定的，寄附在语文教材的原生价值中，是一种内隐的价值。因此，文选型语文教材的教学价值不会自动呈现，必须由教师在实践中开发。作为引领者、指导者的教师，一定要在文本研读上为学生提供指导和帮助，要努力克服抄教参、读教参的不良习惯，力求用自己的眼睛去发现，用自己的头脑去思考。要明确，教参只是他人对文本的解读，绝不能代替自己的解读，更不可能代替学生的解读。要养成对文本中每一个句子、每一个词语，甚至每一个标点、每一道习题和每一幅插图仔细推敲和研究的习惯，通过恰当补白、适度整合、全面思考、有效拓展，"见人所未见，发人所未发"。

"大开大合"与"细思细辨"作为语文教学的两个重要支点，在我的语文教育中是有机结合的整体，两者不可偏废。没有"细思细辨"，就不可能有"大开大合"；唯有"细思细辨"，才能够做到"大开大合"。如果忽视了其中一个方面，教学效益就会受到影响。如果能"大开大合显境界，细思细辨见功夫"，就有可能科学地解决"为什么教"和"如何教"的问题；如果能"大开大合显境界，细思细辨见功夫"，或许就能很好地处理语文教育的"价值追求"与"教学策略"的关系；如果能"大开大合显境界，细思细辨见功夫"，语文教学就有可能彰显它融情趣、智趣与理趣为一体的魅力。

第二讲　文本解读，语文教师必备的功夫

理想的语文阅读教学，并不是通常意义上那种表层的热火朝天、群情激昂。它追求的应该是课堂上，师生"心乖于内，而口拙于外"的境界。这种内心的默契与呼应，是教师、学生、文本之间"心灵"层次上的互动与碰撞，应该是语文阅读教学的最高境界。

要达成上述理想的境界，师生一定要有对文本"硬读"的功夫，逼着自己在文本中捕捉文本本身呈现的文字内涵以及作者的本意，在自身人生阅历的基础上，通过自己的情感体验，建立对文本的理解。毕竟，文本的很多意蕴是只可意会不可言传的，更不是读者可以硬塞进去的。唯有如此，在阅读教学中，师生之间才会产生"心灵"层次上的互动、碰撞，才会有"心有灵犀一点通"的意蕴。

依赖教参，使我们失去了文本"硬读"的功夫

阅读教学的问题出自哪里？那就是一定要有一个正确的答案。那么这个正确的答案标准是什么？更多的是教参，是"权威者"的观点。而教参是很少考虑具体的或者特定的教者和学习者的实际情况的，尤其是每一个具体的教师和学生的实际情况。于是，阅读教学在许许多多情况下，就变成了读教案、读教参，教参也就成为阅读教学的"霸权者"。"纯教参"的阅读教学风气滋长了教师的惰性，容忍了教师的依赖性，于是很少有教师从文本本身去探寻文本的意义了。我们的语文教师也就普遍地失去了对文本"硬读"的功夫。

同时，我发现，好多教学参考资料对教材的认知还停留在20世纪五六十年代，或是改革开放前那个阶段。更可怕的是，对我们教材所选的文本，尤其是选本，教参多是标语式的解读，很少关注人性与人道。

这样的教参，带来的是我们在课堂上的标签式解读。比如，读《装在套子里的人》中的别里科夫，他就是沙皇封建制度的维护者；读《窗》中的另一个人呢，他就是私心，就是见死不救。很少去考虑，像别里科夫这样的小人物，他怎么能够统治着这所学校、这个小镇。很少站在"人性"角度理解，《窗》中远离窗口的那个人对美好事物和美好生命的渴慕。正是这样的渴慕，才使得他产生了这样的心理，凭什么这么美好的风景只给你看到，"我"就看不到呢？"我"同样是这个房间里的病人。

特别要指出的是，教师在"硬读"的时候，还是要尽可能地找原文、找原著，把原文、原著和教材的洁本对照起来读，这样，才会发现原文、原著和现成的教参、课件不同的地方，才能更好地解读作品本身的意蕴和主旨。我在引导学生们阅读《装在套子里的人》的时候，给学生们呈现了一段教材上没有的文字："当时，他躺在棺木里，面容温和、愉快，甚至有几分喜色，仿佛很高兴他终于被装进套子，从此再也不必出来了。是的，他实现了他的理想！连老天爷也表示对他的敬意，下葬的那一天，天色阴沉，下着细雨，我们大家都穿着套鞋，打着雨伞。"然后我给学生们提了这样的问题：别里科夫活着的时候，我们有没有看到他那温和的笑容？为什么在他生前没有温和的笑容，死了反而有了？学生说，因为他再也不用担心出什么乱子了！

是呀，死了，死了，一死百了。因为他生前生活在心惊胆战中，只有死了才不用担惊受怕。我不知道为什么编者要删除它！因为教参上讲别里科夫是封建制度的维护者啊。可是我们就不去想，这种制度对于一个中学的普通教员，他能维护得了吗？制度的维护者是谁？制度的维护者是统治者，小人物是维护不了的！

于漪老师年轻时"一篇课文，三次备课"的苦功成就了今天的她，郑桂华老师教《荷塘月色》有七种以上的方式。其实，靠的就是这个"硬读"的功夫。这个功夫，来自对语文、对教育的痴迷！

唯有"硬读",才会在文本的字里行间发现别人没有发现的意蕴

文本不是单纯的文字组成,不是"死"的东西,文本表达着作者的意思,用文字的形式向读者诉说作者的思想感情。从这个意义上说,文本不是沉默的存在,而是一个"会说话"的主体。因此,文本作为教学的范本有其自身的特殊作用。"硬写",就是在某种程度上,逼着自己去观察、去思考、去记录。"硬读",就是要抛开教参和别人的教案及课件,充分尊重作者、尊重文本,硬着头皮去读文本。唯其如是,才会在文本的字里行间发现别人没有发现的意蕴,才会引导学生在感知文本、建构文本、解读文本的基础上展开对话,引导学生透过文本表象走进文本,走近作者的心灵。这样的解读才有可能是个性化的,才有可能是多元的,教师才有可能引领学生感知文本的意蕴,探寻心灵的轨迹,教学才有可能避免曲解作者的本意,读出文本的新意。

我在阅读《散步》时,就发现了一个一直以来我没有注意到的地方,原来有无限的意蕴:

> 她的眼睛顺小路望过去:那里有金色的菜花、两行整齐的桑树,尽头一口水波粼粼的鱼塘。

这是母亲看到的景物,色、香、味俱佳。原来母亲除了迁就孙子,还有对乡村风光的怀念。来自乡村的母亲,如今远离乡土,过着住在"火柴盒子"里的生活,忽然看到难得的乡村风光,难免想起自己的童年、青春与故土。人至暮年,都思归根,大自然往往会给人以归宿感。母亲是"熬过"一冬的,她对大限自有独到的感触。有一次我同南京教研室的袁源老师在"草根语文群"里交流时,她说:"这也是自然的规律,我们将来也会有的,很寻常。等我们老了、头发白了、累了、倦了,也会如此。"然而,这些是现在的孩子,尤其是生活在都市里的孩子不能理解的,他们对这如画的风景,有的只是新奇,并无眷恋。

对这篇文章我们总是习惯了在"爱"上做文章，忘记了趣味和生活，它其实是一篇生活随笔。"作者就没把它当文学来做，只是自然地写点生活罢了。"袁源老师说，"《散步》，我不把它当文学讲，而把它当生活看。"这是很有道理的。

在阅读《装在套子里的人》时，我特别提醒学生在阅读时要抓住这个句子"于是他昏了头，决定结婚了"来思考"窈窕淑女，君子好逑"。恋爱、结婚本是美妙的事，文中为什么居然说决定结婚是"昏了头"呢？学校允许学生谈恋爱吗？

学生通过前后文的阅读认识到，别里科夫也是人呀，他也喜欢异性，也想结婚呀。但是残酷的现实使他整天生活在恐惧中，现在居然有一个人要参与到自己的生活中来，有风险。所以，才有了在发生自行车的事之后他的忠心劝告，因为在他看来，她与自己有关系，可千万不要弄出什么乱子来呀。结果怎样？他被臭骂了一通，然后从楼梯上摔了下来，未婚妻看见他摔下来的样子后居然哈哈大笑，后来，他竟然悄悄死掉了！可以这样说，正是别里科夫的这段未成现实的婚姻，断送了他的性命。

教师课前"硬读"了，才可能有"面向对象的需要"的设计

任何教学，我认为，必须是面向对象的需要的，也就是教师要把自己的教学设计朝面向对象的需要的界面设计这个方面去靠。要清楚，教学的对象之一——学生在当下的课堂需要的是什么？这样才会出现当教师走进课堂，基于学生的状况和课堂的变化，适时地调整自己的方案的情况。学生需要什么，教师就提供什么。

因此，教师不能囿于一隅、拘于一式、定于一格，要有周全的准备。这一切必须建立在教师抛开教参和教案、对文本"硬读"的基础之上。所以，我们要在"硬读"中充分预设：玛蒂尔德的悲剧不再是她的小资产阶级虚荣心造成的；"我们"之所以不与叔叔于勒相认，不再仅仅是资本主义社会人与人的金钱关系所致；《从百草园到三味书屋》不再是抨击封建教育制度。

江苏省南通市教育科学研究院高中教育研究室主任、特级教师袁菊老师

评点我执教的《听听那冷雨》时，用了"简约朴素、宁静深邃"八个字来概括。她的具体阐述如下：

凌老师《听听那冷雨》的课堂呈现，我认为是智慧的、大气的。这种智慧体现为简约朴素、宁静深邃。

简约，就是懂得取舍，懂得守望。"弱水三千，只取一瓢饮。"当某个纷纭杂沓的文本出现在面前的时候，应该取什么给学生，教者就需要有自己独特的眼光，因为有舍才有得。取舍、守望，就要简单地处理文本。面对学生，我们不要搞太多的生长点，语文教师应该是麦田的守望者，应该有耐心，应该有足够的等待。因为教育是慢的艺术，语文尤其如此。走得慢一点，再慢一点，让灵魂跟上脚步。朴素，就是不花哨、不做作，原汁原味、原生态。我们现在的课无一例外离不开多媒体，但多媒体的花哨离朴素越来越远。语文本身是五光十色的，它来源于文本的五光十色，语文不需要过多喧闹，而需要一些平实。凌老师的课上得很平实，很朴实，但并不迷茫。课堂上的凌老师气定神闲，驾轻就熟，举重若轻，高屋建瓴，有着惊人的爆发力和张力，给人一种心灵的震撼。

宁静深邃，源于对文本的充分解读，主要体现在对文本内涵的细致梳理和对作者写作意图的终极追问上。余光中散文所表现的主题是缤纷多姿的，但是最突出的还是乡思乡愁、恋国恋亲。余光中先生的作品采撷的无论是美国的题材还是中国台湾的题材，他的落脚点最后总是会回到中国大陆。作者曾有这样的誓言："当我死时，葬我，在长江与黄河之间，枕我的头颅，白发盖着黑土。在中国，最美最母亲的国度，我便坦然睡去，睡整张大陆。"这就很好地诠释了他的那种家园之思。那么这种乡愁，这种家园之思，是不是全文的唯一情感呢？很多老师可能只是将本文的主旨定为思乡，如果仅仅如此，那就是浅层次徘徊了。我曾经看过一个关于余光中的专题片，他到长白山天池，头发花白，走的时候像孩子一样，一步一回头，最后感叹："长白山，我欠你一首诗。"他常常是想到什么就写什么，被什么东西感动了，他就顺手写什么东西，主观性、情感性太强。这种天马行空的文章思路，可能我们感觉到难以把握；是的，假如我们走传统的路子，对文本进行支离破碎的讲解，我们就没法引导学生进行深度理解，那怎么处理呢？

凌老师的处理是极其智慧的。我只从他的课堂抽取几处设计来诠释他的智慧。第一处是采用"文本还原"的方法，让学生将原文与教材相比较，看看教材有哪些删改，说说对两个文本的看法，让学生在比较中寻求一个比较合适的、有利于原文解读的切入口。这样引导学生发现被教参有意无意掩盖了的某种写作意图，进而帮助学生更准确地把握文本的意蕴。第二处是凌老师还原求真的意识非常强，而我们很多老师却缺乏这种还原意识。他的设计告诉我们，对教材需要推敲，要在文学史、文化史、哲学史等方面找到它相应的位置。深度阅读就必须把它还原，将余光中这种深深扎根在骨子里的轻吟低唱，将那种涵盖整个身心的人文关怀，放在广阔的文化、历史的世界里去观照。这种还原是必需的，这是归真，让历史把真情实感馈赠给现实——这是何等的胆略、何其可贵的求真思维，直言之，这是具有铮铮铁骨的知识分子一辈子教书的一种努力。

另一处值得我们关注的，就是采用"一点突破"的方法。他设计了一个大问题：为什么不用"愁"雨而用"冷"雨？尽管在操作中由于时间所限，时长似乎还不够，这样的大问题如果时间允许，应该还可以更深入一点。《听听那冷雨》可以说是思想与文字相遇的火花，学生学习确实有一定障碍，凌老师选择了"愁"与"冷"的对比作为突破点，而且是在共同研读中完成的，这一点"突破"确实起到提纲挈领、牵一发而动全身的功效。在整个教学进程中，他又很重视学生的问题意识、阅读期待和读书欲望。在思考中讨论，自然会帮助学生对文本写作的意图做更为深刻的反思。这样的问题，教材是不会有注释的，教参也是没有的，这些正是教师大有作为的地方，也是学生所需要的。课上，凌老师带领学生一步一步走向文本的核心地带，把作者所表现的乡愁放在广阔的历史、文化的视域下去观照，让人感觉有一种更为厚重的对传统文化的依恋与怀念、对传统文化一度失落的怅惘情结。步步逼近，步履从容而稳健，师生共同完成了对文本的深度解读。

所以说，现代教学理论所倡导的"凡能不讲坚决不讲"的理念如果要真正落到实处，就需要教师有自己的课程意识，而不能只有教材意识。如果教师知道自己做的是课程，那我们就能明白，教学不能只在一个平面上徘徊，具体的教学是要在课程意识的驱使下多角度、多层面展开的。这几处精彩的设计，留给我们的思考是多元的，但是有一条可能是共通的，那就是语文教学的前提是教师对文本的解读，关键在于教师如何引导学生对文本进行解读，帮助学生走进作者的内心世界，读出自己的感受，而不在于教师讲授了多少。所以，预设一定要切中肯綮、抓住要害，做到少讲多收获。

凌老师是行者，更是智者。他的教学以及他所领导的学校今天成就的教育思想、教育风格是他们在前行路上必然遇到的机缘，正是因为他们几十年的行走不辍、思考不止，才会有今天教育思想的卓然呈现。我想，也许作为百花齐放的语文教育园地，他这一课的教学设计未必是我们学习的唯一，但智者对语文教学几十年不变的情怀与追求、持之以恒的磨砺与深思，才是我们真正需要学习的。这一课，凌老师带给我们的不仅仅是课堂，还有教育哲学、人生启悟；他带给我们的不仅仅是一堂课的记忆习得，而且是一种教学思想、一种态度、一种精神、一种责任、一种让学生发展的思维方法。

课堂应将师生的阅读体验和生活经验转化为有趣的问题来探究

不同的人对文本可以有不同的解读，甚至同一个人在不同的时期和心境下对同一文本也会有不同的解读。但无论你如何解读，都不能脱离文本。阅读教学的课堂上，我们应该警惕的是："多媒体化""趋知识化""泛语文化"的"反文本"倾向，尤其是不着边际的"拓展"、放任学生的"无效讨论"，以及毫无原则的廉价的"激励"。语文教师，必须记住"词不离句，句不离篇"的文本解读准则，在文本本身的字里行间解读文本的本意。同时，更为重要的是，在课堂上，要面向学生需求，将自己的这些阅读体验和生活经验转化为有趣的问题来共同探究。

摆在教者面前赤裸裸的现实是如何刺激学习者的学习反应，如何引导学生将学习活动由"不应"转为"反应"，由"消极反应"转入"积极反应"。我在教授《老王》时，为了帮助学生们更好地走进文本、走近"老王"，尝试着从我的"硬读"体验来引领学生的突破，具体教学策略是对文本中"蹬"和"顾主"这两个关键词的辨析。为什么用"蹬"而不用"骑"？"顾主"这个词又有何意蕴？通过"硬读"词语的抓手之禾，分蘖出文本立体理解之苗叶。

尤其是在引导学生们阅读文本中写"老王"最后一次给"我"送鸡蛋的文字时，我给了学生们这样的友情提醒：阅读文本要善于比较，比较时要抓住文章中关键词的变化；要养成反复推敲，深入思考的习惯，并在此基础上展开充分讨论。因为，我在阅读时发现了用词的细微变化，也思考了为什么会有这样的变化，这种变化反映了作者怎样的心理变化。同时意识到，学生们在阅读时，是不一定会注意到这种变化的。这就要用我的阅读经验，给学生们一点提醒，帮助他们在阅读中有意识地关注这些遣词造句的变化，从而发现作者语言表达的精妙所在。

课堂的真实反应是，尽管有了提醒，有的学生还是没能够发现这种变化，于是我就要求学生们大声将这几节文字读出来。这一读，就有意思了，学生们立马说有变化。"前面用的是'打上一棍就会散成一堆白骨'，后面是'稍一弯曲就会散成一堆骨头'。"于是我问了一句："在我们印象中，什么情况会有白骨？我们最早知道白骨是从哪里知道的？"同学们说是从《西游记》里。我又问："在我们印象当中，'白骨精'这个词是贬义还是褒义？""前面是'白骨'，后面就变成了'骨头'，为什么会有这样的词语变化？"并要求他们开展讨论。像这样的问题不能靠查字典解决，而需要我们根据上下文来看。我提醒学生们联系写"我"的心情的前面那个词语和后面那个词语，找出它们之间细微的差别。学生通过阅读讨论发现，前面写"我"的心情的词语是觉得老王的样子"可笑"，后来是心生"抱歉"，老王的样子让"我害怕得糊涂了"，进而得出："因为在'我'眼里老王是车夫，老王这个样子了还到'我'家来送东西，'我'感到很吃惊。下意识想到的就是交易，想到给他拿钱。""老王一句'我不是要钱'给了'我'心灵的震撼……现在'我'已经意识到老王这个将死之人，把'我'当作亲人，感受到老王送'我'鸡蛋和香油的真情。所以在前后文的遣词造句上发生了改变。"作者将这看似"可笑"的举动与"可怕"的人物外表细致入微地呈现在读者面前的深意是需要我们细细品味的。如果没有教师课前的"硬读"，课堂上就不可能引导学生关注这些词语的变化，没有对这些词语的关注，也就无法理解一个将死之人看起来"可笑"

的举动了。语用学理论告诉我们，语言是人类交际的工具，但语言的交际功能只能在合适的语境中实现，离开了文本具体语境的解读，势必远离文本的本意。学生正是从思考、讨论、交流中体验了文字的魅力。

在这样一个浮躁的时代，语文教师还是要有一点"硬读"的功夫的，这样才能够不"膜拜"教参，不依赖教参，在"硬读"中感受"人性"，领悟情感，体验生命。只要你愿意"硬读"，语文的要义、生命的真义，文本中都有。这样，我们的语文阅读教学才会有它应有的意蕴。

站在对生命深刻理解的高度解读文本

教材本身、文本本身，是有自身的价值取向的，有其个体的生命内涵。我觉得，与文本对话，绝不只是要求学生去感受与体验，更重要的是教师对文本的理解与融会。如果教师本身过于依赖教参和别人的思想，对生活的认识不全面，对生命的理解不深刻，与文本的交流、对话不到位，全是"教参""贴膏药"式的思想品德教育，或者道德观、价值观教育，抑或文学教育，就难免会对文本的理解刻板、教条、贫乏、单一、概念化和公式化。

做教师的要把学生的生命成长放在第一位，不断去研究、去感悟，去了解作者的写作状态和时代背景，从生活的阅历和对生命理解的高度来研读文本，在语文课堂上彰显师生以及作者与文本本身的生命及思想的活力和张力。这样的教学才是本真的教学，这样的教育才是尊重师生以及作者和文本的教育。

前面谈到《装在套子里的人》，我针对以往把别里科夫定位为沙皇统治的维护者的单一解读，要求学生细想一下，普通的公民有能力维护某种统治吗？别里科夫本身就是小人物，他成天生活在恐惧之中，他活在这个世界上笑不出来，只有死了，没有恐惧了，他才可能有笑容，活着的时候时时刻刻戴着那个套子，是因为他担心哪一刻不小心就会命丧黄泉。作为语文老师，我们要有一个还历史、文本以本来面目的任务，因为我们是引领者。

在解读梁实秋的作品《雅舍》时，我们不能回避的是在传统的观念中，梁实秋是一个"走狗文人"。所以，我在设计教学方案的时候，给学生提供了一段对梁实秋先生生平介绍得比较客观的文字。课堂上学生通过阅读研讨，从文本中看到了梁实秋的"风趣、幽默、乐观、阔达"，看出了他的"爱国心"，看出了他"对侵略者的憎恨"。

这堂课的目的就在于引领学生们通过自己的研读明白评价一个人就要把他放在特定的历史条件和生存环境之中，而不是轻易地用是"好"或"坏"来下结论。对人的要求不能苛刻。生命是第一位的，然后才是思想内容和写作艺术。我觉得，这样的教学才是回到人的视角的教学，这样的教育才是尊重师生以及作者文本生命的教育。

第三讲 "有料"的课堂教学才可能"有趣"

关于怎样的课才算"好课",专家们已经说得很多了,但真正得到人们认可的"好课"究竟是怎样的,至今依然莫衷一是。其实,作为教师,每个人心中都有自己对好课的理解。作为从教40多年的"老人",我回顾了自己上过与听过的课,总觉得称得上"好课"的不外乎具备这么几个"有",首先是有人,其次是有料,再次是有趣,最后要有变。如果浓缩一下,就是要"有味",能让人回味无穷的"味"。好玩的是,自2015年以来,这四个"有"总是被一些自媒体甚至语文名师抄来抄去。退一步想想,这也未必是坏事,至少表明得到一些同行的认同吧。

有活力的教学一定是"有人"的

"有人",强调的是作为一位教师,应该努力从教育的本原来认识课堂。教育是面对人、帮助人的生命生长的,着眼于生命生长的课堂,必然是基于学生实际,要从学生生命生长的需要出发的。《一个称作学校的地方》的作者古得莱得在观察、调查和数据分析的基础上告诉我们,学校教育的理想期待是:"期待学生们了解不同的价值观念体系;在尊重、信赖、合作和关爱的基础上与他人发展有效益的和满意的关系;培养对人类的关心;培养和运用美学和人文的基本原理和概念,鉴赏其他文化的美学贡献;培养对道德行为的必要的理解。也正是在这里,我们发现了关于培养各种能力的论述,如有效利用闲暇时光、进行建设性的自我批评、以新颖的方式处理问题、体验和欣赏不同创造表达的形式。"①也就是说，我们的课堂生活是要观照到人的生命和生活的方方面面的。

遗憾的是，我们在课上总是习惯于指向考试、指向升学，我们灌输给学生的，就只有考试升学、将来找个好工作、讨个好老婆（嫁个好老公）、过上舒舒服服的好日子，而这好日子又很少是指向休闲、批判、体验、创造的。考试升学、找好工作、讨好老婆（嫁好老公）、过好日子在某种程度上也是着眼于人的，但是人生绝对不仅仅是这么一条直线。如果课堂指给学生的就是这么一条直线，那么将来他们一旦遇到挫折，遇到离开我们教给他们的这条轨道的时候，就不知所措了。许多所谓的"好课"起到的正是让学生一条道走到黑的负面作用。

"有人"的第二层含义，就是有教师自己。这就牵扯到所谓的课堂教学模式。每个人，都是独立的个体，人跟人是不一样的，这种不一样不仅仅因为我们接受的教育不一样，还有很重要的因素：我们的遗传基因不一样，所在的家庭文化和社区文化不一样。这种种的不一样，决定着每个人的不一样。所以，每位教师的课堂教学风格一定是不一样的。"有教师自己"，意味着教学活动中我们的"教"带上了自己的个体特征、个人风格，这是"我的课堂"，里面包含着"我的教学哲学"。比如，10位语文名师对《老王》的解读尽管有一致的地方，这种一致体现在对文本主旨的解读和文字表达的方式与技巧上，但就如何帮助学生理解和探讨文本的主旨与文字的特色，不同的人就有不同的认知，这种不同的认知就决定了他们课堂教学的入口与流程、方式的不一致。有的老师关注"我"与老王的关系，有的老师主要在解读"我"的愧怍上花气力，有的则着眼于文本中一些细节描写……课堂教学，就如这样一句名言，"到目前为止，我们只是在描述解释，可是没有任何语言文字可以为我们开启那扇门""若想开启那扇门，我们必须每天保持全观且充满觉察力，觉察自己的每一个思想和言行"②。教师的"教"，就是为学生打开那扇门的行动。

---

① ［美］约翰·I·古得莱得.一个称作学校的地方［M］.苏智欣，胡玲，陈建华，译.上海：华东师范大学出版社，2007：254.
② ［印］克里希那穆提.重新认识你自己［M］.若水，译.深圳：深圳报业集团出版社，2010：40.

课堂教学总体来说是教师的个体性劳动，更是教师的创造性劳动。没有教师的个体意识，也就没有教学的创造性。正因为每个老师是个体的，教学才可能是多元的，这个"多元"不仅仅是一个个独立的个体所决定的，同样也是由具体的个体在不同阶段的不同认知决定的。人是一个生命成长的历程。做教师的，从学徒，到匠人，到艺人，到专家，这个过程中所教的每堂课，本就是不一样的。这原本是常识，可是我们在课堂教学评价时往往只有一个标准，这个标准更多的时候又只是"评价人"的主观认知，许多情况下是无视施教教师和受教学生的。我们习惯了用自己认定的教学模式去衡量别人，平心而论，我们认定的模式就一定是从教育的本源出发的吗？

"有人"，还包括不在场的人，比如教材的编写者、课程标准的制定者等。这还不是最重要的，最重要的是孩子身边的人，这才是我们挂在嘴上的"教学情境"的有机组成部分。我们对情境的理解是有误区的。这误区主要体现在不少教师热衷于"设置情境"。什么叫"设置情境"？就是编，编假话，编个套子让学生钻进去。真正的教学情境如加拿大学者范梅南所讲，包含学生近期在家庭、在社区所遭遇的实际生活。而从社会学的角度来讲，就是近期与这位学生所发生的各种关系。这个关系就多了，不仅仅是人，还包括我们所处的课堂这个实景。我认识的西安市的中学美术教师张晓明（现在已是特级教师、正高级教师），于2014年应邀在我主持的南通市通州区"农村中学语文骨干教师培育站"的培训活动中执教中学美术鉴赏课《在美术世界中遨游》时，讲到雕塑类型辨析，信手拈来，以施教教室的墙柱和方格玻璃窗为例，让学生感知什么是圆雕，什么是透雕，很自然，也很准确。课程资源的利用就应该是随机的、信手拈来的，但又不是随意的，它始终紧扣着课堂教学的目标，为实现教学目标而服务。

"有料"的教学才可能"有趣"

"有料"，就是上面讲的"课程资源"。一堂好课，教师会从实际的教学情境出发，开发和利用相关的教学资源。这些资源有我们自身的经验和积累，更有来自与学生互动的、课堂当下发生的具体的资源。我们必须明白

"我"就是课程的一部分,"我"就是课程资源,同样,每一个他者也是课程资源,而这些资源只有在共享的时候才能发挥效用。问题是在具体的课堂上,我们如何调动和使用这些资源。

作为教师,我们在课堂教学中要帮助学生认识到处处留心皆学问。张晓明老师在引导学生运用所学的美术基础知识提升日常审美判断能力时,引用了某城市雕塑耗巨资却因丑陋和市民的反对只存在了五天的个案,让我联想到某地的大背头弥勒佛没有完工就被拆了的事情。课程资源运用的一个重要任务就是,教师通过引入的资源调动学生的联想,将他们日常生活中的所见所闻调动出来,让学生加深对所学知识的认知和理解,举一反三,进而调动批判性思维,提升思维品质和道德认知。张老师引入这个资源后,让学生在分析判断的基础上不仅明白了形式美,更明白了形式美是建筑在心灵美的基础上的。政府官员绝不能拍脑袋决策,不能浪费纳税人的钱,将来有一天,学生也有可能成为官员,要以此为戒。这其实又跟"有人"相呼应,即教育不仅要着眼于当下,也要着眼于未来,这未来是孩子的未来。如果他们对未来没有思考,那么类似的问题将来就会在他们身上重演。所谓的情感态度和价值观的教育,就在不知不觉中实现了。

当然,"有料"是要建立在教师自身的功底和阅历的基础上的。语文教师更要有深厚的语文功底、丰富的人文素养。课程资源的开发和利用需要避免的问题是"拾到篮子里就是菜",我们都知道并非所有能够进篮子的都是"菜",拾进去的"菜"是要为实现教学目标和完成教学任务服务的,这不仅要考虑它的有效性,更要考虑它的趣味性。所谓"趣味性",就是要求课堂教学能让学生产生忽然间发现某种稀罕之物的兴奋,迫不及待地要将自己的发现告诉大家,与大家分享他的乐趣。人总是喜欢发掘神秘的宝藏,尤其是孩子。有趣的课堂,就是要带领学生走进神秘的境地,寻求知识的宝藏。

老师们在设计教学方案的时候,总是在为教学内容("教什么")叫苦不迭,却很少自觉地思考为什么教,教什么,什么时候教,怎样教,为什么要这样教,这样教对学生有什么帮助,这样教对自己的专业发展有怎样的意义。难啊,难!我们总是习惯了教教材、搬教参,甚至等"集体备课"提供一个现成(通用)的教案,于是慢慢丧失了对教材深度阅读的兴趣,更没了对教材深入解读的热情。这种"无趣"与"无情"（无激情、无热情）慢慢导致我们课堂的枯燥乏味，诱导学生的漫不经心、被动接受、敷衍了事。

同样是在 2014 年南通市通州区"农村中学语文骨干教师培育站"的培训活动中，福州陈蕾老师在执教高二的《社会发展规律》一课的时候，一开始通过 PPT 给学生呈现了一沓钞票、一把枪、一只手机、几个儿童、国际诺贝尔和平奖图标、课程表等六张图片让学生尝试分类。连我这个观察者也被陈老师搞傻了，怎么分类呢？这一下子就将学生的兴趣给调动起来了。学生的归类各有不同，但都有自己的理由，也有不少学生想不出怎么分，没有发言，但没有发言不等于他不在思考，更不等于他没参与其中（有一种参与叫"缄默式参与"）。"有趣"的资源是能够触发学生思考的资源。黄玉峰老师的语文课常常会引入"小学"的知识，借助造字之法、音韵之学、书法之美等帮助学生理解具体的文字韵律在具体的文本中的意蕴；夏坤老师善于将音乐、电影等艺术引入课堂，让学生在音乐、电影的欣赏中学习语文、喜欢语文；杨赢老师擅长将自己行走中的所见、所思与自己的名著阅读体验引入课堂，指导学生进行整本书阅读，以激发学生的读写兴趣。

有趣的课堂会将学生的天赋、洞察力以及多元的视野聚焦在他们对生命的挑战上，进而创造出一种全新的可能，也就会寻找到我们未曾想到过的答案。

有趣的教学往往是"出乎意料"的

"有变"，说的是一堂好课的每一个环节往往是"出乎意料"的，是随机的，也就是我们所讲的"动态生成"。我在前面多处表达过这个意思：一堂好课是一定会根据课堂的实景（注意我讲的是"实景"，就是我们经常讲的情境）调整教学预案和教学方法的，这样的课堂才可能是有张力、有灵气的。这就回到"有人"的问题上来。我们的教学面对的是人，人是活的。既然人是活的，具体的教学怎么可以死守预先设定的教学方案呢？又怎么能够按照一个教学模式组织教学呢？

杜威早在《我们如何思维》中就对教育的模式化问题进行了批判，他这样告诫我们:"教育者应该注意到个人之间存在的不同;他们不能将一种模式和类型强加给所有学生。""教育应当使人都具有学者、科学家和哲学家的精神,不论他们的职业兴趣和目的如何。但却没有道理认为一种思维习惯就比另一种优越,也没有理由强制地将实际型的转变为理论型的。"从思维的层面来看,"每一个人都有这两种能力,如果这两种能力能够紧密地联系起来,那么每个人的生活都会更有效、更快乐""教育的目标应该保证两种思考态度的平衡融合,并充分考虑到个人的性格,不能阻碍和限制他自身所具有的强大力量"。[1]

遗憾的是,当下许多教育专家尤其是一些教育行政官员,恐怕并不是不知道人的思维的具象与抽象两个方面,但他们要的只是眼前的利益和政绩,所以才有罔顾实际的模式化行动和理论的粉墨登场。我们需要明白的是,人的个性化,即便是具体到个体的人,也是多元的、变化的,因为生命是多元的、变化的,这也决定了教育必须是多样化的,而不是刻板化、模式化的,好的课堂总是会在变化中获得教与学的愉悦。

"有变"的课堂是对传统课堂的挑战。杜威说过,几代人以前,基础教育改革的最大阻碍在于对语言形式(包括数字)的迷信,并据此去训练思维;今天对实物的迷信阻碍着改革的道路。[2]"有变"的课堂就是要打破我们对他人的迷信、对标准的迷信,用克里希那穆提的话来说,在我们的课堂上,"如果你老是按照他人的标准来认识自己,你就永远停留在做'二手货'的人类"[3]。

综上所述,好课是有它特定的课堂文化的,是建立在文化、科学、哲学三大基石之上的。学校是文化单位,教育是传承文化的事业。科学是课程本身,人文虽然也是课程本身,但更多的要靠施教者去开发。这当中又关乎一堂课甚至一门学科内在的教学逻辑性。一堂好课就像一篇精美的散文,既有明线也有暗线。课堂上无论我们怎么放,无论学生怎么动,都不能"下笔千言离题万里"。如前所说的"大开大合",这一"开"一"合"都是围绕特定

---

[1] [美]约翰·杜威.我们如何思维[M].伍中友,译.北京:新华出版社,2010:114-115.
[2] 同[1]:113.
[3] [印]克里希那穆提.重新认识你自己[M].若水,译.深圳:深圳报业集团出版社,2010:13.

的教学目标进行的，所有的活动都必须围绕着一堂课乃至学科教学的内在线索展开。好课的背后折射的是教师的教育哲学，一个好教师的课堂教学，一定是有教师对课程的价值认知和价值取向的，他既不会随心所欲、天马行空，也不会为人左右、失去自我。他会用他的智慧与他的学生共同挖掘那神秘的宝藏。好课的艺术，就在于"放得开，收得拢"，这种艺术会让人觉得余音绕梁、回味无穷，会让师生难以忘怀。

第四讲　语文教学的要义在于体悟生命

教育是培育生命的事业。教育最根本的目的之一是培养人不断地领悟世界的意义和人本身存在的意义。对语文教育而言，更是如此。当我们引领学生与文本对话、与作者对话的时候，是在与另一个生命对话，这种对话不仅是对语言的，更是对生命情感的关注，而且包括对生存能力的培养和对生命价值的提升。阅读教学就要通过对文本的解读、对情感的体悟，激发学生对生命状态的关怀和对生命情感的追求，使人更好地体验和感受生命的意义，促进肉体生命的强健和精神生命的形成，在激扬生命之力的同时焕发生命之美。

在阅读中贴近作者的情感世界

语文的人文教育，要求教师在语文教学中通过语感、文感的磨练，实现"美感"的积淀，发挥其"美化人"的功能。"文章不是无情物"，阅读者必须具备情感体验的能力，如此，才有可能贴近作者的情感世界，然后"自化其身"，成为美的情境中的人物，让整个心境处于由审美对象所引起的或爱或憎、或哀或乐的美感过程中，从而获得审美愉悦，在审美愉悦中，激发思想情感，达到语文学习的思想性目的。

朱自清先生说："欣赏是情感的操练。"语文是美的对象，它含有丰富的外形美和内质美，如语言的音乐美、文字的绘画美、事物的意境美、人物的心灵美、思想的哲理美、道德的崇高美等。阅读教学中，对课文的理解实际上是对美的感受和欣赏；对语文的运用"说话和作文"，实际上是对美的表现和创造。

  语文教材是思想情感传播的载体，而情感是影响青少年学生立场、世界观的重要因素，更是接受思想传播的重要途径。语文教师在语文教学中，把文中的思想情感灌注在自己的语言中，融化在思想里，使学生通其情、达其理，使学生既学到知识，又受到正确的世界观、思想观的教育，培养发展学生的情商。重视发挥语文的"移情练意"的功能，就能达到增强学生人文情怀、秉承人类美德的目的。

  正因为这样，在语文学习中首要的就是让学生了解人自身、了解人的情感和内心世界。在教古代作品时，不仅要告诉学生作品反映了什么样的社会生活和事件，还应该让学生了解作者在怎样的思想情绪的推动下创作作品，以及作品表现了怎样的个人情感和心理。

  语文教学的"叛徒"黄玉峰老师教《送东阳马生序》时没有课件，也没有花里胡哨的讨论。他在常州的课例，就是从与常州绕不过去的五位诗人的闲话中开始的。看上去这些都与这篇课文无关，其实息息相关。文言文教学，其实就是要给学生以传统文化的熏陶，引领学生在读懂每一个字的基础上，读懂具体的文字和文字背后的那个人。

  这堂课，初看起来黄老师用的是传统的方式，但细细观赏就会发现，黄老师是紧扣"骄"字展开的。在与同学们共同研读完课文的每一个字、每一个句子以后，他将教材中删掉的两段文字用漂亮的行书板书出来，让学生去读，去还原原文，并提出这样的问题让同学们讨论：本来是送东阳马生的，为什么用大量的文字来写自己的无书、无师？提醒同学推敲"诋我夸际遇之盛而骄乡人者，岂知余者哉！"，再用事实告诉学生，作者的家境和际遇其实绝不是文中所述的"家贫，无从致书以观"，最多也就那么一两次遭遇文中所说的情形，让学生明白他在阅读中看到的是作者的矫情和炫技。一堂课，看起来平平淡淡，但黄老师不仅对每一个字的字义和字源都讲得清清楚楚，而且让同学们在研讨中明白了读书的要义。真让我们大开眼界。

  我在跟学生探讨《兰亭集序》一文时，之所以要求学生在原文中找出"虽无丝竹管弦之盛，一觞一咏，亦足以畅叙幽情""游目骋怀，足以极视听之娱，信可乐也"这些句子，就是为了提醒他们透过"畅叙幽情""极视听之娱""信可乐也"等去揣度作者的情思。

从语用学的视角理解语文教学的任务，语文教学必须教会学生关注说话人（或作者）的表达，关注听话人（或读者）的理解。尤尔从说话人和听话人的角度给语用学做过这样的解释："语用学所关心的是研究说话人（或作者）所传递的及听话人（或读者）所理解的意义。"[1] 如我前面所说，要让学生学会听（或者看）懂别人的话，能说（或者写）得出别人能懂的话，如此，双方的交流与互动才可能发生，才可能感受到对方的生命历程、生命状态以及生命的感悟，进而慢慢地贴近对方的情感世界，才能在生命的活动中体悟到生命的乐趣。

努力让语文课堂变得"好玩"一点

我认为语文课应该是所有学科课程当中最"好玩"的一门课程，语文老师同样也应该是个"好玩的人"。语文老师要变得"好玩"，就要不断地阅读，通过阅读使自己变得丰满一些，变得善于思考、善于反思、善于批判与舍弃，使表达变得通俗一点、有趣一点、幽默一点、好玩一点。

我在外面借班上课时热身花的时间往往要比自己的班里多得多。前面说过，我在无锡上安徒生的童话《老头子做事总是对的》这节课时，原本的设计是：教材事先不发，我穿一套中山装，走上来在黑板上板书"老头子做事"几个字让学生猜一猜，后面填上哪几个字能使句子完整起来。在大家七嘴八舌之后再将教材发下去，然后一起研究，今天我这个老头子会怎样跟大家一起来研究这篇文章。我觉得这一定是很好玩的。但人算不如天算，他们的语文老师看课文过长，就将教材发给学生，要求学生课前读一遍。

遇到这样的情况，还怎么玩？这就需要教师的智慧，于是有了前面说的教学调整。

今天谈教学，很多老师都很重视教学的情境，尤其重视情境的设计。但是，我们很少会认识到，设计的情境往往是会出问题的。遇到意外情况时

---

[1] 夏中华.语用学的发展与现状[M].北京：中国社会科学出版社，2015：3.

如何应对，这需要教师的智慧。当我们精心设定的导入因当下的情况发生变化而无法实施的时候，我们是不是应该想想，情境究竟是当下的，还是设定的？如果我们还是按照设定的去玩，玩得下去吗？所以，在具体情境中体现出你的智慧，就能让课堂变得意想不到好玩。

在文本中找到独特的乐趣

《老头子做事总是对的》还有一个版本的翻译是《老头子做事总不会错的》，这两个标题，两种不同的语气，是"总是对的"好呢，还是"总不会错的"好？是不是可以引导学生讨论一下？这些在教参、网络上是找不到答案的。当我们带着一种好玩的心态去阅读的时候，才能找出文本中这些好玩的地方。

我一直认为，阅读教学的过程，在某种程度上是一个与学生分享自己阅读体验的过程。让学生在我们的阅读体验中慢慢地学会体验，在体验中学会阅读。所以我拿到一个文本的时候，总是会想：这个文本最精彩的段落、句子、词语在哪里？当然，每个人的生活体验不一样，所理解的"精彩"也是不一样的。我强调"读出自我"，是因为每个人对具体文本的感觉是不一样的，因为每个人的生存环境、生活状态、人生经历是不一样的，每个人的人生感慨自然也就不一样，不同的人对同样的文本，关注点自然是不一样的。

"读出自我"，是一种"代入感"。这种"代入感"，并不是将文本中的人物、意象变成自己和自己所处的那个环境的意象，而是在阅读中从人物和意象联想到了自己的人生经验和体验，或者曾经读过的、看过的、听过的而未必是直接的经验。

网络的发达让我们有了大量的教学资料，检索一下就能找到别人的分析文本、教案、PPT，甚至微课资源。于是，一些老师慢慢地弱化了解读文本的智能和热情。人与人的智能原本是没有多大差异的，差就差在心态上。一个人如果总是以一种好玩的心态对待自己的教学，他就总是会想着了解——尽可能多地了解教材、了解学生、了解生命……只有这样，才可能慢慢地了解课堂、理解教学。

有学习力的老师才能变得好玩

课堂教学中,老师要适度地在学生面前展现自己的才华。学生喜欢有本事的老师,喜欢好玩的老师,所以凡是学生会玩的,老师都应该努力去玩一下。学生能玩的你也能玩,就可以缩短与他们之间的距离。同时,课堂上我们要不断地给学生提供新的玩法。要提供新的玩法,自己就得会玩。要会玩,就要不断地吸纳,没有丰富的吸纳,就不可能有新的产出。"大开大合"的境界是建立在博闻强识的基础上的。

一个人好玩不好玩,有基因的影响,有家庭文化与童年时生活的社区文化的影响,更有后续的生命历程中善不善于学习的影响。如何在这样一个纷繁的教育生态中不失初心,不致迷茫,重要的路径是阅读、学习和思考。我始终认为,阅读是同智者对话的最佳途径。遗憾的是我们总是因为这样那样的情况,更确切地说是借口,而"没有时间"阅读和学习,因而我们的课堂也就变得越来越没有乐趣。

一个好玩的老师会跳出学科看学科,跳出教育看教育。尤其是语文老师,他应该是杂家,应该是通才,应该是学生仰慕的学习者。我已过花甲,不仅玩博客、微博、QQ、微信,还玩过个人网站、手机App,也曾是搜狐、今日头条等社交平台的"金笔写手"。今天的学生都是网络"原住民",我们这一代人充其量也就是一个"移民"。如何融入他们的生活,如何用我们的生命影响他们的生命,我想唯有阅读、学习和思考。在我看来,阅读可以帮助自己理解教学、明白教育,阅读可以推动自己朝"真理"而去。

这些年来,我不仅读文学、教育学、心理学,还读脑神经科学、经济学、社会学、人类学、哲学等,写下了几十万字的读书笔记。当我意识到"高效课堂""教学模式化"以及这教育那教学花样迭出,可能会给基础教育带来不可估量的危害时,就有意识地从教育学、心理学、脑神经科学、经济学、社会学、人类学、教育史、哲学中去找原因,寻找批判与建设的工具,写下了一篇又一篇关于这类现象的思考的文章。

当慕课、微课、翻转课堂、深度教学、项目学习这些概念和技术出现,以及ChatGPT问世后,我就去学习和研究这些概念和技术,以防止自己落伍。在大数据背景下,作为教师,我们如果跟不上时代的步伐,依然用20世纪的知识和技术来同21世纪的学生玩,能玩出什么花样来呢?如果我们想成为为学生未来人生提供帮助的重要的人,我们首先就得成为一个不断学习的人,一个具有强劲学习力的学习者。这样,我们才可能成为一个真正好玩的人,我们的课堂才有可能变得好玩起来。

一个老师一旦成为一个好玩的人的时候,他的课堂才可能是好玩而有趣的,他也就有可能成为人们所期望的好老师。

第五讲　保卫课堂的自由

几十年来，语文界总是那么热闹，各种派别的语文层出不穷，各种批评此起彼伏：语文要有语文味，语文不能泛语文，更不能非语文。那么，"语文味"是什么味？泛语文、非语文又如何界定？真语文是什么？是不是加个"真"，就真了？山头林立，流派纷呈。各种"模式"的教学盛行似乎成为一种潮流。为什么本来很简单、很明白的问题，总是让我们这些语文教师纠缠不清呢？我以为，一种可能是对教学模式的不理解。

教学模式是个体化的，更是多元的

《教学模式》中指出："教学模式是一种媒介，教师和实习教师通过它获得多种成功的教学方法。教学模式不仅在理论上具有极强的逻辑性，而且在实践上具有很大的指导作用，它是专业化教学的基础。"[1]将"模式"一词引入教学理论中，以此来说明在一定的教学思想或教学理论指导下，建立起各种教学活动的基本结构或框架。"教学模式"研究能指导人们从整体上探讨教学过程中各因素之间的互相作用和多样化的表现形态，以动态的观点把握教学过程的本质和规律，同时对加强教学设计、研究教学过程的优化组合也有一定的促进作用。

教学模式是客观存在的，但一定具有主体性，也就是说它是基于具体的人的。作为教师，每个人都有自己的一套看家本领，这种本领于他而言就

---

[1] [美]布鲁斯·乔伊斯，等.教学模式[M].兰英，等译.北京：中国人民大学出版社，2014：序言.

是他的模式。同样，不同的学校有不同的教学模式，不同的学科也有不同的教学特点，在同一所学校、同一个学科，不同的主体也会有不同的模式。要求一个学科、一所学校、一个区域用同一种教学模式教学，就是"模式化"，而模式化是不承认教学主体的一种反教育意识和行为，是应该警惕和批判的。

让人无法理解的是，当下许多教育专家尤其是从事中小学教学研究的教研员们，恐怕并不是不知道人的思维的具象与抽象的两个方面，居然还是不遗余力，罔顾实际地参与推动教育的模式化运动。

《有效学习的策略：教学样式》的作者对教学"模式化"的批评很到位，"工业革命制造了一种思考学习的方法，学校追随新工厂的成功而建立起来""我们的祖父母、父母，甚至我们自己的学校经验都是基于教学和学习的工厂模式。模式认为教学任务可以被标准化，教师可以将知识以真理的形式传递给他们的学生""这学习观点认为学习是由教师控制的，课堂中的学习内容由教师规定。进一步假设认为能够选择一种对所有的学生都有效的方法""在这种教学观念中，很少考虑到学习者的需求"。[①] 不考虑学生个体需求的教学，不就是忽视生命吗？孙隆基先生在《中国文化的深层结构》中谈到用拉丁文化的观点看中国人，"后者就显然是'反对生命'的"[②]。孙先生的观点是，中国人"所反对的其实是个体的'灵魂'的生命，而这样做之目的，则是为制造与养育肉体化的生命服务"。中国文化中没有合法的"个体"观念。[③] 正因为如此，步调一致才有市场。

回到当下的教育生态来看，热衷于模式化，其实是整个社会的效率崇拜在作祟，或者说，是简单化思维使然。它一方面折射出研究人员的浮而不实和部分教师不愿意付出精力去研究教学、又想一劳永逸的风气；另一方面，也是一种长官意志与媚上文化的具体表现，所谓上有所好，下必趋之！

当然，作为教师，我们必须明白的是，每个个体是要根据自己固有的知

[①] [美]L·C·霍尔特，M·凯斯尔卡.有效学习的策略：教学样式[M].沈书生，刘强，等译.上海：华东师范大学出版社，2008：3-4.
[②] 孙隆基.中国文化的深层结构[M].桂林：广西师范大学出版社，2011：50.
[③] 同②：70-72.

识、能力、水平、特长，逐渐形成独特的教学风格或者某一种"模式"的（如不同的语文教师教同一篇课文，有的朗读有味，有的板书漂亮，有的课件做得精美，有的甚至还能唱、能跳）。但人的个性化告诉我们，即便是具体到个体的人，他也是多元的、变化的。正因为生命是多元的、变化的，所以教育必须是多样化的，而不是刻板化、模式化的。模式的张力在于结合每个人、每个学科、每所学校的实际，让人尽其能、物尽其用。

任何一种教学模式不过是一种基本的模型，实际的教学一定是会根据具体的情形取舍的。"每位专业教师的每个教学设计都是独一无二的，因为不同类型的学习者有着不同的个性化需求，同时不同类型的学习也需要特定的指导方法。"[1] 换个角度说，模式，从来都是课堂教学的多元阐释，具有生长的、发展的和改善的生命力。模式，不是为了统一而存在，而是为了兼容并蓄，进而使我们的教育充满张力和活性。尊重生命的、有效的教学通常应该包含多种复杂的教学样式。如果不理解这些，我们只能在南辕北辙的路上越走越远。从这个视角审视热热闹闹的这语文那语文，如果它们能证明什么，恐怕也就是将本来应该富于变化而很有趣的教学变得格式化而了无生趣了。或者说原本是为了彰显自己的教学个性或者主张的，但一旦标榜什么语文，反而让明白人看出了他们的自我降格。

技术与理论的应用不应该是机械的和固化的

可能是"某种困难"和"不想做"的缘故，或者是急功近利的社会风气，我们总是希望从其他学校和"名师"那里直接拿来一种可以复制或操作教育教学的模式与方法，然后"以静制动"，顶多做些局部改变，或者"依样画葫芦"，试图以此"摆平"一切。教育界的"模式风"越刮越猛，大有"不学'模'无以言、不学'式'无以立"的态势。你要不懂两三个"模式"，还真跟不上"潮流"，甚者，还会被人贴上"后进"的标签。这股潮、这阵风，真的是教育所需吗？还是"飘风不终朝，骤雨不终日"的一

---

[1] ［美］托马斯·H·埃斯蒂斯，苏珊·L·明茨. 十大教学模式［M］. 盛群力，徐海英，冯建超，译. 上海：华东师范大学出版社，2020：3.

场泡沫?

很显然,这种"一劳永逸"的教育哲学观必然使教学走向它自己的反面。我不禁要问:有教师愿意或喜欢做一板一眼、肌肉僵硬、凡事都对照"操作说明书"的熟练工吗?这种教师形象,就如同卓别林影片中的钳工一样,不仅滑稽,而且可悲。我认为,教育教学本是活水,本有生发之气,本应"身与事接而境生,境与身接而情生",哪里有放之四海而皆准的模式?执此(某种教学模式可以包打天下)之见,本质上是对教育规律的漠视,是对教学本身的亵渎。

一所学校、一个区域推行一种所谓的"成功的教育教学模式"是相当可怕的,是不符合教育规律的。古得莱得在《一个称作学校的地方》中提醒我们,"要提高课堂生活的质量,最好以每个学校为基础,在教师互助之下来进行""改进每所学校的生力军就是与它息息相关的校长、教师、学生和家长"。① 需要注意的是,这里强调的是"课堂生活的质量",而不是"课堂教学的质量"。"课堂生活"与"课堂教学"虽是一词之差,其内涵却相去甚远。"课堂生活"绝不只是教学的生活,它还包含着课堂上的人际交往、课堂与现实生活等更为丰富的东西。也就是说,课堂除了授受知识,还有更为丰富的内容。"以每个学校为基础"强调的是学校的个性,"教师互助","校长、教师、学生和家长"是"生力军",主张的是团队精神、合作意识,这当中尤以教师之间的合作为最。也就是说,提升课堂生活质量的关键在教师,只有教师的积极性上来了,改善才有可能。然而这种改善需要校长的引领,更需要学生、家长乃至整个社会的参与,即,学校还有一个动员和鼓励社会了解和参与学校事物的任务。

我们都是做教师的,许多时候,总是会对一堂课做这样那样的预设,结果当我们临场了,又往往用不上,更多的倒是在与学生和文本的互动中碰撞出我们原本根本没有想到的一些火花。关键是我们能不能及时捕捉这些火花,以及在与学生的碰撞中产生某种美好的教育意蕴。这个过程,才是所谓

---

① [美]约翰·I·古得莱得.一个称作学校的地方[M].苏智欣,胡玲,陈建华,译.上海:华东师范大学出版社,2007:136.

的"教学",它是一种创造。

教育教学需要技术,也需要理论,但是技术与理论的应用不应该是机械的和固化的,即便是教育哲学也是如此,它所揭示的也只是教育的一般规律和原则,规律和原则其实是大方向,而不是具体情境与细节。事实上,我们的每一个教育行动总是在具体的教育情境中展开的。诚如马克斯·范梅南所言,教育行动所需的知识应该是针对具体情境而且指向我们所关心的具体孩子。比如,我们每天活动的校园和教室,其中的人与人、人与事之间的关系,无时无刻不在变化着。尤其是我们面对的那些孩子,他们的遭遇与心境总是处在变化之中。当然,作为教师,我们每天甚至每个时刻的遭遇和心境也是不一样的,而教育的时机就处在这样的不断变化的情境中。这种变化的情境需要与之相应的教学方式。也就是说,我们面对的教育时机往往是稍纵即逝的,所谓教学机智,就体现在我们是不是抓住了这稍纵即逝的一瞬间,并采取积极有效的教育行动,甚至是有意识的"不行动"。时机的把握,除了有一个教育的维度,还有一个"儿童的维度",即善于设身处地地站在儿童的立场来看问题,以促进儿童的发展为其重要条件和尺度。

范梅南提醒我们的是,"教育学的行动和反思就是在于不断地识别对于某个具体的孩子或一群孩子来说什么是好的、恰当的,什么是不好的、不恰当的。换句话说,教育生活是一个不断地进行阐释性思考和行动的实践"[①]。既然教育学的行动和反思是一个不断识别的过程,那么我们试图寻找一个以不变应万变的套路来应对每一个个体的想法不就是一件很可笑的事情吗?这样的事实和逻辑靠不靠谱呢?

模式化的风行是一种教育侵犯

关于模式化,弗莱雷在《被压迫者教育学》中有这样一个判断:反对话行动理论的一个基本特征就是文化侵犯。"侵犯者对另一群体的文化方方面面进行侵犯,无视后者的文化潜力。他们把自己的世界观强加于受侵犯者身

---

① [加]马克斯·范梅南.教学机智——教育智慧的意蕴[M].李树英,译.北京:教育科学出版社,2014:84.

上，通过压制他们的表达来抑制受侵犯者的创造力。"一些所谓的专家与行政强力合谋、声嘶力竭推行的这模式那课堂所采用的手段不就是把他们对教育教学的认识强加于受侵犯者身上吗？尽管他们侵犯的方式不一样，但我们要明白："不管文化侵犯是文雅的还是粗鲁的，它总是一种针对被侵犯文化"的群体的暴力行为，因为在这一过程中，"侵犯者成了此进程的编造者和主角，而受侵犯者却成了对象"，譬如每堂课总要在编制好的"导学单"下运行就是这样。"侵犯者塑造别人，受侵犯者却被别人塑造"，譬如以"某某教育"为标签的"教育"。"侵犯者作出选择，受侵犯者却要遵照此选择——或被指望遵照此选择"，譬如展示课，学生就得在教师的操纵下以打麻将似的排桌来"展示"。"侵犯者实施行动，受侵犯者只能通过侵犯者的行动得到行动的幻觉"，譬如一堂课的时间划分，一定要是"10+35"的……①

这种类似文化侵犯的始作俑者的歹毒就在于，总是想把一种世界观强加于另一种之上。所以，他们也总是想方设法地通过自己的"优越"来证明被侵犯者的"低劣"，其主要手段不外乎"想重新证实这些神话，就是想展现自我。唯一的解决办法（其功能是作为一种防卫手段）是设想协调人同样具有他们自己的通常做法：操纵、征服及侵犯"。也就是说，"这种文化产生了此后让人内化的神话""从而期望避免（或者说尽可能地阻止）对现实进行彻底改造。反对话行动明显地或暗地里都想在社会结构中维持有利于其自身代言人的状况"，②这一行动模式就是要对被侵犯者"征服、分裂、操纵和文化侵犯"，"从根本上必然是一个诱导行动"③。——抓住社会追求GDP的心理特征，用一些诱人的词眼将被侵犯者诱导到他们预设的轨道上去。

一个比较可怕的情形更是在这样的文化侵犯中发生，"施行者（他们甚至不需要亲临受侵犯的文化，他们的行动越来越多地靠技术手段来完成）把自己强加于人民头上"，于是"那些被侵犯的人，不管其层次如何，都很少

---

① ［巴西］保罗·弗莱雷.被压迫者教育学［M］.刘建华，等译.上海：华东师范大学出版社，2001：90.
② 同①：112.
③ 同①：90-96.

超越侵犯者为他们设定的模式"。①在战略上，一些以课改专家自居的人"即使在像'你知道你跟谁说话？'之类的问题仍很流行的情况下还鼓吹人人平等的神话"，"这些神话是通过精心组织的宣传和标语，通过大众'传播'媒体传递给被压迫者的——仿佛这样的疏远构成了真正的交流"。②

另外，就如舒新城所言，因为数十年来无表率群伦，一些教育专家对于西洋教育固然无综合的彻底研究，而又不知其真正的优点所在；对于中国固有的教育制度、教育方法亦无确切的了解，而不知何者当弃、何者当取，只凭环境的驱策，徒然唱"中国旧东西是不够的，外国许多好处是要学的"，遂至教育上的一切常为囫囵吞枣地模仿，而不合中国社会的需要。

事实上，用"给传统课堂打零分"竭力推销某种模式的"专家"和"权威"们，就是通过这样夸张的言语"使被侵犯者深信自己内在的低劣"，他们深知"如果受侵犯者认为自己低劣，他们就会承认侵犯者的优越"，唯这些"专家"和"权威"是瞻，"侵犯越加剧，受侵犯者与自己的文化精神与自己本身越被疏远"，那么，受侵犯者就会渐渐失去自我，就会"越要表现得像侵犯者，走路像他们，穿戴像他们，连谈吐也像他们"。③弗莱雷这样的描述真是栩栩如生，现实中这样的被侵犯者还真不少，他们在这样的文化侵犯中早已经拿自己等同于侵犯者了。你一旦对某教育、某课堂发出什么质疑，他们就会下意识地窜出来叫上几声，犹如狂犬吠日一般。这样一想，这样的被侵犯者尽管可悲，但也着实有些可怜！

教育者的恐惧和压迫就是这样，有许多是来自外部的，但也有许多来自我们内心，因为我们内心的奴性，因为我们需要权威。于是，权威们的压迫也就无处不在了，各种各样的文化侵犯对我们也就自然而然地产生了效应。侵犯者就是这样通过征服、分而治之、操纵来实现他们的文化入侵。压迫者常常就这样"隐藏"在我们心中，使我们产生了双重人格，使我们对自由担惊受怕，一旦解放了学生和我们的双手，我们将会觉得不知所

---

① ［巴西］保罗·弗莱雷.被压迫者教育学［M］.刘建华，等译.上海：华东师范大学出版社，2001：112-113.
② 同①：80.
③ 同①：91.

措,于是我们就这样"受压迫者的鼓动","求助于那些神奇的说明和虚假的神论"。

入侵如今似乎已成燎原之势,作为被侵犯的一个区域、一所学校、一位校长、一个教师,我们总是强调行政权威实力强、日常工作压力大而拒绝阅读、拒绝思考,貌似无力反抗而向入侵者缴械;我们总是习惯于把造成被压迫、被控制的责任归咎于体制,而不会承认我们本身就是体制,至少是这样的体制的帮手。这就是我们的悲哀所在。

如何走出这种被入侵的境地?这就需要我们明白"任何社会存在都是通过矛盾的互相作用而得以自我发展(或自我改善)。外部条件虽然必要,但只有当其与这些潜力相一致时才起作用"。也就是说,我们要"不畏浮云遮望眼",在这特定的教育氛围中要想不被那些"改课领袖"们强加于我们头上的"新思想"所驯化,不被潜伏在我们心底的压迫者对我们构成的"词"所吓倒,就得通过自身的努力去改变和完善自己。有效途径之一是要坚持批判性反思,至少我们要明白"人既不能被出卖,也不能出卖自己"的基本道理。这样,我们才有可能不会被一些治标不治本的解决办法迷惑,才有可能对我们的学校和我们的课堂进行真正的改造。

模式化的风行更是一种教育压迫

现实生活中,人们为了使新的东西发挥效用,非常乐意为新东西命名,如新思想、新的生命感、新体育、新的客观性、新的经济领导等,似乎一加上"新"的字样,就具有了良好的价值判断,而不是"新"的那些则只配拥有被贬低的价值。即便人们对此什么也不说,但仍然有着清晰的理解力和判断力,并将它用于艰巨任务的思考上,其中谁比较明智也成为一种时髦的评价,今天这种评价已代替人存在的精神性。这就牵扯到我们对言语背后隐含的某种意识的判断问题。语言本是交流的工具,但既然是工具,就天然地具有局限性,如我们常听人说"妙不可言""只可意会,不可言传",还有《道德经》里最著名的那句"道可道,非常道"(凡是能用语言说出来的,都不算真正的道),都证明语言与人的精神活动的表达,具有不一致性和失真性。

从这一点看，作为教育人，我们必须提醒自己的是，无论什么时候，对各种时髦的言辞都不能迷信，更需要对自己的语言（口头语、书面语）选择慎之又慎、酌之又酌，只有当我们凝练自己的语言，做到"言有宗，事有君"的时候，才能尽可能精确地表达内容，以减少信息在传递中的衰减，甚至是误读。不过教育更大的困难，在于某些假托的语言构成了所谓的创新、科研、鼎革。倡导者，用心不可谓不良苦，技法不可谓不高明。利用新词、新术语大行其道，如果实在找不到合适的言辞，就用跨行业、跨地区的舶来语表述，以求实现所谓的从自我解构教育到自我重构教育的"理论发现"之路。当下正红火的"深度学习"（机器学习的术语）就是如此。"新瓶装旧酒"确实足以迷惑很多人，让人顶礼膜拜，仰而视之，继而为我们立山头、创门派张本。山头林立、门派纷呈的教育不乱才怪。

在这样的环境中，一个合格的教师必须有一双慧眼，能辨明浊清，识别"真假李逵"，让语言还原到它工具属性的"原味"上去，而不是把语言当作攫取名利的垫脚石。

我们不能忘记的是，教育在本质上，不是添加一个人原本没有的东西，而是发展他已有的东西。从这个意义上来看，教育是对人的一种"成全"。这种成全绝不是外界强加的，而是帮他觉醒，让他做自己该做的和能做的事。另外，这种成全更是个性化的，是无法"量产"的。要做到这一点，就需要让教育回到每一个人身上。中国人在形容真理时，有个很好的说法叫"至大无外，至小无内"。对教育而言，它也应该是无所不在的，应该是投射到具体的、鲜活的、有差别的每一个人身上。

教育，有超越时空、罔顾人性、漠视规律的模式吗？若是有，那恐怕又是一个中国式的教育迷信了。说起迷信，人人切齿，都自诩聪明伶俐，绝不上人家的当。但自秦汉以来，陈胜吴广的狐鸣鱼书、张角的太平道、孙恩的五斗米道、洪秀全的拜上帝会……难道还少吗？我们身处教育之中，总是幻想有一个"模式"可以将这个率那个率迅速提升，这可能吗？

用杜威的话来说就是，各人的观点、喜欢学习的对象以及处理问题的方式，都存在着个体差异。如果这些差异为了所谓一致性的利益受到压制，并且企图使学校中的学习和问答都必须遵循一个单一的模式，就不可避免地给学生造成心理上的混乱和矫揉造作。当然杜威所处的时代，正是美国工业化之初兴，工厂需要大量的熟练工人以满足日益增长的生存需要，所以，很多教育机构都将"教育"定位在"统一模式"上，定位在整齐一致的"标准化"上，也就是"我们的祖父母、父母，甚至我们自己的学校经验都是基于教学和学习的工厂模式"，"认为能够选择一种对所有的学生都有效的方法"好叫人一出校门就进厂门。难道我们还要重复百年前美国的老路吗？

杜威的伟大就在于他看到了人的创造力、独立性、差异性、发展性受到严重挤压而大加批判，呼吁教育的"民主主义"，呼吁教育应实现对"人"的尊重和成全。然而，我们有的教学在很多时候存在着对人、对作为个体的学生的漠视。

压迫和侵犯为什么有市场

弗莱雷在《被压迫者的教育学》中有这样一些很有意思的话："各种思想、观念、希望、疑虑、价值观、挑战等与其对立面辩证地相互作用，都试图得到充分展开，这构成每一个时代的特征。这些思想、价值观、观念及希望等的具体表现，外加上阻止人的全面人性化的障碍，构成一个时代的主题。这些主题隐含着相对的或甚至是相反的主题；这些主题也显示了有待实施和完成的任务。"于是，一个时代各个关联的主题的集合体就构成了这个时代的"主题域"。面对处在辩证矛盾之中的"主题域"，人们总是采取同样矛盾对立的立场："有些人努力维持现有结构，另一些人则努力改变这种结构。随着表现现实的各种主题之间的对抗性的加深，就会出现主题和现实本身被神化的趋势，形成一种非理性的和宗派主义的气氛。"[①]

在当下这样纷乱的教育现实世界中，为什么会有那么多堆山造势甚至造神的情况出现？原因是在致力于改变现有结构与反对人群的矛盾对抗的情况下，打着"改革"旗号的伪教育人，看到与理智的改善者和古板的守旧者间复杂的纠缠之中有利可图，于是类似这语文那语文，这模式那模式的一出

---

① [巴西]保罗·弗莱雷.被压迫者教育学[M].刘建华，等译.上海：华东师范大学出版社，2001：48-49.

出"鹬蚌相争,渔翁得利"的闹剧就这样上演了,主题和现实本身就这样被神化了,非理性的和宗派主义的气氛就这样裹挟了我们的教育,尤其是从事基础教育的校长和教师,当然也不乏教育行政官员与政府官员。我们看到、听到的那些教育神话,之所以会有市场,会让我们信以为真,那是因为"当人缺乏一种对现实的批判性理解,以局部去理解现实时,就不能真正地认识现实"①。

也就是说,在每个家庭只有一个孩子、每个孩子就是一个家庭的希望——这样的社会现实和现行的教育评估体系下,无论是官员还是学校,甚至是作为个体的教师,都希望得到一个好的教学业绩,以表现我们的教育是"人民满意的",我们的眼睛也就有意无意地盯在了"效益"上。于是,一旦有一个"效益超群"的提法出来了,我们是不会去思考它的真伪,尤其是不会从长远的角度去审视它究竟对人的生命生长是滋补还是毒害。那些教育界与非教育界的"张悟本""大忽悠"什么的也正是看到了这些人性的弱点,不仅给我们推出了一个又一个教育神话,更是不遗余力地忽悠叫唤,他们还知道,这个世界上谁的嗓门高,谁就貌似掌握了真理,而一旦神话传播开来,它就是真理了(就如某前辈在我质疑果真有某派教育活语文时回我的那句"说着,说着,就有了")。那时候,你还就质疑不得,仿佛你一质疑,你就不靠谱了。因为他们有阵地,把持着话语权,所以他们许多时候总是振振有词,实在不行,骂街就是。那些神话的既得利益者是很清楚他们"未经检验的可行性""是一个危险的有限境况",所以他们容不得你去质疑和反思,一旦你有所质疑与反思,他们必然会采取行动以维持他们的"真理"。这就是他们的一套逻辑与哲学。

"在这样的情况下,制造神话的非理性本身就成了一个基本的主题。"这样的情形下,就更需要其"对立主题"的出现和坚持,即用"批判性的动态的世界观","竭力去展示现实,揭露神化的本来面目"。②努力使教育回到它本当有的尊重生命、面对现实、成全生命与丰富生命色彩的轨道上来。

---

① [巴西]保罗·弗莱雷.被压迫者教育学[M].刘建华,等译.上海:华东师范大学出版社,2001:48-51.
② 同①:49.

弗莱雷提醒我们的是，"有限境况意味着这些境况直接或间接地面向人的存在，也意味着这些境况所否定和控制的人的存在。一旦后者把这些境况看作是存在与更人性之间的界限，而不是存在与虚无之间的界限，那么他们就会开始把他们越来越具有批判性的行为指向获取上述看法中所隐含的未经检验的可行性"[1]。也许有人会用那一两个复制的神话来印证这"有限的境况"的"真实性"，这就更需要我们用教育人本当有的理性，用我们的批判性的行为去揭开它们的真面目。要相信，"当批判性认识在行动中得以体现时，就会形成充满希望和信心的氛围"[2]。关于这一点，在《高中语文课标》中有多处提及。

教育上的错误是无法挽回的

洛克有这样一句名言："教育上的错误更不能纵容。教育上的错误就像一开始调配东西一样，第一次弄错了，绝不能第二次、第三次再去补救，它们日后带来的无可救药的污点是整个一生都洗刷不掉的。"[3]有人说洛克的这句名言谈的是个体和全局如何对待错误，所以教育应该多样化，百家争鸣，百花齐放，在碰撞中迸出火花，容错但能及时修正。可我认为这句谈的应是如何对待教育的失误问题，强调的是教育是容不得错误发生的，教育的错误与其他行业的错误的区别就在于它是无法弥补的。这句话更多的是提醒我们，教育要尊重规律、恪守底线，不能动不动就玩什么新花样。教育需要一点保守主义，当我们决定出台一项政策、采取一种举措时，要慎之又慎。

洛克提倡对孩子说理，他所谓的说理，是以适合儿童的能力与理解力为限的，背离孩子实际情况的长篇大论的哲理规训，只会让孩子迷迷糊糊，如坠雾里。洛克的建议是我们应该把孩子当作理性的动物来对待，你的举止应当温和，即使惩罚时，态度也要冷静，使他们感觉到你的做法是合情合理

---

[1] ［巴西］保罗·弗莱雷.被压迫者教育学［M］.刘建华，等译.上海：华东师范大学出版社，2001：49.

[2] 同①：47.

[3] ［英］洛克.教育漫话［M］.郎悦洁，编译.武汉：武汉出版社，2014.

的，对他们来说是有益的而且必要的，而不是随心所欲的心血来潮或者是异想天开。①但必须使他们明白，用极少的极明白的措辞表达出来。这就是说，教育者要用温和的举止，在如浴春风般的氛围中让孩子们明白我们的心意，当他们犯错时，我们要冷静对待，要想方设法用他们能够接受的方式让他们明白我们的举动是有道理的，同时对他们也是有帮助和有用处的，而不是简单严苛的阻止和训斥。教育要想打动学生，达成我们期待的作用，所采取的教育方式应当是简单易行的，所讲的道理应当是浅显易懂的，教学同样如此。实际上，教育要从学生的年龄、性情、喜好出发。背离学生的年龄、性情、喜好的"教育"，是错误的，是无法挽回的，也是会影响他们一辈子的。

所以在蒙田看来，好老师需要具备的条件是"根据孩子智力的实际发展情况，交给他独立欣赏，让他自己去识别和选择事物；有时带领他前行，有时则放手让他自己去摸索"②。教育教学不是只可以用一种固化的模式，而要从实情出发，也要有多重的选择。所有的问题，并不是靠版版六十四（宋时铸钱的模子，每版六十四文，不得增减，形容做事死板）的流程来解决。教育如果用一个模子把大家都铸得一模一样，就会对人身乃至人心形成某种专制和恐惧，让我们的孩子丧失应有的想象力和创造性，使他们成为服从的工具。

如果我们真的是为了孩子的未来着想的话，我们就会发现唯效益是从的"高效课堂"不说是庸医给教育开的一味毒药，至少是一味错药，不仅会危害孩子，甚至可能危害我们的民族。这是绝不能假借"百家争鸣，百花齐放"为名来纵容的。

教育本是培养人、使人成为人的事业。教育教学应该有它基本的原则和方法。但既然是原则、方法，原则的应用、方法的组合本就应该是灵活、多样、综合的，而不是固定、单一的。我所理解的教学模式跟教学原则、教学法、教学流程、教学设备等的关系，就好比是一只多功能的大包跟包里许许多多规格不一、尺寸不同的小包的关系一样。一只一只的小包放在哪个位

---

① ［英］洛克.教育漫话［M］.郎悦洁，编译.武汉：武汉出版社，2014.
② ［西］费尔南多·萨瓦特尔.教育的价值［M］.李丽，孙颖屏，译.北京：北京大学出版社，2012：167.

置、里面放什么、怎么放，这应该是教师个性化的创造，更应该是教师建立在对学生、对教材、对课堂的深刻认识的基础上的一种娴熟的、下意识的机智的应变能力。这样的教学才可能是尊重人的，才是个性化的；这样的教学才不是技术，才有可能成为艺术；这样的教学才可能使每位教师的专长得以充分展示，使学生的潜能有可能得到开发，使他们的个性有可能得到张扬。语文教学绝不例外。

第四篇

有趣的教学是在良好的生态中发生的

第一讲　在特定的情境中展开语文教学

马克斯·范梅南有这样的提醒:"教育学对情境非常敏感。""教育行动所需的知识应该是针对具体的情境而且指向我们所关心的具体孩子。"①

如何理解"情境""情境教学""情境教育"

情境,一般指在一定时间内各种情况的相对的或结合的境况,包括戏剧情境、规定情境、教学情境、社会情境、学习情境等。与"情境"相关的词语,还有"情景"。情景,一般指感情与景色,也指具体场合的情形、景象。从词义上说,"情景"和"情境"之间的区别是,"情景"的"景"是具体、直观和吸引人的;"情境"的"境"是指构成和蕴含在情景中的那些相互交织的因素及其相互之间的关系。从内涵看,"情境"要比"情景"丰富、复杂得多。从教学的角度来看,无论是"情景"还是"情境",都不是观赏性地停留在表面,而是为了深入研究其背后的东西,找出与教学内容有关的线索。许多时候我们说的"情景",其实指的是"情境"。我觉得这是可以理解的。"情境"一词,由社会学家威廉·托马斯首先提出,并作出解释:情境可以是真实的,如人们周围现实存在的他人或群体;情境可以是想象的,指在意识中的他人或群体,双方通过各种媒介载体以传递信息进行相互影响;情境还可以是暗含的,指他人及其行为中所包含的一种象征性意义。布朗、柯林斯、杜盖德在《情境认知与学习文化》中指出,知识与活动是不可

---

① [加]马克斯·范梅南.教学机智——教育智慧的意蕴[M].李树英,译.北京:教育科学出版社,2014:46.

分离的,活动不是学习与认知的辅助手段,而是学习整体中的有机组成部分。① "情境认知"是认知心理学家的惯用术语,主要关注个体认知与环境间的关系。否定了人与环境的相互协调,只见个人或是只见环境,即单方面的孤立真实的认知条件,是不正确的认知方式。情境认知要将知识和行动同步引入学习者的文化建构中,通过在合适的情境中进行活动和运用来促进学习者理解和把握知识。

《教育大辞典》对"情境教学"的解释是:"运用具体生动的场景以激起学生主动学习兴趣、提高学习效率的一种教学方法。以口语为基础,借助环境氛围、动作表演等使学习内容与相应的情境相结合,有助于学生从整体结构上感知和把握学习内容。其教学方法最早用于外语教学的口语训练,以后扩展到其他学科。"对"情境教育"的解释是:"教育方式之一。通过一定事件的形象描述或一定环境的设置、模拟,激发学生的情感和思维,使学生产生如历其境的逼真感,以达到一定的教育目的。"所谓"教学情境",一般是指教师在教学过程中创设的情感氛围。但如果从字面上说,教学环境中的"境",既包括学生所处的物理环境,如学校的各种硬件设施,也包括学校的各种软件设施,如教室的陈设与布置,学校的卫生、绿化,以及教师的技能技巧和责任心等。而学习情境主要指在学习获知过程中,运用想象、手工、口述、图形等手段使获知达到高效,通常这种情境伴随时代的发展而会有不同程度的创新。

我们说的"情景学习",按照《情景学习:合法的边缘性参与》的说法是,通过参与前进中的社会世界,建立有关社会实践、实际运用、活动和人类认知的理论,是社会科学中一种长期的马克思主义传统,它通过建立有关当代人类学和社会学的理论非常直接地影响着我们。② 具身认知理论则告诉我们,身体和环境会对人的想法和表现造成巨大的影响。具身认知主张大脑、身体和环境构成一个密不可分的动态统一体,"必须把认知工作下放到环境中,它是基于感觉处理和运动调节的适应机制进行的"。"学习不仅仅处

---

① 张振新,吴庆麟.情境学习理论研究综述[J].心理科学,2005,28(1).
② [美]J·莱夫,E·温格.情景学习:合法的边缘性参与[M].王文静,译.上海:华东师范大学出版社,2004.

于实践之中——就像它仅仅是发生在某处的一些独立的、可具体化的过程；学习是栖居世界中有能动性的整个社会实践的一部分。"认知是大脑、身体与环境周期性耦合的结果，所有的认知都是由社会文化情境"塑造"出来的。因此，情境不仅是认知的影响性因素，更是动态认知系统的构成性要素。认知不是脱域的、抽象的符号运算，而是特定社会文化情境下的产物。"没有一种活动不是情境性的。"①

国外教育实践研究者于20世纪80年代开始对基于情境学习的教学设计、教学策略进行探讨，并进行了一系列的课程开发尝试，比较典型的如温特贝尔特大学的认知与技术小组在1990年启动开发的贾斯珀系列；1993年3月，美国权威杂志《教育技术》开辟专栏对情境认知与学习进行探讨；1996年，希拉里·麦克莱将这些论文以《情境学习的观点》为题结集出版，这本书可以看作对情境认知和学习的理论与实践研究的阶段性总结，研究的突破主要表现在情境学习与计算机教育、情境学习与课堂教学、情境学习的评价以及一些案例研究与开发等。此后，有关情境认知和学习的理论与实践研究渗透到教育研究的各个领域，包括基础教育、高等教育、远程教育、成人教育、网络教学等。

国内的情境教学研究主要有江苏省南通师范学校第二附属小学语文特级教师李吉林老师，经过20多年的教育理论与实践上的积累，创造性地构建了充满本土气息和时代精神的教学理论与实践体系——情境教学。李吉林认为情境教学具有"形真""意切""意远""理寓其中"四个基本特点。在实践操作上，她通过不断探索、总结，逐步形成了以"美"为突破口，以"情"为纽带，以"思"为核心，以"练"为手段，以"周围世界"为源泉的情境教学操作模式。贵州师范大学数学与跨文化数学教育研究所汪秉彝、吕传汉两位教授带领他们的研究生自2000年以来，相继在西南地区的150所中小学开展了"数学情境与提出问题"的教学实验。他们提出数学教学的基本模式应是：创设数学情境—提出数学问题—解决数学问题—注重数学应

---

① ［美］J·莱夫，E·温格.情景学习：合法的边缘性参与［M］.王文静，译.上海：华东师范大学出版社，2004.

用,强调通过数学教学情境的创设,培养学生提出问题的能力,最终达到培养学生创新意识、创新精神的目的。2001年华东师范大学课程与教学研究所进行了情境认知教育的专项研究,徐斌艳老师对基于旅游情境的教学案例进行了研究,探讨了抛锚式教学模式在数学教学中的应用,阐述了抛锚式教学的特点:(1)教学情境的真实性;(2)教师作为引导者、支持者和学习伙伴;(3)学生之间的有效合作;(4)教学的"无序"性。王文静、郑秋贤则进行了基于情境认知的美国数学学习案例研究,也就是美国建构主义教学模式的典型案例——贾斯珀系列,得到两点启示:(1)创设有意义的数学学习情境,促进学生主动学习,加强学校数学与日常生活之间的联系;(2)强调情境认知意义的同时,也应该处理好认知与学习的情境化与非情境化之间的关系,寻求更有利于学生认知发展的课堂教学结构,培养更具创新能力的人。

特别值得一提的是,高文教授立足学科并借鉴西方的理论,进行了课堂教学方面的研究,在中小学开发典型案例研究,与学校一线教师通力合作,进行了一系列基于情境的教学案例研究,取得了较大成果。对作为教学模式的情境学习与情境认知的研究,源于研究者对成功的学习情境的观察。这些研究证明只有当学习被镶嵌在运用该知识的社会和自然情境中时,有意义学习才有可能发生。为此,这是以通过活动和社会性的互动使学生达到文化适应这一真实的实践目的而设计的教学模式。高文教授在《情境学习与情境认知》一文中特别强调情境的真实性。他认为教学模式设计的关键特征是提供真实与逼真的境遇以反映知识在真实生活中的应用方式;提供真实与逼真的活动,为理解与经验的互动创造机会。具体来说包括:提供接近专家以及对其工作过程进行观察与模拟的机会;在学习中为学习者扮演多重角色、产出多重观点提供可能;构建学习共同体和实践共同体以及支撑知识的社会协作性;在学习的关键时刻应为学习者提供必要的指导并搭建"脚手架",促进对学习过程与结果的反思,以便从中汲取经验,扩大默会知识;促进清晰表述以便使缄默知识转变为明确知识;提供对学习的真实性、整合性评价。他还提出基于情境学习与情境认知的教学模式有抛锚式教学、随机访问教学、认知学徒制以及基于交互式多媒体的教学等。

抛锚式教学有时也称"实例式教学"或"基于问题的教学"。这种教学要求学生到实际的环境中去感受和体验问题，而不是接受经验的间接介绍和讲解。在实际情境中一旦确立一个问题，整个的教学内容和教学进程就被确定了（就像轮船被锚固定一样）。随机访问教学主要借助创设认知弹性超文本系统进行，同时，它也十分重视跨学科背景下的开放性、可视化学习环境的创设，并由此鼓励学习者自己对知识积极探索与建构。认知学徒制是由美国认知心理学家柯林斯和布朗等于1989年提出的一种教学模式或学习环境。它是一种非常有效的教学模式和学习环境，能促进学习者高级思维技能的获得和知识的迁移。所谓"认知学徒制"，是指将传统学徒制方法中的核心技术与学校教育相结合，以培养学生的认知技能，即专家实践所需的思维、问题求解和处理复杂任务的能力。在这种模式中，学习者通过参与专家实践共同体的活动和社会交互，进行某一领域的学习。认知学徒制注重构成学习环境的四个维度：内容、方法、顺序及社会学。

这种教学方式遵循以下原则，组织支持建构学习的教学：（1）为学习者提供知识的多重表征并鼓励学习者对知识进行多种方式的表征；（2）教学设计应注意构建由概念与案例交织组成的十字形，以保证知识的高度概括性与具体性的结合，增强知识的弹性与迁移性；（3）在条件许可时，教材应尽可能保持知识的真实性与复杂性，促进学习者大胆探索与发展建构的能力；（4）教学应基于情境、案例、问题解决，强调学习者对知识的建构，而不是信息的传递与接受；（5）作为教学内容的知识源不是分割的和各自为政的，而应是高度联系的知识整体。"随机访问"即自由地、随机地从不同角度访问、探索、建构同一内容。这实质上是"换一个角度看问题，换一个情景解决问题"的教学模式。①

J·莱夫认为学习是在社会中的存在方式，而不是打算认识它的方式。学习者如同观察者一样，更为普遍地投入他们的学习语境中，也投入这些语

---

① ［美］约翰·D·布兰思福特，等.人是如何学习的：大脑、心理、经验及学校［M］.程可拉，孙亚玲，王旭卿，译.上海：华东师范大学出版社，2013.

境得以产生的更为广阔的社会中。没有这种投入,学习就不会发生。当这种合适的投入得以维持时,学习就会发生。正如理论的制定是世界中的一种实践形式,而不是离开实践的一种沉思,学习同样也是一种实践,或一系列实践。

综上所述,教学情境是指具体的教学情形(用加涅的话来表述,就是具体的教学事件)、特定的教学场景与教学环境(不排除师生的情绪与心境,更不排除与教学内容相关的背景资料与实际的教学资源)。情境教学,是在这具体的教学情形、特定的教学场景与教学环境中的教学活动。格里诺等人认为,情境认知与其说是一种认知,不如说是唯一的认知——不存在一个对应于非情境方法的教/学的情境方法,所有的教/学都是情境性的,问题是情境的特性是什么。我则主张情境的主要特性在于为教学服务,更多地应该关注具体学习过程中发生的那些场景。

任何教学都是在具体的情景中展开的

我认为,任何教学都是在具体的情景中展开的。这情境,按《高中语文课标》的说法,必须是"真实的",而非预设的或虚拟的。如此,我们也就可以理解,为什么许多时候人们会有意无意地将情景等同于情境了。按照马克斯·范梅南所说,生活中充满着许多轶事,"我们可以整天讲述这样的故事。这些情境都是年长者和年轻者的共同经历。事实上,生活中的轶事反映了非常特别的经历。我们认识到它们就是及时成长的时时刻刻的各种关系、情境和相互交流"。"我们如何来称呼这些事件呢?这些情境很不一样,但他们都有某些共同之处。我们可以将这类似的情境叫作'教育''抚养孩子''教学''帮助孩子发展和成长'。也许,针对某一件具体轶事,某一个具体名称会更恰当一些,但我们可以看到一些共同点:每一个情景都是讲述一件发生在年长者和年幼者之间(一位成熟的人和一位尚不成熟的人,一位有经验的人和一位还没有经验的人之间)的事。在每一个实例中都有某种相互影响的复杂性。年长者和年幼者之间相互影响。在这儿,我们对年长者之于年幼者的影响有着特别的兴趣。它具有形成孩子生存和成长的各种可能性的品质。

同时，这种影响是指向特定方向的。"①我理解的"特定方向"，就是具体的教育目标、教学任务。

以苏教版六年级下册第17课的《山谷中的谜底》为例，如果在海南或者广东教这篇课文，至少需要通过图片或视频补充关于雪的背景知识，以帮助学生理解文本的特定情境，进而理解文本的主旨。因为，这两个地方几乎不下雪，学生不具备这样的背景知识。在我看来，这里提供的图片或视频既不属于预设，也不属于虚拟，而是对加拿大魁北克省那条南北走向山谷真实情景的视觉补充。不补充，学生就无法理解这篇文字。下面是这篇课文的具体内容：

加拿大的魁北克省有一条南北走向的山谷。山谷没有什么特别之处，唯一引人注意的是，它的西坡长满松、柏、柘、女贞等杂树，而东坡只有雪松。

这一奇异的景观始终是个谜，谁也不知道谜底是什么。

1983年的冬天，大雪纷飞，有两个旅行者来到了这个山谷。他们支起帐篷，望着漫天飞舞的大雪，突然惊奇地发现，由于特殊的风向，山谷东坡的雪总比西坡的雪来得大。不一会儿，满坡的雪松上就积了厚厚的一层雪。当雪积到一定程度时，雪松那富有弹性的枝丫就开始向下弯曲，于是积雪便从树枝上滑落，待压力减轻，刚弯下去的树枝又立即反弹过来，雪松依旧保持着苍翠挺拔的身姿。就这样，反复地积，反复地弯，反复地落，反复地弹……不论雪下得多大，雪松始终完好无损。谜底终于被揭开了：东坡雪大，其他那些树，因为没有雪松这个本领，树枝都被积雪压断了，渐渐地丧失了生机。而西坡雪小，树上少量的积雪根本就压不断树枝，所以除了雪松之外，柘、柏、女贞之类的树种，也都存活了下来。

帐篷中的旅行者为自己的这一发现感到高兴。一位说："我敢肯定，东坡也曾长过杂树，只是由于不会弯曲才被大雪摧毁了。"

---

① [加]马克斯·范梅南.教学机智——教育智慧的意蕴[M].李树英,译.北京：教育科学出版社,2014: 14-15.

过了一会儿，另一位像突然明白了什么似的，说："我得到了一个启示——对于外界的压力，可以通过正面抗争去战胜它，但有时也需要像雪松那样先弯曲一下，作出适当的让步，以求反弹的机会。"

确实，有时弯曲不是屈服和毁灭，而是为了生存和更好地发展。

范梅南强调教育学对生活经历的背景十分敏感，在谈到情境与教学的关系时引入了许多儿童的生活故事，这些儿童生活故事让我们明白，教师必须尽可能地搞清楚我们面对的具体的学生具备怎样的能力，有些怎样的遭遇，家庭背景如何，他所接受的家庭教育怎样等。如果我们不了解，那么我们采取的所有教育行动，就有可能是劳而无功，甚至是适得其反的。

《教育心理学：理论与实践》中，有这样一个案例：

维罗娜·毕晓普的生物课上正在讲关于人类学习的单元。在一节课之初，毕晓普让学生实际参与了一个实验。她通过投影将下图所示的信息加工模型给学生呈现3秒钟。之后，要求学生回忆所看到的东西。有些学生说看到了框图和箭头，还有些学生说看到了记忆和遗忘等文字，并且推断这张图与学习有关。甚至还有一个学生说看到了学习这个词，尽管该模型图中并没有这个词。

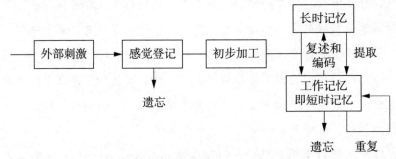

信息加工流程（阿特金森—谢夫林模型）

"好！"毕晓普说道，"你们真正看到的实际上比这还要多！你们或许没有注意到自己注意到的都有什么。比如，你们闻到什么气味了吗？"

全班同学都笑了，他们回忆起闻到了学校餐厅里炒西兰花的气味。根据毕晓普的说法，学生们开始回忆自己注意到的、与这幅模型图无关的其他细节：卡车驶过的声音、教室中的环境细节以及其中的师生等。

讨论完后，毕晓普说："大脑是不是很令人吃惊？仅在短短3秒钟的时间里，你们接受了大量的信息。尽管是在我的提醒下你们才知道自己注意到了西兰花的气味，但是它无论如何都储存于你的头脑中。在3秒钟内你的大脑已经开始解读图中的信息了。比如，谢里尔认为自己看到了单词'学习'，尽管模型图中根本就没有。这是因为她看到了与'学习'有关的单词记忆，所以大脑就跳到了'学习'这个词。"

"现在想象你能永远记住在看图形的3秒内出现的所有信息：箭头、框图、单词、卡车、西兰花——一切。这样吧，想象自己能够记住进入大脑的所有信息。那会是什么样呢？"

"会成为一个天才。"桑凡抢先说道。

"会发疯的。"贾马尔反驳说。

"我认为贾马尔更接近正确答案，"毕晓普说道，"如果你的头脑中塞满了这些无用的垃圾，你将变成一个头号傻瓜。有关学习，我们要了解的最重要的一点是：学习是一种主动的加工过程，它关注重要信息，摒弃不重要的信息，并且利用我们头脑中已有的知识经验来决定其重要与否。"

毕晓普再次利用投影仪将模型图呈现出来。

"在详细地学习这个示意图时，你将运用已有的关于学习、记忆、遗忘以及图表等方面的知识来理解它。我希望你们能一直记住这个模型所展示的要点。也许过不了多久，你们将会忘记箭头和框图，甚至西兰花的气味也将从你的记忆中渐渐消失。但是，图中那些有意义的部分和那些能回答你所关心的问题的部分，可能会终生留在你的记忆中。"[1]

罗伯特·斯莱文强调，情景记忆，是关于个体亲身经历的记忆，是对我们看到或听到的事情的心理再现。当你记起昨天晚上吃了什么，或者在学

---

[1] [美]罗伯特·斯莱文.教育心理学：理论与实践（第10版）[M].吕红梅，姚梅林，等译.北京：人民邮电出版社，2016：136-138.

校举办的舞会上所发生的事情时，你正在回忆储存与常识、情景记忆中的信息。从一个情境到另个情境的学习迁移依赖于在最初情境中对知识或技能的掌握程度，也依赖于最初学习的情境与后来应用的情境之间的相似程度。这些在20世纪初就为人知晓的原则对教学有重要的意义。

我在河南南阳市第一中学指导高一学生学习《写人要凸显人物个性》，进行人物描写练习时，首先给学生们呈现了《三国演义》中对诸葛亮肖像描写的片段，让学生说说写的是谁。接着请他们简单介绍一下他们的班主任，呈现了两段写老师的文字片段供他们欣赏，问了这样一个问题：为什么我们说的老师都差不多，而这一组老师却风神潇洒、令人印象深刻？然后请他们快速阅读教材中的《人性的光辉——写人要凸显个性》，让他们概括出可以从哪些方面凸显人物个性。最后在此基础上呈现了陈兴才老师写我的文字，让他们讨论写得怎么样，请他们尝试写今天课堂上见到的凌老师。不少学生的当堂作文相当出色。罗伯特·斯莱文认为，我们"不能想当然地认为迁移可以自动发生。某个学生在一种情境中掌握了一种技能和概念，这并不能保证在任何情况下该学生都能将习得这一技能或概念运用到新的情境中，即使这个新的情景看起来（至少对教师而言）与原来情境非常相似"，"从一个情境到另一个情境的学习迁移，依赖于在最初情境中对知识和技能的掌握程度，也依赖于最初学习情境与后来应用情境之间的相似程度"。因此，"我们必须在与真实生活中可能遇到的情景很相似的情境中教他们去运用技能，或者在我们期望能够发生迁移的情境中去教他们应用技能。学生要想应用学校里学到的大部分技能与知识，他们就必须接受具体的教学指导，以学习如何运用知识和技能去解决问题，并具备各种问题解决的经验"。①

如果我们能够从现象学视角去思考与把握，那么任何平常的经验都可以转化为教学资源，试想这些都是孩子们的亲身经验，而且是当下或者最近的经验，他们会无话可说、无文可写吗？马克斯·范梅南说："从某种意义上

---

① ［美］罗伯特·斯莱文.教育心理学：理论与实践（第10版）[M].吕红梅，姚梅林，等译.北京：人民邮电出版社，2016：195.

说所有现象学都是指向实践的——生活的实践。"①"生活经验"始终是一个方法论概念。我以为这个论断是对杜威的"教育即生活"的很好的诠释,也为我们正确地理解情境与教学提供了一种思想方法。"现象学追问'我们亲历的,或者被给予到我们经验、意识当中的某个具体经验的本质、意义、含义,特殊性或独立性是什么?'""这经验如何将自身呈现为独特的现象或事件。"②

说与听,读与写的指导要想达到目的,有效路径之一是教师与学生一起还原,引导他们回到事情(事件)本身,如同亲历经验一般(即详尽的回忆、再现经验),邀请他们"像第一次遇见一般,去看待它们",怎么可能无话可说呢?马克斯·范梅南指出,"现象学的价值在于,它将人类如何经验世界放在首位"。这就是我为什么不主张文科教学,尤其是语文教学一味地在设置情境上绞尽脑汁的原因。从教育现象学视角审视"情境教学""情景学习"与"情境教育",或许理解会更深入一点。

回到事物本身的教学指导才可能是有效的

2021年1月,有位家长在微信上给我留言,他孩子上高二,期末考试后成绩不理想,尤其是语文,孩子也很努力,但学习方法可能有点问题。老师也和孩子谈过,但孩子不大接受。他咨询了在一所重点中学任教的同学,这位同学建议他让孩子找我聊聊。

我回:可以,谢谢信任!那天晚上接到孩子电话,我先问他:"是高中阶段语文不好了,还是初中阶段就不好?"孩子说:"初中就不好。"再问:"小学呢?"孩子说:"也不怎么好。"于是继续问:"这些年来除了教材还读了什么书?除了规定的作文,写不写些文字?"孩子坦陈:"基本没有。"我问他:"平时跟人聊天吗?是听人聊,还是自己主导着聊?"孩子说:"聊,一般是自己主导聊。"我又问:"那么别人聊,能弄明白他们的意思吗?"孩

---

① [加] 马克斯·范梅南. 实践现象学:现象学研究与写作中意义给予的方法 [M]. 尹垠, 蒋开君, 译. 北京: 教育科学出版社, 2018: 71.
② 同①: 31.

子说:"能!"

感觉这孩子蛮自信的,于是我同他谈了四点看法。一是,语文无非听说读写,现在他的情况是听和说没问题,读和写没跟上,而且"欠账"日久。但还有一年半的时间,想应付高考,也不是来不及。我家姑娘当年应付高考实实在在的也就是高三那一年。当然,现在的情况跟那个时候不一样,但他现在考虑改变已经比我家姑娘多了一年多的时间。二是,既然能说会道,也能听懂别人的意思,为什么不选择将一些"得意之聊"通过文字呈现呢,一周哪怕完成那么一篇。孩子问,写多长?我说,从功利视角考虑,总要800字左右。少一点没关系,但观点要鲜明,行文要严谨。尤其是在记录别人的言辞时,要写清楚他的观点是什么,用什么支撑的,自己赞成不赞成,理由有哪些。我接着跟他讲,这些年来的高考作文,有以议论文为主的趋势,而且有点类似于公务员招考时考的"申论"——给你一个情境,让你分析并提出解决问题的意见和建议。三是,建议每天读一篇短文,一周内兼顾文学、科技文、议论文、说明文等不同文体。可以选一些大家的文集,也要关注热点事件的新闻报道。只读不行,还要从功利目标出发,想想这篇文章如果用作高考的材料,命题人可能会怎么出题,高考阅读的题型基本是固定的。四是,高考作文按老师的要求去做。尽管我反对高考的作文套路,但必须正视"欠账"太多的事实,现在不是谈长远之计的时候。

然后,孩子问了我一些具体的问题。一是,同学们写得好的作文,老师一般给50来分,进不了一类作文。我说,能进一类的作文本来就不多,但坚持每周写一点文字,尽可能往老师的要求靠,一年半后得到50来分还是可能的。二是,文言文阅读考试的应对问题。我说:文言文要积累,要考虑今古之别。鉴于"欠账"太多,接下来背100首经典作家的代表性诗词,熟读、背诵几十篇文言散文。要注意的是,在读的过程中要有意识地用课本中学到的字词句的知识与文化常识去转换。他问是不是要一个字一个字、一句一句地弄明白。我回答是的。

我给家长留言:总体感觉,孩子心态不错,可以沟通,只不过我们找不到沟通的切入点而已。家长回复:跟孩子通过电话了,孩子已经意识到自己的问题了。后来听说这孩子高考结果还是比较理想的。

无论同什么人沟通,不要漫无边际地讲大道理,道理是要从现实与具体情况出发的。人的认知总是在具体情境中发生的,偏离了具体情境的道理是不容易让人接受的,何况我们面对的往往是不谙人事的学生。交流需要的是互动,不能居高临下,而要靠船下篙。课堂上有效对话的发生,也是重要的具体的真实的情境。

一位年轻的朋友看到我给那位中学生的建议后问:"你这样的建议不担心授人以柄吗?"我笑了,有什么可担心的?文字贴出来就要有被人批判的心理准备,谁也不能保证自己的文字完全正确,自己需要审视的恐怕是这表述背后的逻辑与个人知识是否一致,是否前言不搭后语。在我看来,即便是个人知识更迭,一个人前前后后的表述也应该是在一个基本的轨道上的。关于教育的目的,尽管不同的人有不同的立场,但不外乎为集体或者为个人;无论是为集体还是为个人,其落脚点最终还是人,需要促进人的发展。人是具体的,人的发展需要基本的载体,这载体首先是知识,因为没有知识就不可能有能力,也不可能有深入的思想。换言之,离开了知识的技能与思想就如无源之水、无本之木。人的发展首先是通过知识的学习与获取实现的。

胡赛尔的现象学主张"回到事情本身","事情本身"意味着事情或认识不带有固有的前见,而单纯就事情本身的显现把握事情,这意味着回到原初的经验。教育工作如果不能从学生的实际需求出发,不遵从学生个体的认知,不关注学生的功利目标,如何能够让学生形成技能、发展思维,又如何能让学生提升境界,形成某种价值观?我有个基本观点:不重视促进学生掌握与理解知识的教师是不尽职的,无视功利目标的道德教育是虚伪的,也是与教育的目的背道而驰的。教育现象学立场的"情境"必须是真实的。教育现象学与现象学的关系在于教育现象学从现象学哲学和方法中获得灵感,直面教育的生活世界本身,去探寻"教育现象"(教育生活体验)的本质与意义。按照马克斯·范梅南的观点,教育现象学研究要求我们具备一种解释能力,以对教育现象作出解释性理解,从而理解与孩子共处情境之中的教育意义。如果教学偏离了真实的情境,那么就不可能引导出学生身处真实情境中必须具备的理智的认知与行为方式。按奥斯汀的观点，我们无论说什么，总是同外界的情形密切相关的，无论用什么词，总是与实际的情形相关的。人们只有在自己的语言和外面的世界保持适当关系时，言说才是适当的，或者说才可以正常发挥。杨玉成老师在《奥斯汀：语言现象学与哲学》中说，按照奥斯汀的观点，"说就是做，言就是行，言语行为是世界中发生的事件，是我们介入实在之中的一种特殊的'实践'，因而在言语行为中，言语和世界在一个统一的、可以公开观察的行为中结合起来。在实际生活中，语言表现为言语，而言语是世界之中的，与世界不可分的一种活动"[1]。如此，我们更可以坚信：至少言语教学的情境，必须是真实的，而且许多情况下是随着当下的教学进程（真实的世界）展开的。

需要说明的是，尽管我不主张预设情境，尤其是虚拟的场景，但按照奥斯汀的观点，人们认识别人的心依赖于自己过去的经验和熟悉的程度，人们要知道、感受和理解别人的感受，自己应该有过这样的感受或经验，还要想象他人的感受。在学生没有真实经验的情况下，也不是绝对不可以预设或模拟情境的。在海南、广东等地，教小学生《山谷中的谜底》这样的文字，鉴于这些地方的学生不太会见到雪，教师必须为他们提供间接的经验，当然如果能创造某种条件让他们"现场感受"到作者的感受，可能更佳。从这个角度思考，我们对借助现代科技手段模拟场景还是应该抱有期待的。马克斯·范梅南说："唯有认识到人类经验是缺席的，在场只能通过不可恢复的过去来接近现象学才能成为现象学最激进，最严格的以我们经验的方式来研究生活的反思研究方法。"[2]

但还是必须提醒学生，如有可能，要寻找机会体验一下真实的雪地中的感受。马克斯·范梅南说："所有的现象学都是指向实践的——生活的实践。""回到事物本身，回到生活体验这一根本主题，在胡塞尔著作的启发下，在随后的许多现象学中都扮演着重要的角色：实践现象学的反思就是'从词语意义回到事物本身，在自身给予中思考，他们抛弃于他们不相容的所有偏

---

[1] 杨玉成.奥斯汀：语言现象学与哲学[M].北京：商务印书馆，2002：104.
[2] [加]马克斯·范梅南.实践现象学：现象学研究与写作中意义给予的方法[M].尹垠，蒋开君，译.北京：教育科学出版社，2018：59.

见'。"①从教育现象学立场出发的教学情境必须是真实的，如此，语文教学才可能体验到充满情趣、智趣与理趣的乐趣。如果不得已而预设或者模拟了情境，还是必须提醒自己，现象学让我们和世界进行直接的接触，预设与模拟的终究只是预设与模拟。

---

① ［加］马克斯·范梅南.实践现象学：现象学研究与写作中意义给予的方法［M］.尹垠，蒋开君，译.北京：教育科学出版社，2018：103.

第二讲　重要的是用教材，而不是教教材

曾看到一篇《为什么语文老师教的都不是语文课？》的文章，标题虽然用了问号，也许这个问号表示的是一种诘问，但我还是有些纠结。不错，语文教学确确实实存在这样那样的问题，也确实有的语文教师教的不是语文，但是这个真前提，果真能推出"语文老师教的都不是语文课"这个结论吗？我想稍有点逻辑知识的语文教师都会知道这样的推论是不靠谱的。如前所说，几十年来教学课堂变革，语文总是最热闹的一门学科，也是最受诟病的一门学科。尤其是在这几年，各色语文教学"流派"纷纷登场，各种批评也纷至沓来。更为热闹的是，不少"大佬"纷纷弄出"什么什么"语文以示他的语文是真的，其他人的是假的，或者他的才是正统，其他的是旁门左道。其实任何课堂教学的变革都离不开这样一个核心问题：是教教材，还是教方法？要解决好这个问题，大概有这样几个方面需要思考。

教学目标的确定

关于教学起点的讨论看起来往往各执一词，有的人主张起点要有一定的挑战性，让学生"跳一跳摘到桃子"；有的人主张适度降低教学难度。其实两者的表达在本质上是一致的。强调要有一定的难度，是因为发现不少教师的教学常常处于低层面扫描，忽视了学生学习的潜力；强调适度降低教学要求，是因为发现有些教学无视学生实际的应知应会，或过早地将中高考要求前移了。

《追求理解的教学设计（第二版）》的作者认为："学校教育的目标是使

学生在真实世界能得心应手地生活，而不仅仅是对有限提示的口头或身体回应。""任务的情境要尽可能地接近真实世界中的机遇和困难。""在数学学科中，关键任务是对一个复杂的现象从数量上进行建模。""文本阅读的一个挑战是深刻理解文本的内涵。"① 这就意味着教学任务的设计要有挑战性，同时，教学难度不能过高。无论是文科还是理科，要找到具体学生的学习起点，办法之一就是提供机会让学生暴露思维过程。譬如关于数学的证明或者推导，教师透过学生的书写过程，大致可以了解他的思维过程。而关于语文学科的阅读，教师从学生的概括、复述或者阐述的过程中也可以了解其思维过程。教师如果不关注学生学的具体状况，只顾自己的教，如何知道具体的教学起点在哪里？又何来教学的有效性？

新课程改革下的课堂"变革"，有很多就是在一种新的程式化下起步的，其流程不外乎"导入新课、揭示目标、整体感知、合作交流、问题探究、拓展延伸"。但这些具体环节被这样安排和呈现，往往又是"不着边际"的。比如，我们呈现"教学目标"或"学习目标"，往往缺乏深入思考：是教师教的目标，还是学生学的目标？是课程标准要求的目标，还是考试说明中的考试目标？……一般而言，教学目标的设定通常来自教师指导用书，而这个目标显然不是实际施教的教师提出来的。这样一来，"教"与"学"双方在课堂上就成了一个个"木偶"，教师则成了"传声筒"。教参的目标就这样变成了教师的目标、学生的目标。要让教学目标成为学生学的目标，我们至少得问问学生需要什么，或者至少要了解一下学生学习具体的知识时会遇到怎样的困难和障碍。也就是说，有效教学的目标必须是从学生那儿来的，而不只是来自课程标准、教学用书。教什么、学什么总得同学生商量商量。有效教学强调的是教学的针对性，除了教学内容，就要针对学生的学，而不只是教师的教，更不只是课标的指向、教师用书的建议。

教材无非是个例子，是用来教学生学的。一堂课下来，尽管一些教师没有通过多媒体呈现具体的教学目标，但我们还是会发现他们是有这堂课的

---

① ［美］格兰特·威金斯，杰伊·麦克泰格.追求理解的教学设计（第二版）[M].闫寒冰，宋雪莲，赖平，译.上海：华东师范大学出版社，2017：87-88.

教学目标的；还有一些教师虽然呈现了具体的教学目标，但在实际的教育中却偏离了这些目标。这样的悖论提醒我们，教学目标不是写在纸上、呈现在多媒体上的，而应该被教师牢记在心，并且需要根据具体的教学场景调整和完善。比如，《济南的冬天》是一篇比较长的课文，包含了很多生字和生词，教师如果用一堂课来教授，那么这些生字和生词究竟是在课堂上解决，还是在课前解决，或是在课后解决？古诗《石壕吏》中有不少跟现代文相去甚远的词义、句式，相比《济南的冬天》，哪篇在理解上会显得更加困难？这些细小的问题，都是需要教师用心思量的。还有一种情况是现在的课堂教学中，教师普遍忽视对学生使用工具书的要求（也许理由是，现在已经是互联网时代了，还要求学生将一些工具书背进学校，岂不是与这个时代有点不合拍？问题是现今明确规定不许学生将手机等移动终端带进课堂，学生在遇到问题时又如何上网进行文献检索？）。没有网络的时候，教师还要求学生每个人带本词典或文言文常用词词典；有了网络，却不让学生使用网络，这确实是一个非常奇怪的现象。当然，一些教师自己对网络的使用也只停留在找教案、找PPT及找教学视频等上面。至于这些教案、PPT、视频是否适合自己和学生，很多教师又懒得思考。我还是坚持手机在很大程度上就是个移动终端，是个学习工具，恐怕不能简单地一禁了之。

作为教师，我们一定要在怎么教上用心思。教材的要求是什么，教学的难点在哪里，学生学习这些内容有哪些储备，学习过程中会有哪些问题，思考会有什么误区，我们的教从哪里入手，通过什么途径引导学生自己去学……建构主义理论告诉我们，学生在学习前就已经拥有了在长期日常生活经验基础上形成的对事物和现象的一定的看法和观念，即所谓的"前概念"。这些观念有些与科学的理解基本一致，有些则与科学概念相违背，而后者被称为错误概念或相异概念或相异构想。学习不是学生简单地"输入、储存"课本和教师提供信息的过程，而是主动地将原有经验和新信息进行对比、分析、批判、选择和重建知识结构的过程。

学生建构知识的基本方式是同化和顺应。当新的知识与其原有的知识结构和思维方式相符时，就会被同化、吸收并储存，否则就会被排斥，或经"修正"或经"重组"后再吸收。由于学生的生活环境、活动范围等不尽相同，所以他们对同一类事物的认识、感受也会不同，即使在相同的学习情境中接受同样的新信息，不同的学生也会获得不同的理解或解释，取得不同的学习结果。每个学生在头脑中产生的相异构想也是各式各样的。我们更应该商量如何让学生在教师的引导下更好地学会独立阅读与思考，而不只是看学生有没有掌握教材内容或者有没有相关的语文知识等。

任务和流程的预设与教学的有效性

一个教师不考虑学习者的实际，死抱住课程标准与教材的要求，是对学生负责还是对自己的业绩负责恐怕很难说。如果是为了对学生负责，为什么不能树立起让学生掌握一点是一点的意识呢？为什么不能想想办法让学生能在具体的学习体验中尝到一点乐趣，看到自己的进步呢？对任何人而言，学得好坏与多少，其实是与他日常的积累与理解密切相关的。好的教学需要好的设计，尤其是呈现信息的形式、时机等，以便让更多学生接收到他可以接受和理解的信息，以便让学生能够经常接触到相关信息。

不仅教学目标要从学情出发，教学任务和流程的设计也同样必须用心，必须防止学习目标宽泛化、空洞化，目标要具体，要可操作，也要能分解成具体的任务，换个说法就是要提供具体的知识点与方式方法来呈现目标。比如，你要学的是运用三步投球动作将篮球投出去（投向篮筐，或者投给你的队友），可拆解的任务是运球（单手、双手、原地、运动中）、投球（攻、防、进篮筐、给队友）；评价的标准是会了哪些，哪些不会，原因在哪里，需要做哪些调整和努力……

有效的教学计划一定是十分具体的甚至是详尽的，核心知识总是由一个一个知识点构成，这些知识点是如何关联的，教学中如何把它们串在一起（如三步投球在整个比赛中属于哪个部分），需要整体考虑，而不是放在孤立的一堂课上考虑，这就涉及一个老师的课程意识以及对整个课程的熟悉程度了，离开了这一点，"单元教学设计""大单元教学"就是一场美梦。我早年曾说过，没有精心的预设，就不可能有精彩的生成。一个教师，只有在备课的时候充分考虑课堂上可能发生的种种情况，才可能有应对临时发生的"意外"的敏感性，否则，再好的机会（生成性资源）也不过是个"意外"……

时下流行的各种各样的教学模式，很容易将每堂课的教学流程固定化，第一步干什么，第二步干什么……明明白白印在"讲学稿"或"导学案""学历案"上，教师清楚，学生清楚，听课的也清楚，了无新意，自然也就没有惊喜。如果从教学的价值去思考，这样的流程是不是符合教学规律，是不是有违教学常识？杜威说："教育即生活。"尽管许多时候生活是平淡的，但却是富有变化和充满乐趣的。现实的课堂作为师生实实在在的生活场景，如果总是这样了无新意、没有变化，那给学生带来的就会是单调与枯燥，这样的生活谁会喜欢呢？

立足于生活的课堂，要让学生学得有趣，学得轻松，学得快乐。当然，这里还有一个尊重认知规律的问题。教学流程的设计既要符合认知规律，又要从实际需要出发，在具体的实施过程中还应有所调整。一堂课总应该有点节奏感，既有轻重缓急、抑扬顿挫，还要有适当的休止与延长。实际上，不少教师在教学中往往无视休止与延长，把一个问题抛出来以后，几乎不给或很少给学生思考的时间，就请学生出来回答或者板演。试想一下，当别人向我们抛出一个问题的时候，我们都能不假思索地回答吗？

从技术层面讲，我在40年前对课堂教学设计就有一个"火车皮说"：教学设计就像一列火车，总是由一节一节的车厢组合起来的，加一节是完整的，拿掉一节也是完整的，一般情况下只有施教者知道，学生和听课的同行都不知道。当然，这需要一定的经验与功力，更需要日久天长的实践积累。教学活动的设计和组织最能体现教师的教学智慧，教学经验丰富的教师总是善于捕捉一闪而过的容易被忽视的、但确实能有效生成的细节，这时候教师要舍得抛弃原有的教案，改变既有的思路，及时组织学生展开讨论。所谓在特定的情境中展开教学，强调的是教学策略与方法要根据实际的学习进展确定。

我在前面阐述了自己对教学模式的理解。教学模式理论，是一种传统的教学理论，教学模式是指一种范式或一种计划，既然是一种范式或一种计划，就不应该是刻板的，也不应该是固化的，而要根据课堂教学实景的需要作出调整。所以我反对"模式化"，对"建模"的说法始终保持警惕。"建模"

的目的是出"模"。这就好比学书法，先要从描红开始。缺少经验的年轻教师要掌握基本的教学原则、教学方法和教学技术等，是需要他人给予一个基本的框架的，至于这个框架里面装些什么、怎么装，则是个人的事。描红后要入帖，入帖是要让他们离开描红的本子，写得像颜真卿、柳公权。请注意，这里是"像"而不是"是"，不是"成为"，因为颜真卿只有一个，柳公权也只有一个。我们教师需要研究的是如何让每个个体扬长避短，呈现有个性的"作品"，努力形成自己的风格，乃至成为某一领域的大家。可以这么说，正是当年我师父陈有明先生叮嘱我的那句"钱梦龙是钱梦龙，凌宗伟是凌宗伟，学钱梦龙如果只学其形，你就有可能不是凌宗伟了"，才有了我今天的教学风格和教学个性。

再强调一下，有效的教学必须从学生的"已知已会"出发，而非"应知应会"。强调"应知应会"没有错，错的是不顾学生实际的"已知已会"。当我从这个角度同老师们谈适度降低教学起点时，总会遭到直接的抵制：考试怎么办？为什么不能换个角度想一想，并不是所有的学生都能达到课标与教材的要求的，许多学生是不可能对教材要求深入理解与掌握的（对生源不理想的学校、班级来说更是如此）。但无论是谁，掌握一点总比什么都没掌握要强，掌握多一点更好，为什么一定要让所有的学生都在课标与教材的要求上"吊死"呢？学习原本就是个积累过程，一步一步推进的，前面没学好，后面如何学？一蹴而就是不可能的。

教学内容的生成

下面以朗读指导为例。学生在朗读时，将《济南的冬天》读成了"冬天的济南"，教师此时可能会关注到，但遗憾的是，可能会习惯于"一带而过"。很少有教师会敏锐地发现这是一个有助于教学生成的契机，即可以组织学生探讨一下"济南的冬天"跟"冬天的济南"究竟有何区别。比如把"冬天的济南"这个句子放到原文中，让学生读一读、想一想，体会体会。这或许是一个很有意思的教学生成。一些教师可能会想，课文如何去读，只可意会，不可言传。当你总让它不可言传，学生早晚有一天真的就不会言传了。类似这样的契机教师就要及时抓住，可以组织学生当堂讨论，让他们将意会到的那些想法言传出来。课堂教学不是需要进行适当拓展吗？这时候教师就可以借助类似的案例对教学内容进行适度拓展，通过拓展来打开学生的思路，让学生明白语序跟语义是有一定奥妙的，同样的词语，语序发生了变化，它的内涵也就发生了变化。这又可以联系到语言表达的准确性、变化性和内涵的丰富性等议题。

那么，这里出现了另一个问题，即小组讨论需要讨论什么？显然，小组讨论一定要讨论有价值的问题。讨论"济南的冬天"和"冬天的济南"就是有价值的。它背后涉及的不仅仅是词不离句、句不离篇的问题，更重要的是一种思维训练的问题。语文教学的一个基本任务是训练学生的思维。当然，语文学科思维的训练跟理科思维的训练是有区别的，前者更多地强调形象思维，后者则更多地注重逻辑思维，但逻辑思维在语文学科里也有相当重要的位置。对思辨的训练、对逻辑思维的训练，也是语文教育的基本任务，语文教师不应当有意无意地将它们放弃。

即时生成的教学才可能张扬生命的活力

课堂教学本来就是千变万化的，是一个充满活力的生命整体，处处蕴含着矛盾与碰撞——师生之间的、同学之间的、师生与文本之间的、文本与现实生活之间的……而这些矛盾与碰撞，往往是生成的火花和引子！遗憾的是，现实中我们往往对这些蕴含生机的生命碰撞的美好瞬间视而不见，甚至毫无感觉。这样的课堂不可能有即时生成，也必然是僵化的。语文教师要有生命在场的意识，要努力与学生进行思想和心灵上的沟通，努力捕捉课堂上能够产生生命碰撞的火花和引子，产生强烈的情绪体验，在生命碰撞中，感受到生命力的涌动和人性的回归。我在课堂教学中常常喜欢设置这样一个环节："你喜欢文中哪些文字？为什么？"这样的环节最贴近学生，最能引发学生思考，最能发现火花，最能蕴含碰撞，也最能关注到课堂上的生命，因为话语权是学生自己掌握的。学生不再是听众，更不可能成为看客。他们的生活、他们的感悟、他们的交流，就是最好的教学资源，会使课堂教学变得生机勃勃而富有灵气。

比如，季羡林的《清塘荷韵》，表面看来，文章叙述的是作者亲身经历的一个十分平常的故事：友人从洪湖捎来几颗莲子，作者把莲子投入池塘里，在年复一年的焦急等待中，蛰伏的莲子终于破土而出，其形其色蔚为壮观。在与文本对话的过程中，我们要努力捕捉课堂上能够产生生命碰撞的火花和引子：

学生们能认真思考我提出来的那些问题，自然能生成文中的理趣与禅趣：关注生命，歌颂生命，心有所系，乐观豁达，平静如水，宠辱不惊，万事随缘，不必刻意追求。如果我的设计一味地死抠教材、紧扣教参，学生只能读懂文本展现的生命力，就读不出文本蕴含的禅意和哲理，读不出作者的人品和人格，读不出作者对人生的大彻大悟、对生活的至亲至爱、对佛理的独到认识！

只有关注生活才能拓展生命视野

拘泥教案的"教学"，不是真正的教学，更不是理想的教学，真正意义上的、理想的教学应该是不拘一格的。教学，尤其是语文教学，其情境是瞬息万变的，随时随地都有可能发生意想不到的种种偶发事件，需要我们去妥善处理，故先贤们早就倡导"遇物则诲""相机而教"。要实现遇物则诲、相机而教，就要突破教材的限制，将师生通过生活实际、课外阅读所获得的经验引入教材，将书读厚。

有感于此，我在教《鸿门宴》时，让家住江苏南通市通州区石港镇的学生介绍石港人宴请宾客时宾主座次的情况，对照课文"项王、项伯东向坐；亚父南向坐，——亚父者，范增也；沛公北向坐；张良西向侍"加以理解。研究《欣赏生命》这篇课文时，我向学生介绍自己的经历，以及与病魔做斗争的研究生李威的愿望，让同学联系自己失去亲人时的感受和看到别人失去亲人时的感觉，加深对生命意义的理解和感悟。教学中学习《雅量》《〈宽容〉序言》等课文时，引导学生在人际交往中宽以待人、海纳百川。学习《散步》《我的母亲》《背影》《项脊轩志》《祭妹文》等课文时，教诲学生理解亲情、培养亲情，光大"老吾老以及人之老，幼吾幼以及人之幼"的优良传统。在教学《多年父子成兄弟》时，我从关注生活出发，立足于学生的现实生活和课堂实景，相机而教。下面是线上这堂课的引子：

师：上课之前请大家看几张图。这张图，你们知道是我跟谁吗？
生：（慢慢地回答）您女儿。
师：对，我女儿。知道我女儿多大？
生：二十几吧？
师：二十七，是《财经》杂志的记者。这是我去年跟她照的一张照片。再请你们看两张图。一张是她跟我在网络上的对话，她在网络上建了一个博客，偶尔跟我对对话。一张是她在我日志下跟我的一段对话。大家可以读一下。

通过浏览我们父女的照片与网络对话，引入具体的情境，将学生的注意力引到现实的父子（女）、母子（女）关系上来。再引出课文时，让学生带着以下问题读课文：汪老从父亲身上继承了什么？读了本文，你最大的启发是什么？你期待的是怎样的父子（女）、母子（女）关系？要实现这样的关系，你要有哪些改变？从全文看，本文与其他你熟悉的写父子关系的文章最大的区别在哪里？本文对我们建立理想的师生关系有什么意义？

这样的教，是从课堂生活实际出发的，既是预设的，又是相机的，既是关于生活的，又是指向生命生长的。

教给学生哪些方法

在语文课堂上，教师需要教给学生很多学习方法，包括如何使用工具书，如何读一篇文章，如何在一篇文章中发现问题、提出问题，如何从文字中探寻独特的意蕴，如何在阅读与写作中形成适合自己的方式与路径等。当然，教师在一堂课中不可能一下子教会学生许许多多的方法，一种方法也不是教一次学生就能运用的。例如，工具书的使用、上网检索等基本的学习技能，就不是教一次能解决的，只要学生碰到了，教师就需要提醒一下，强化他们对程序性知识的记忆。在语文课堂上，我还是建议学生的"案头"要有一本字典，并且教师要在适当的时候提醒学生去使用它。如条件许可，我也主张在适当的条件下鼓励学生到网上与世界各地的高手互动。

我前面多处谈到语文学科与其他学科最大的区别在于它没有严格的、规范的学科体系。语文原本就是包罗万象的，世间所有学科严格来讲都是通过语言文字表述或呈现出来的，从这个角度看，它原本就是一门综合课程，其学科界限并不像其他学科那么分明。语文学科的"跨界"是客观存在的，所谓的"语文味"不过是部分语文教师的一厢情愿而已。《高中语文课标》在阐释语文"课程性质与基本理念"时明确指出："语文课程作为一门实践性课程，应着力在语文实践中培养学生的语言文字运用能力。学习运用祖国语言文字的资源和实践机会无处不在，应增强学生学语文、用语文的自觉意识，积极利用信息技术以及身边的各种资源和机会，通过阅读与鉴赏、表达与交流、梳理与探究等语文实践，积累言语经验，把握语文运用的规律，学会语文运用的方法，有效地提高语文能力，并在学习语言文字运用的过程中促进方法、习惯及情感、态度与价值观的综合发展。"要"让学生多经历、体验各类启示性、陶冶性的语文学习活动，逐渐实现多方面要素的综合与内化，养成现代社会所需要的思想品质、精神面貌和行为方式"。要"帮助学生认识自己语文学习的已有基础、发展需求和方向，激发学习兴趣和潜能，在跨文化、跨媒介的语文实践中开阔视野，在更宽广的选择空间发展各自的语文特长和个性"。"要引导学生在语言文字运用的过程中发现问题，培养探究意识和发现问题的敏感性，探求解决问题和语言表达的创新路径。"

许多时候，语文的一些具体知识会重复出现。教师心里一定要明白，写作方法有哪些、修辞方法有哪些、哪些知识已教过、哪些知识学生学过及学到什么程度、知识什么时候教、教到什么程度、用什么方法去教、小组怎么合作、讨论什么问题等，这些都是复杂而充满挑战性的问题。如小组讨论，是不是四个人"一转一围一坐"就是讨论了？恐怕没有这么简单。教师要教给学生基本的讨论方法，可以翻翻《罗伯特议事规则》一书，从中或许可以得到一些启发。此外，小组讨论要有一个明确的议题，要有明确的指向，教师要给学生一个切入口，也就是说，在学生讨论的时候，教师就要给学生搭建一个支架，给他指明一个方向。这就需要教师引导学生，或是抓住关键词、关键句来讨论，或是抓住修辞方法、写作方式来讨论，或是抓住顺序、结构来讨论等。

值得一提的是，语文教学要引导学生学会归纳和总结。二三十年前，教师一般比较重视板书，板书的目的是通过简洁的文字将文本的精髓揭示给学生。但遗憾的是，现在因为学校有了多媒体，一些语文教师便很少板书了。今天，有不少教师已经将思维导图引入自己的教学中。思维导图相比板书而言，确实是教育方式向前进了一大步，但它与板书的区别在哪里？为何说它是进步的？如果我们把思维导图理解成板书，那么这个问题也就不难解释了。不过板书是教师的，思维导图是学生的。从认知心理学的角度来理解，学生通过自己操作得来的知识往往是比较牢靠的。所以教师在教学中要不断引导学生学会用适合自己的方式去归纳和总结，这就是所谓的个性化学习。

适度回应也是一种教学机智

2021年12月，我指导东莞松山湖实验中学初二（9）班的学生学习描写景物，在导入部分，我向同学们问了一个问题："我作为一个外乡人，来到松山湖，你们最想推荐我去游览的地方是哪里？"有一个学生说华为的欧洲小镇。果然，在松山湖，华为的欧洲小镇名气不小，我的微信朋友圈里就有朋友建议我去转转。于是我顺口跟他们说了我女儿在初二的时候，曾写过一篇文章介绍香港澳门"游学"经历，清楚记得她写澳门的那段文字的子标题是"澳门是个中西合璧的地方"。我请同学们比较一下（假如作为作文标题）"华为欧洲小镇"与"澳门是个中西合璧的地方"这两个标题哪个好。同学们说都好，因为都概括了两处的主要特征。我进一步追问，有没有区别呢？为什么是"华为欧洲小镇"呢？同学们回答，因为那里有许多欧洲风格的建筑，绿化也很好。也有学生说"澳门是个中西合璧的地方"比"华为欧洲小镇"的标题要好，我于是追问，为什么呢？总不能因为这是凌老师的女儿，写的就比"华为欧洲小镇"要好啊。考虑到这只是导入环节，讨论就没有继续。其实"澳门是个中西合璧的地方"里有建筑特征，还有社会文化、历史背景等。"华为欧洲小镇"不是我们这次的写作任务，但有学生提到了，教师就要回应，更要将注意力拉回本次教学任务上来。为什么要有追问？目的是引发思考。所谓相机而教，就是要不失时机地引发学生深入思考。

第三讲　作文指导首先要让学生有话可说

作文教学，是语文教学的重要组成部分。在实际的教学中，我们总是寄希望于靠教师的指导来提升学生的写作水平。其实我们做了几年语文教师尤其是高中语文教师后就会发现，作文的提高想靠教师的指导来实现，那是一件"无力回天"的事。作文写不好，主要原因不在学生，而在教师。为什么这么说？因为我们的作文指导有问题。我们总是习惯于在"写作方法"和"写作规范"上给学生做"指导"，可是，我们这些"导师"往往自己也不会写作文。理论是有的，但实际操作起来就不行了。所以，我认为与其给学生做那么多指导，还不如带学生到校外转转、看看，找些书翻翻、读读，有空的时候讲讲故事、聊聊天，让他们将看到的、听到的、想到的说出来与大家分享。大家七嘴八舌的议论，会给各自带来启发和思考。如果让他们将这些用文字记录下来，也许就是一篇很有生活情趣的文章了。

要让学生有话可说

作文，先要让学生有话可说。老舍先生在谈写作诀窍的时候，最经典的一句话是"心中有什么就写什么，有多少就写多少"。从这个意义上说，"说"其实就是一种"写"，当然说的时候，更多的是口语，甚至于有许多"不规范"的表述，不要怕，先写下来，修改的工作之一就是对文字润色。这样看来，多读书不是对写作没有帮助的。但是读书对写作的帮助不是立竿见影的，而要有一个潜移默化的过程。一些词语的积累、一些表达方式的形成主要是通过阅读得来的，只不过这不是我们祈求而来的、一读就会的。

我们的困惑是，作文要抒真情，真情有没有格调的高低呢？既然是真情，就无所谓高与低了。我们之所以会在高低上纠结，表面上看是现在的应试教育所致，可根子还在于我们习惯了用"道德"来裹挟学生，作文教学的普遍问题是习惯于用某种标签来评判学生作文的"情感"。正因为这样，我们学生的作文才丢失了真情，平添了许多矫情。

似乎更多同仁觉得情感格调是有高低之分的，论据是温庭筠的词与李后主的词。我的看法是，对他们前后作品格调的评判是他者的，情感是个人的，高下是外人强加的。同样，个人的情感也是复杂的，就个体而言，情感格调无高下之分。用"道德"裹挟格调难免有点胁迫的味道。我担心的是，如果我们一味强调"情感格调"，就会胁迫学生走向虚假。我在这里姑且不论"格调"一词的词义。我想说的是，我们这些语文教师，再不能做那些强人所难的事了。不谈格调，不等于提倡"不健康"的东西，也不能因为出现了"不健康"就将作文与政治等同。情感本就是复杂的东西，它不是靠我们强加上去的，靠的是熏陶，更多的是个人体悟。"感时花溅泪，恨别鸟惊心。"花鸟在不同的情景下会触动人不同的情感体悟，对于此，我们这些语文教师应该是明白的。同样，我们总是觉得教育随笔、教研论文写不出来。其实细究起来，不是写不出来的问题，而是因为做得不理想。一个教育案例，你认认真真做了，觉得有收获，或者有纠结之处，你可以试着与同仁交谈，同关系好的人分享，听听他们的意见，然后将过程记录下来，哪怕是一篇"流水账"也行。有了"水"，就有了流动的可能。当然，前提是你想让水流动起来。

写博客、开辟微信公众号并坚持更新，其实就是一个记录生活、积累素材的过程。这是我当年做校长时不用强制手段推动教师写作的一个重要原因。我们提倡写博客，其实就是在引导同仁们积累素材，养成思考和记录的习惯。慢慢地，我们就会对"写"产生某种兴趣了。更重要的是，你写好了，对学生作文的指导也就有了现身说法的资本。

有得写了，才有可能写得好。没得写，怎么可能写得好呢？作文指导，不能仅仅盯在课堂上，也不能迷信阅读在短期内对写作有很大帮助。作文教学的源头究竟在哪里？是在《作文宝典》之类的书里、教室里、学校里，还是在更为广阔丰富的生活里？这恐怕是作文教学首先必须搞明白的基本问题之一。

没有生活就没有作文

有一回，有位老师在他导师的介绍下找到我，希望我谈谈关于作文教学的问题，于是我同他在网上聊了聊。我就此写了一篇博文《警惕言语的欺骗性——由关于作文教学的对话想到的》，其主要内容如下：

关于学生作文，还真不好说。作文要的是丰富的生活和生活的乐趣，没有生活，也就没有作文。看看我们的孩子，哪有其他生活，没有丰富的充满情趣的生活，又何来作文。他说，对。但他希望了解的是如何让学生的作文变得深刻。我说，这就更难了，问题是要有思想的引领，可是这东西教材上没有呀。他也说没有，这就是他的苦恼。我说，做教师的还就不能就教材教教材，而要引导学生读一读课外书，也要时不时地引导学生围绕一些话题展开讨论。比如，《中国教育报》的张以瑾先生曾在我们共处的QQ群里提了这样一个问题：我们能不能就故宫博物院里的铜鼎被人刻上"到此一游"一事展开讨论？群里有位仁兄说："学生说素质低，就这一句。"我问："为什么素质低了？"他说："学生再来一句：没文化。"我又问："为什么没文化呢？我们如果遇上这样的事情，该如何处置呢？我们没遇上但听说了，又作何感想呢？有什么办法和途径可以杜绝或者减少类似的事情发生？"那位仁兄说："有道理。像这样一步一步讨论下去，学生的认识是会慢慢加深的。但问题又来了：有什么办法可以在短期内提高学生的作文质量呢？"这还真问倒我了！

在我的意识里，教育教学是不可以速成的，作文自然也不可以速成。但现今，我们早已习惯了速成。你对速成的教育教学提出不同意见，你就成了不识时务的人。就我的经验与观察而言，速成、高效的教育总是存在于新闻报道里。

没想到的是，我这篇博文发布出来以后就有老师写博文回应，针对我博文中"作文要的是丰富的生活和生活的乐趣，没有生活，也就没有作文。看看我们的孩子，哪有其他生活，没有丰富的充满情趣的生活，又何来作文""如何让学生的作文变得深刻。我说，这就更难了，问题是要有思想的引领"的观点，引经据典，进行了一番科学的分析与批驳。他认为："学生的学习生活照样丰富而充满情趣。学生生活都在学习中，学习生活是学生生活的大部分，长期以来，我们视之不见，听之不闻，我们抱着金饭碗去乞讨。学校生活是社会生活的缩影，学校生活无限折射社会生活，学习生活具有无限的生活形态和生活样式，我们弃之不顾，并说'学生没有生活'，这显然是无视学生成长的丰富性和无限精彩的。"他的结论是："不是没有生活就没有作文的问题，而是没有作文就没有生活的问题，或者更准确地说，是没有作文就没有丰富的充满情趣的生活的问题。哪个为主，哪个为次，这是我们首先应该弄清楚的问题。学生有生活，为什么写不好作文呢？这当然有认识的问题，有表达的问题。但只要有了前面的认识，全体老师关注学生的学习生活，引导学生思考，就不存在'没有生活，也就没有作文''没有丰富的充满情趣的生活，又何来作文'这样武断的结论。"

有怎样的生活，才可能有怎样的文字

杜威曾说过，教育即生活，学校即社会。但是，这生活是学生的全部吗？这社会是社会的全貌？现今中小学校的学生生活真的是学生这个年龄应有的生活吗？是生而为人的常态生活吗？也许在一些小学，孩子们的生活是相当丰富的，但普通中学就几乎不是在那些小学所看到的情形了，恐怕我们不仅没有看到那些"考试工厂"的学生生活，就是最为广大的县城中学的学生生活，我们很多人也未必了解多少。用个别小学学生生活相当丰富（确切地说，是他主张的学科生活的丰富多彩）的事实推导出所有中小学学生生活的丰富多彩，恐怕也就只有占据一成的专家们可以做到。而实际情况是，我们大多数学校的学生生活就是因为让"语言操纵着，而忘记真正的自我和周围的现实世界"①，才会有类似在故宫和卢浮宫刻下"到此一游"的事情发生。这类似的语言，不是出于他们刻意的遣词造句，而是出于他们对生活的无知。这貌似又扯远了，恐怕还武断了。那么，真正的作文教学应该是怎样的呢？

没有生活就没有作文。先贤早就指出，"笼天地于形内，挫万物于笔端""登山则情满于山，观海则意溢于海"，诸如此类说的都是生活与写作的关系。老舍先生在谈如何学习写作的时候，也主张"要学习写作，须先摸摸自己的底""心中有什么就写什么，有多少就写多少"，在动笔写的同时，要"热情地参加各种活动，丰富生活经验""我们必须深入生活""把那点生活经验记下来"，当我们积累了更多的经验，知道得多了，"我们才能随时地写人、写事、写景、写对话，都活泼生动，写晴天就使读者感到天朗气清，心情舒畅，写一棵花就使人闻到了香味！"②

再回头看看我们作文教学的现状吧。在应试功利的"蛊惑"下，作文教学的内容和教法设计以"考试"为中心，什么能拿高分就教什么，不考就不教，学生被"圈养"着灌输获得高分的作文模式、套路和技巧。更有甚者，完全用一次又一次模拟的作文考试取代正常的作文训练模式，在固定的时间内当堂完成一篇作文。作文的内容完全与中高考试卷作文接轨，既脱离学生生活，又不能调动学生感情，也不能针对参差不齐的学生作文水平施教；评价是根据考试评分标准打一个分数；指导是根据应试作文的拿高分要求，进行作文形式的技巧点拨，如开头法、结尾法、选材法、结构法、点亮语言法等。这样的作文教学违背了作文训练的规律，存在诸多弊端。学生不能把写作当成一种乐趣，正如朱熹在《近思录》中语："教人未见意趣，必不乐学。"那么，学生写作文的态度就不端正。一些原来写作基础好的学生，觉得作文只要混个分数就可以了，写作时敷衍了事，热情渐渐耗散；一些原来写作水平就差的学生，饱尝了写作屡战屡败的烦恼，进而厌倦、焦虑，只好去拖、去抄、去应付。

---

① ［德］雅斯贝尔斯.什么是教育［M］.邹进，译.北京：生活·读书·新知三联书店，1991：87.
② 老舍.老舍谈写作［M］.南昌：百花洲文艺出版社，2019.

有怎样的生活就有怎样的文字。作文教学也必须依托丰富的生活，才可能形成有血有肉的文字。当然，这生活更多的是建立在现实生活基础上的人的精神生活（文化的、娱乐的、休闲的生活）。

一些教师头脑中总有一个固定的思维模式进行作文训练，就像作文考试一样，命题一定要有难度。结果，一方面，教师为"出什么题目"而搜肠刮肚；另一方面，面对那些远离实际生活的作文题目，学生们在为"写什么"而大伤脑筋。不难看出，学生惧怕作文是因为总要面对没话可说的题目；让学生有话可说、有话敢说、有话有地方说，这才是作文教学的真正目的。作文教学，不妨先给学生一片广阔的蓝天、草地，让他们进行真实的生活体验，让他们描述生活的本身。如果要写一篇关于"亲情"的作文，就可以把当周每一天与父母在一起时的所言、所行、所感，以日记的形式真实地记录下来，等到周末写作时，再对记录进行删减。这样，学生会觉得有很多事情可写，写出来的作文也特别有生活味道，特别感人。当然，目前学生的实际生活又总是在"教室—寝室—食堂"三点一线上重复，几乎处于半封闭状态，因此学生特别要树立正确的生活态度，选择积极的生活方式，多参与校园活动，多走出校园，亲身感受大千世界的酸甜苦辣、喜怒哀乐。要勤练笔，把这些内容表述出来，时间久了，写作水平自然提高了。这才是应该追求的作文教学的本真。

我在东莞市指导松山湖实验中学初二（9）班的学生学习描写景物时的设计是这样的：分几次给同学们呈现我在松山湖景区拍的小视频，让同学们将视频内容口头描述，请其他同学在听完分享后进行补充调整，然后写出来，写好后分享，再评议调整，各自修改。修改好后对自己的文字进行前后比较、打分。这之后呈现第二个视频，让学生比较与前一个视频的区别，再写、提示，可以将这两个片段放在统一的框架内连缀成文。课堂教学效果非常理想。

是不是我们强调生活是作文的基础，有怎样的生活，就可能有怎样的文字，就不用讲究作文的形式了？中小学作文教学，究竟该如何处理好内容与形式的关系？这恐怕也是中小学作文教学必须关注的基本问题。

如何表述，不在于形式，而在于是否有事实、有情感

我以为学生的作文只要能够"我手写我心"就行了。遗憾的是，我们的语文教学，乃至整个教育，都处在技术崇拜的时代。关于作文教学，从审题到思路，从谋篇到布局，市场上各类指导书琳琅满目，教师在课堂上娓娓而谈，头头是道，有章有法。问题在于，这样的作文教学偏于形式，学生们有话不敢随便说，只会把作文看成一件特殊的事，当作写作形式和技巧的叠加，像是戴着镣铐跳舞，反而忘记自己的内心表达，不知不觉中对作文产生了一种惧怕心理，感到无所适从、望而却步。

许多作文课堂上的语文教师在日常生活中的语言表述却是一塌糊涂。我曾经要求我们学校的语文老师开博客，对日常生活以及教育点滴进行记载，但真正能够比较流畅地表述，并坚持每周更新的老师寥寥无几。究其原因，一些教师只是空有看似有用实则无用（或者说不知道怎么用）的写作知识，而不是写作本身。

写作不是形式和技巧的叠加，而是内心本真的表达。《尚书·尧典》有言："诗言志，歌永言。"《汉书·艺文志》上也讲"故哀乐之心感，而歌永之声发"。所以，作文教学的基本目标是让学生写出自己内心的想法，叙事或者论说，无非心发。让学生在作文时说想说之话、本真之话、能说之话了，你就会发现，学生的感情得以抒发，天性得以舒展，写作方面的潜能就会得以释放。

不必拘泥于形式，并不等于不需要写作基本规范的指导与训练

要强调的是，世间并无提高写作能力的"屠龙之术"，作文教学还是要在指导学生老老实实地阅读、模仿并不断思考上下功夫。在阅读中积淀，这是写作的命脉。弗莱雷认为，阅读的意义就在于它是提高人的意识的有效途径，学习阅读的过程就是学习如何指称世界的过程，因为语言是人们思考世

界的工具。①苏轼也说"腹有诗书气自华",广泛的阅读会给作文带来丰富的营养和微量元素,阅读的过程是一个深入思考、选择的过程,是一个作文眼界开阔的过程,是一个对好词佳句进行消化、吸收的过程。有了这个过程,我们在写作的时候,思考和选择的能力会不由自主地提高,语言水平也会不知不觉地提升。也许,这就是阅读的最大益处。当然,通过博览群书也可以间接地体验生活,积累写作素材,激活思维的火花,激发写作的热情。

茅盾说:"模仿是创造的第一步。"中国书法教育相当重视规范化训练,并形成了一套较为系统的理论、方法,影响较大的是"描红""入帖""出帖"。借鉴到作文规范化训练中来,我们认为就是要让学生通过阅读名家名篇,了解各类文体的基本写作思路和结构模式,背诵名段名篇,将别人的精华融入自己的血液,进而通过训练形成初步的能力。然后我们引导他们摆脱范文,灵活地写出有自己个性的作品来。

文无定法,但并非无法。各类文体总有它的基本要求和方法,作文教学一个很重要的任务,是要将这些基本的要求和方法教给学生。学生在形式上达到了要求,教师要给予充分肯定,但不能到此为止,必须向学生提出较高的要求,以求"神似"。要通过阅读教学让学生思考作者是如何观察自然、社会以积累素材的,也就是要培养学生的观察、分析能力,扩大学生的生活领域,形成他们具有独特个性的思维品质。我们阅读秦牧等人的散文,常常会被作者丰富的知识和生活阅历感染,阅读《雨中登泰山》等作品,则为作者观察点的确立和描写顺序叹服。我们可以这些名篇为例,引导学生学会观察和积累,让他们明白观察积累与写作的关系。叶圣陶先生早就告诫:"作文这件事离不开生活,生活充实到什么程度,才会做成什么文字。"②现实生活丰富多彩,千变万化,学生却往往视而不见,充耳不闻。语文教师的重要责任是培养学生观察生活、积累素材的良好习惯。这一步做好了,写自己经历的、看到的、听到的内容及写真情实感这样的要求才有可能达到。

作家的高明之处就在于他们能在一般人所不注意的事物中发现不寻常的

---

① [巴西]保罗·弗莱雷.被压迫者教育学[M].刘建华,等译.上海:华东师范大学出版社,2007.
② 叶圣陶.怎样写作[M].北京:中国友谊出版公司,2019:18.

东西，就在于他们有独特的感受。在教《荷塘月色》这样的作品时，教师就要通过朗读、点拨让学生体会作者在文中流露的情感，剖析作者对生活的独特感受，明了"情动于衷"才会"发之于外"，写出来的文章才会有感染力。因此，应引导学生领悟作者独特的感受，并"留心"体验自己的生活，以求写出有深度、有新意的文章来。学生捕捉生活现象，常常有较大的盲目性，难免失之肤浅，教师就要循循善诱，以帮助学生抓住要害。如当有学校出现《女生行为守则》之类的现象时，我们就要指导学生带着思辨的武器去观察、去思考，得出自己的结论。对诸如学校禁止学生使用手机、不允许学生自带球类进校园之类的现象，语文教师都要有目的地、不失时机地引导学生去思考、去分析，久而久之，他们才能养成善于观察、勤于思考的习惯。孙复在《答张洞书》中所言"文之作也，必得之于心而成之于言"说的就是这个道理。

如果说要有什么作文之法，我认为，就是嘴上怎么说，手上就怎么写，写自己想说的话、爱说的话；心里怎么想，手上就怎么写，写自己心里想的话、喜欢的人和事、不喜欢的人和事，不说空话、假话和套话。写了自己想写的人和事，说了自己爱说的话，抒发了自己想抒发的情感，文章就有内容了，情感就有依托了，如果再在词语积累上下点功夫，学生也许就入门了。

第四讲　良好的课堂生态是促进生命生长的生态

关于课堂，有很多不同的理解角度，比如教育学的、心理学的、社会学的，还有人把课堂比作一个生态系统，用物质流、能量流和信息流来理解课堂。虽然，我认为用源自生态系统的概念来理解课堂并不完全贴切，但课堂如生态系统一般，的确是一个系统，学生、老师、学习任务、各种辅助设施等按照一定的规则组成了一个相互作用、相互依赖的有机整体。也因此，课堂的状态被学者称为"课堂生态"。

关于课堂生态，有很多种理解角度，好的语文学科课堂生态可能是怎样的呢？

课堂的生命源自一个个具体的生命

课堂是什么？课堂是师生生命共同存在的一个场景，或者说课堂是师生生命生长过程中一个特定的生态圈。

2012年，我在甘肃临时决定上一堂"示范课"。他们给我定的是艾青的《我爱这土地》。这篇课文我过去没上过，但是那句"为什么我的眼里常含泪水？因为我对这土地爱得深沉……"大家差不多都知道。因为是示范课，又是借班上课，我跟学生之间相互不认识，这是比较麻烦的。2011年以后我已经不大习惯喊这位同学、那位同学的，我希望能够喊出每位学生的名字，当然，这可能跟我这些年关注生命教育的理念有关。所谓"生命教育"，就是把人当人看。冠名权，是人最基本的权利之一，把人当人看，喊人的名字是对人起码的尊重。于是我在课上设计了这样的环节：

师：同学们好，你们认识我吗？

生：认识。

师：我叫什么名字？

生：凌宗伟。

师：对了。我已经将我的名字写在黑板上了。但是，我还不认识你们呢。刚才给你们每人发了一张A4白纸，是想让你们通过它来让我认识你们每一位。一个一个介绍要花很长时间，通过这张纸让我很快地认识你们，可以怎么做呢？

（少数学生写上了自己的名字）

师：对了，写上自己的名字。写上了名字怎样才能让我看得见、看清楚？平铺在桌上，我在前面看得清楚吗？看不清楚。大家想办法，把名字写在纸上，让我能看到。可以商量。有同学将写好名字的纸用手举起来了，我看见了，课上就一直这么举着吗？那多累啊。有一个简单的数学术语，可以帮助我们来解决这个问题。

（学生各自想办法，不少学生将纸折叠成了三角形的席卡）

师：其实我们做的是一个席卡。开大会的时候，那些大领导坐在台上，每个人前面都有写着自己名字的牌牌，那个牌牌就叫作席卡（师笑：就相当于一个牌位）。可是老师没说让大家用这个白纸做席卡，说的是让你们通过这张纸让我认识你们。这说明，一个问题可以有多种问法，如果我说"席卡"，可能你们就没有这么困难了。我说的"通过这张纸让我很快地认识你们"，绕了几个弯。这就是我们平时在跟人说话的时候，常常犯的一个毛病——向别人介绍他原本明白的事情，却说了人家不明白的话。语文干吗的？语文就是让我们学会用别人明白的话来告诉别人不明白的道理的。

好像是孙同学第一个折了一个三角形，但是他把名字写在翻页的那面，我问他这样能稳得住吗，他立马就用上了不干胶带，其实如果换一面要不要用胶带啊？不用。学的知识要会用。我刚刚还提醒了一下，有一个数学术语可以帮助我们来解决这个问题。郑同学想到了三角形的稳定性。这是语文课，老师怎么跟我讲数学呢？其实各科知识都是相通的，要想提高学习效率，就要确立综合学习的意识。

这一招，其实是我从一位台湾朋友黄欣雯女士那里学来的，当然，我没有照搬。黄女士是台湾生命教育的发起者之一，这小小的创意背后折射的是生命教育工作者对生命的尊重。从2011年开始，一般情况下，但凡借班上课，在预热阶段或者导入部分，如有可能，我会让学生做上自己的桌牌，怎么做往往会视情况而定，有时候还会让它成为一个教学环节。

这些年小组合作学习似乎已经成为常态，我们常常见到的是：学习小组是固定的四个人，有的将他们编成金、木、水、火，有的编成A、B、C、D，有的编成了1、2、3、4。每每遇到这样的情形，我总会冒出一个怪想法：这跟给每人发一件号衣有什么区别呢？！如果有人喊我们金、木、水、火，A、B、C、D，1、2、3、4，我们这些教师会怎么想？

课堂上的个体之间是相互影响的

良好的课堂生态，一定是相互生长的。相互生长包括两对关系、三个方面。哪两对关系？一对是人与人之间的关系，包括师生之间、生生之间的关系；另一对是师生跟课堂场景的关系。三个方面包括老师、学生、课堂。其中课堂层面在某种程度上还包括教材、教学工具（网络、多媒体技术等）、教室，甚至教室里的光线、气味等。

以上面提到的小组合作学习为例。"事实上，大多数学生（和许多教师）从未体验过真正的合作学习。对于大多数人，合作学习的经验只是被丢到一组，然后被要求创造出一个作品，学习一种技能或完成一项任务，然而从始至终却没有得到老师任何的支持和指导。在这种情况下，学习小组通常在开始时都会抱着良好的意愿，但最后的结果却通常是，一两位学生接手并完成了大部分工作，而其余学生只发挥了很小的作用。那些'工蜂'们常常觉得自己被同学利用、被占便宜或是被束缚住了，而那些被边缘化的人常常觉得自信心不足，跟不上别人，或是提供不出什么有价值的东西。无论学生在小组学习中有过怎样的体验，是工蜂、地鼠还是搭顺风车的人，结果通常都是一样的——心灰意冷,收获也微乎其微。"①

我们并没有认识到"合作学习不仅是一种学习方式,也是一种生活方式和人生态度","通过合作学习,学生能学会如何相互学习,而不是投机取巧""想要建立一种自主合作的学习氛围,学生需要有表现自己的机会——不只是作为一个小团体中的成员,而是作为一个班级中的一分子去努力实现共同目标"②。每个人都必须有"主动影响别人"的勇气,所谓"我为人人,人人为我"。每个小组都要尝试独立解决问题,教师不再是学生的直接管理者。

无论什么形式的教学,都要用心思考如何处理好上述关系,而要处理好这些关系,如佐藤学所主张的需要倾听。倾听,包括倾听学生的肢体语言。但我们看课堂的视角往往是课堂是不是热闹。我一直以来的主张是,真正有效的互动是心灵的互动。学生的眼神、表情、坐姿、手势,甚至衣着,都是我们倾听的对象。表面的热闹未必是发自内心的,这一点我们其实很清楚。

有人要问,50多个人的班级,我们怎么可能倾听每一个学生,跟每一个学生交流?如果换一个视角,是可以做到跟每一个学生对话的。我们往往无视学生的肢体语言、情感、表情、衣着、坐姿。尤其是在小学,学生的坐姿是有严格规定的,40多分钟的时间里,要正襟危坐、动弹不得。想想看,要求每个人的坐姿都一样,怎么谈尊重生命?怎么去合作?在一种轻松、愉悦的心态下,合作才可能发生。它不是被动的,不是出于规定要求的,而是每一个人自觉的需要。

我们如果有改变课堂教学生态的意识,一定会有所作为。比如,要小组合作学习,我们就要思考以几人一组为宜。国外有人提出以四人小组为宜,最多不超过六人,是有社会学依据的。当我们知道了社会网络关系"六度分隔""三度影响力"的原理,对这个问题就会豁然开朗。

有活力的课堂教学生态才能发生有意义的影响。课堂活力体现在哪里?

---

① [美]南希·弗雷,道格拉斯·费舍,桑迪·艾佛劳芙.教师如何提高学生小组合作学习效率[M].刘琳红,译.北京:中国青年出版社,2016:14.
② [新加坡]乔治·M·雅各布斯,[美]迈克尔·A·帕瓦,[新加坡]劳·范恩.合作学习:实用技能、基本原则及常见问题[M].林晶晶,马兰,译.宁波:宁波出版社,2018:3-4.

体现在大家都动起来。比如,我们可以先从字源学的角度来看一下"学",繁体字为"學",其上部是两只正在结网的手,其下是个孩童,表示正在学习织网。该字传达了一个重要理念:教学合一、教学相长(繁体"學"字的上部指"教授",下部指"学习",二者天然合一)。佐藤学的《静悄悄的革命》也对"學"字做了诠释:宝盖头上面的部分是交叉的两只手,意味着"学"的过程就是互动的过程。课堂教学生态,一定是师生的双边活动。

良好的课堂生态有活力,有生成,而且是和谐的、温馨的。如何让课堂讨论活力四射?前提是讨论的问题一定是有价值的。学生一个人没办法解决的问题未必都要讨论。什么问题有讨论价值?我教《我爱这土地》时,问:"这首诗没有学过,那有没有我们熟悉的句子?"有同学回答是"为什么我的眼里常含泪水?因为我对这土地爱得深沉"。我问:"你怎么知道这两句话的呢?"他说曾在书上见过。我又问:"名人名言你知道,那么读到这两个句子时你思考的是什么问题?"他说思考的是"我们怎么表达我们的爱"。"我们怎么表达我们的爱"这个问题就有讨论的价值,就需要组织学生展开讨论。

《我爱这土地》这首诗是怎么表达爱的,对初三的学生来说就不需要讨论,因为学生对象征手法是比较熟悉的。课堂上有个别学生说是比喻,但我把它放过了,没有讨论。当我们的讨论解决了我们如何表达的问题时,究竟是比喻还是象征就没有价值了。还有个标准就是讨论中有没有交锋。讨论要有交锋,要有争议。注意,我这里说的是"争议",不是"争执"。没有争议的讨论是没有价值的,是不能激活思维的,是不利于学习的。

另外,问题的讨论一定是学生跳一跳就能摘到苹果的,也就是说,他们通过讨论,基本上能够弄明白。如果让学生讨论的问题,他们没有讨论明白,他们还会对讨论抱有希望吗?我们组织的讨论要让学生有成就感,成就感的标准是什么?本来不明白,一讨论,就弄明白了。

课堂有没有活力,还有组织形式的问题。还是以小组讨论为例,我们所看到的四人小组成员一般是固定的,这有没有合理的因素?也许有。一个是实施起来比较方便,座位相邻,要讨论时,前面的往后一转就行,甚至有的学校还将课桌做成四人贴在四个角坐的"小组学习"桌。这样的小组的普遍问题是，每次讨论总是那几个人在说，还有几个人在旁边听。要知道，固化的形式往往容易让人形成依赖，一个组织一旦固化了，带来的问题就是思维的固化，处于固化思维中的课堂生态是一种僵化的生态。

如何改变？我们可以有意识地将不同层面的学生搭配为一组，也可以考虑将志趣相投的放在一组，还要兼顾男女生搭配，有的时候，要故意打乱原有的小组织。链接的方式不断改变，才有趣，才可能有活力。

一个社会组织，总是由精英和不同层面的人组成，这样的组织才可能是活力四射的。在课堂这个生态当中，教师的作用，或者说角色，就好比一条不断搅动的鲶鱼，要让课堂生态这池水活起来。我们要做的是什么？时不时地扔一点鱼食，丢一块石头，但什么时候扔，教师往往是无法预设的。

《教师如何提高学生小组合作学习效率》的作者认为，要让小组能够实现高效率，关键是创建"适当的外部环境"。

如果教师设定了恰当的外部环境，不可思议的事情便会随之发生：学生会互相学习，最终会比孤军奋战学到更多东西。

教师要精心设置小组任务，需要每位成员参与进来才能确保任务顺利完成。学生必须清楚地认识到，完成任务需要彼此互相帮助，相互依存。所布置的任务还应该能够有效利用小组成员的多样性，使每个人的潜能都能得到开发和利用。约翰逊认为，相互依存需要通过以下四种方式实现。

1. 所设定的目标需要体现相互依存的关系，在分配任务时要求每位小组成员都要做出自己的贡献，确保顺利完成任务。换句话说，小组成员需要共进退，共存亡。

2. 在分配资源时，需要确保每位小组成员为了完成任务都能够得到属于自己所必需的那部分信息，没有人能够独立完成任务，也没有人能够在没有其他成员贡献的情况下完成任务。

3. 奖励是建立相互依存关系的最有效的催化剂，既奖励个人对小组的贡献，也要奖励整个小组的努力成果，这样小组成员就能够认识到，他们的利益是与彼此学习的状况和自己的学习状况息息相关的。

4.在分配角色时给每位小组成员提供一种独特的方式,使其参与到小组活动中来。为了完成任务,每个小组成员的工作都是不可或缺的。通常的角色包括:记录员、材料管理员、激励者、发起者和成果汇报者。①

回到核心问题上来,良好的课堂生态,一定不是教师按照预设的流程进行的。良好的课堂生态,就像一个社会一样,有一个明确的发展方向,或者用流行的话来讲,它一定是有核心价值观的,但围绕这个核心价值观,朝那个理想的目标走的路径是不一样的,也不是一帆风顺的,有曲直,有波动,甚至有停滞。我更关注停滞,或者叫阻滞。阻滞的地方往往就是最具有潜力的地方,也是最能够触动师生生命生长、最能改变课堂生态的地方,或者说,课堂生态改变的可能、师生生命生长的可能,往往就发生在有阻滞的那个问题上,而不是最热闹的那个场景。

课堂要朝着学生未来生命的方向延伸

好的课堂生态是既立足当下,又着眼未来的。当下是什么?当下就是帮助学生掌握教材所要求掌握的内容和技能,顺利地通过各项检测。未来是什么?就是我们通过教,让学生以教材的学习为例,掌握相关学科的学习技能,进而为将来自己的独立学习、独立生活打下基础。好的课堂生态,必须是与当下的教育生活和未来的实际生活紧密勾连的。也就是说,它不是就教材教教材,也不是为教学而教学。

着眼未来的一个最基本的条件,就是让学生有问题意识,学会提问。我在教《我爱这土地》的时候,提出了20多个问题。我发现的第一个问题就是,这首诗居然没有韵脚。我们现在的麻烦在哪里?在我们把学生教得没有问题了,当然,我们也越教越没有问题了。教参就是那么说的,考试就是那么考的。如果不按照教参,那考试就会考不过,麻烦就在这里。

我们生活在这个社会上,时时刻刻都在跟自然和他人发生关系,甚至发

---

① [美]南希·弗雷,道格拉斯·费舍,桑迪·艾佛劳芙.教师如何提高学生小组合作学习效率[M].刘琳红,译.北京:中国青年出版社,2016:11,27-28.

生冲突。这样的关系和冲突就是问题，或者说问题是客观存在的。好的课堂生态一定是问题不断的，是一个不断发现问题、解决问题、提出问题的历程。

为什么没有韵脚？我查资料、发微信、发微博，向可能知道的人请教。有人告诉我，这是现代诗派的特点之一，受法国象征诗的影响。他们更注重的是散文美，更看重的是诗句本身的节奏美和韵律美。于是我再去了解现代诗派。我在这个过程中就有了生长，由不知到知，由疑惑到解决疑惑。

我有疑惑，学生没有啊，怎么让学生去有这个疑惑呢？课堂上我们谈论了诗歌的一些表征：分行、押韵……我让学生找了找这首诗的韵脚，结果当然是没找着。于是我在课堂教学结束时给学生贴了一个链接：有人说"无韵不成诗"，你们怎么看？让他们课后去研究。这个问题他们可能会通过看书、上网、问人、讨论去解决。有些问题可能他们一时解决不了，当他们有了一定的阅历，可能会豁然开朗，而有些问题甚至终其一生都没办法理解。

可能因为这个问题，有的人懂得了什么叫现代诗派，学会了阅读理解现代诗派作品的基本方法，或者对现代诗派感兴趣了，也去慢慢创作。他也就可能成为一个诗人，这样的教学、这样的课堂生态，我认为就是着眼未来的，也是立足当下的。如果学生经常带着这样的问题离开课堂，你所教的这个学科，他可能学不好吗？你的学生在你所教的这个学科领域里，未来成为一个专家，不会发生吗？我们现在的问题是，通过我们的教学，让我们的学生对我们所教的学科彻底失去了学习的兴趣。

课堂要培养学生的整体思维

古得莱得在《一个称作学校的地方》里说，学校和课堂应该像什么呢？像个小村庄，炊烟袅袅，绿阴流水，行人鸟鸣，是和谐的、温馨的、如画的，既是饱满的，又是有空白的；不是那种急促的、紧张的、充满压抑的工业化背景下的城镇。或者更通俗一点说，它不是冷冰冰的水泥森林。我在课堂上引导学生解读《我爱这土地》的时候，暗地里否定了我们许多教育专家对这首诗的解读："土地是祖国，河流是母亲，风是反抗，朝霞是黎明。"我的解读很简单,鸟在天空中飞,它是一下子看到了高山、河流,感受到风的呢,还是先看山,再看水,再看树,再看河流的?从认知规律上讲,我们不管看什么,首先看到的都是整体。

我们不少情况下的教学习惯了"大卸八块":"手是手,脚是脚,头是头,肚肠是肚肠。"我们自问,在学的时候,真的是把每个环节分得那么清楚吗?哪个不是从整体入手,又回到整体的。分解的目的是什么?我们教广播体操,一定要把那个动作分成一、二、三、四。但是真的按照那个一、二、三、四做下来,就像个木偶一样,不流畅,不好玩。真正的武术家,动作总是一气呵成、行云流水般的。好的课堂生态同样应该如此。至于轻重缓急,这是由每个人在具体理解过程中的不同感受决定的。

《快思慢想》的作者丹尼尔·康纳曼有个观点,创意来自"茶馆式闲聊","我们的场景则是一个办公室的茶水间,大家来倒茶时,交换一下意见,或聊聊八卦。""可以增进我们的洞察力,看到了并了解他人的判断和选择出现什么错误,进而了解自己的错误在哪里"① 这句话换个说法就是"闲暇出智慧"。许多成功往往发生在"不专注"的状态中,是忽然间的顿悟,在闲暇之中,而不一定是在实验室里。语文是干什么的呢?语文就是说人能明白的话,让人明白不明白的道理。学生们费了那么多时间,不知道怎么用这张A4纸向我介绍自己,虽然也写了名字,但铺在桌上,我怎么看得到?当我讲到大家看到开会时主席台上一个个大领导坐在那边,前面都有个桌牌时,学生们都笑了起来。学习语文就是要学会用别人明白的话,讲别人不明白的道理,就是要用我们明白的话,弄明白教材上的内容。做桌牌的环节看上去与《我爱这土地》这篇课文的教学无关,但是这个过程是一个动态生成的过程,在这个过程当中,不仅学生获得了生长,我也获得了生长。

总之,良好的课堂教学生态,便是促进生命生长的生态。

---

① [美] 丹尼尔·康纳曼.快思慢想[M].洪兰,译.台北:远见天下文化出版股份有限公司,2014: 19, 21.

第五讲　语文教学更应追求"得意忘形"的境界

好的语文教师应该追求"得意忘形"的境界，努力让自己的教育教学成为一种美妙的享受。"得意"包括三个维度，一是要"得教材之意"，也就是说要吃透教材，准确把握教材的主旨、特点和作者意图；二是要"得学生之意"，也就是说要了解学生的需要，适时调控学生的学习情绪，使之渐入佳境；三是要"得课堂之意"，即充分认识到教育教学过程是一个动态变化的过程，而不是一套不变的、机械的程序。而"忘形"是指，一个好教师，首先要忘掉自己的教师之形，把自己与学生放在同一个层面，认识到自己是学生的合作者、帮助者，要时刻以欣赏的目光看待学生；其次要忘掉教材之形，即不拘泥于教材和教案，也不拘泥于某一种程式，而以自己的教育教学机智及时调整教育教学方案，适应千变万化的教育教学情况；最后要忘掉课堂之形，努力将课堂视为一个小社会和师生互动合作的舞台。只有这样，教师才会在与学生的合作、沟通中享受到教育的乐趣。

得意：在与学生的合作、沟通中享受到教育的乐趣

教学必须建立在教师对生命的关注的基础上。下面是苏州田大璜老师对我执教的《老王》的解读：

教例简述

一、通读课文，看看文章最主要写了什么

谈话、讨论一共写了几件事情？哪件事情是作者最用心写的？

二、精读第三件事

齐读：从"有一天"一直读到"我不能想象他是怎么回家的"。

思考、讨论：老王临死前还来"我"家送东西，从这里，我们看到了什么？

朗读、体会：

（1）他只说："我不吃。"

（2）他赶忙止住我说："我不是要钱。"

有味地自由阅读："有一天，我在家听到打门"和"我把他包鸡蛋的一方灰不灰、蓝不蓝的方格子破布叠好还他"。

比读、议论：这两段有什么相同的描写？遣词造句有什么不同？

人物描述方面："打上一棍就会散成一堆白骨"／"稍一弯曲就会散成一堆骨头"。

心情方面："可笑""吃惊"／"抱歉""害怕"。

归结写法（细节）、情感（牵挂）。

三、探究学习

作者为什么要写这篇文章？联系课前学习资料，了解作者和她的丈夫。

生命的反应

虚假已经成为语文公开课堂不能承受之痛。凌老师执教的《老王》这堂课是学生语文课堂学习状态的真实反映。这堂课首先遭遇的是"没有学生反应"症。在教学起始阶段，教学第一环节"把握文章最主要写了什么内容"时，学生有三处明显的不反应。这三个问题分别是：（1）课文讲了些什么内容？（2）为什么不用"骑"而用"蹬"？（3）这篇文章主要写老王临死前给"我"家送鸡蛋和香油，你对此认同不认同？学生面对这三个问题的不反应，课堂观察者可能有许多诊断性报告：可能是学生预习不充分，也可能是学生语文基础太差，还可能是老师预习指导不到位。但笔者认为这些对一堂现实的课都是不重要的，重要的是我们应有语文课堂的现场观，离开语文教学现场的任何评述都是不恰当的，也是不负责任的。那么这堂课的语文教学的现实是什么？摆在教师面前赤裸裸的现实是，如何刺激学生的学习反应？如何引导学生将学习活动由"不应"转为"反应"，由"消极反应"转为"积极反应"？

语文课堂需要语文教师执情与智慧的引领。凌老师从两个方面进行了突破。一是培养语文学习的习惯。对于"蹬"与"骑"，"主顾"与"雇主"这两组词的辨析，凌老师采用了让学生查字典的方法进行突破，巧妙地解决了学习疑难，而非仅仅达成教学目标。二是拉近教者与学习者的心理距离。心病还需心药治，学生的不反应可能是因为借班上课（笔者没有亲临课堂现场），也可能是公开课的特殊课堂氛围——农村初二学生面对南通地区的诸多教师、专家莅临多少有点怯场。在这个教学环节凌老师采用了两次"友情提醒"："有的词语不理解，迅速查字典。这是学习的基本方法。字典上有没有'雇主'这个词啊？""有的事情，要有个认同或不认同，不能居中，不能够骑墙。骑墙是比较可怕的，你们互相交流一下！""友情提醒"的语言多次出现，这样具有亲和力的语言是治疗心理不安的良药，传达了教者平易的教风，创设了课堂民主的氛围。因势利导，循循善诱，尊重学生。尊重学生的学习状态，就是尊重了学习者的课堂生命。

生命的温度

语文课堂的生命状态应该有三种行为姿势：飞行、滑行、步行。飞行者在高空舞蹈，令人艳羡，是许多人理想中的语文，也成了不少语文教师的理想，然而迷人的星空离我们语文常态的课堂毕竟太遥远。滑行者也可以有酣畅淋漓的速度，按着预设的轨道前行，让我们教师的阅读有了释放的自由快感，然而教师的阅读不能代替学生的课堂阅读，我们一不留神就会漂移出境，也应慎重畅想。步行者，可脚踩大地，亦可仰望星空，只有步行者的语文课堂，才有可能是常态的语文课堂；只有步行者的速度，才有可能是体悟生命语文应有的速度。

精读活动环节，凌老师没有做高空飞行，阔谈知识分子的勇气、胸襟与责任意识，这是对作家立场的尊重；也没有站在一个教师的立场上围绕教学预设匀速、加速的自由滑行，这是对现实课堂的尊重。凌老师采用了教子学步"亦扶亦放"的教学策略,首先从生活体验、朗读训练入手,步履蹒跚、小心翼翼,不求步步莲花,但求步步落实。因此我们有幸看到了一个蹒跚学步的孩子艰难地起步,继而直立行走,甚至华丽转身的精彩的全程。

"谁能表演一下?直着脚走,如何走?我试了几次,不大好走。好,你来试一下?"生命的教育,需要言传,更需要身教。文学作品的审美体验,需要生活的参与、生命的互动。有生命的语文课堂,总是用一个热情的生命去点燃一群生命的热烈。

"我们站起来读一下。"学生小声朗读。凌老师说:"不要害怕,声音大一点。读出一个将死之人的味道来。他读得有没有味道?"学生有感情地朗读后,凌老师说:"有味道!很好!"这是语言的味道,是语文的味道,也是生命的味道。有生命的语文课堂,总是用一个生命的触须唤醒一群生命的触觉。

生命的质量

孙绍振教授曾说:"在语文课堂上重复学生一望而知的东西,我从中学生时代对之就十分厌恶。从那时我就立志,有朝一日,我当语文老师一定要讲出学生感觉到又说不出来,或者以为是一望而知,其实是一无所知的东西来。""无"中生"有",使阅读者享受阅读,让阅读更加富有而充实;"一望而知"到"一无所知",使阅读者采取谦卑的态度,让阅读更加丰厚而深刻。充实、丰厚、深刻的阅读才是优质的语文阅读,才是引发学习者生命热情的生命阅读。

凌老师智慧地挖掘文本自身的资源储藏,采用"比较阅读法",通过"抓住文章中的关键词的变化",将学生的课堂阅读引向阅读的纵深地带。"有味地自由阅读"环节是这堂课最为精实、精彩的生命瞬间。具体的设计如下:

比读、议论:这两段有什么相同的描写?遣词造句有什么不同?

人物描述方面:"打上一棍就会散成一堆白骨"/"稍一弯曲就会散成一堆骨头"。

心情方面:"可笑""吃惊"/"抱歉""害怕"。

凌老师抓住老王外貌描写的两个细微之处,引导学生做了精细的切片分析,让学生看到每个外貌描写的"细胞",从中发掘出"质"的相同和"核"的不同。语言的"比较"是语文学习的形式,也是语文训练的内容,"比较教学"是教学方法,也是学习过程。"比较教学"让语文阅读走向深入,也让学生的课堂体验走向生命的深处。

生态的语文教学追求的不是人为割裂的生命课堂,凌老师通过语言的抓手之禾,分蘖出情感之苗叶。学生从连续回答"没有变化"到慢慢发现前面的一段是作者感到"可笑""吃惊",又惊喜地发现后面一段作者的情感变化为"抱歉"和"害怕"。

语言训练是语文课堂的重要活动,在语言训练中能够感受语文,领悟情感,体验生命。只要你愿意发现,语文的要义、生命的真义,"语言"中都有。提高语言的鉴赏力,无疑是提升语文课堂的生命力。

忘形:遇物则诲,相机而教

如前所述,"忘形",首先要忘掉教师之形,其次要忘掉教材之形,最后要忘掉课堂之形。只有这样,教师才会在与学生的合作、沟通和交流中享受到教育的乐趣。对受教育者而言,如果对所学内容(学习对象)满怀激情,在学习过程中发现自我、欣赏自我,就会激发出生命的激情、自由的感受,带来审美的愉悦、发现的惊喜、成功的快乐。唯其如此,受教育者才有可能参与确定对自己有意义的学习目标,制定学习进度,设计评价指标,才能够在学习过程中对认知活动进行自我监控,并作出相应调适,从而享受到教育(学习)的乐趣。

我在设计苏轼《水调歌头》一课的教学方案时,试图将音乐美、图画美、表演美有机地融合在一起,让学生在欣赏音乐美、图画美的基础上激发美的冲动,加之我的范读(姑且称为表演),唤起学生的感知与体悟,进而领略文学美。在教学过程中,我力图引导学生用自己的眼睛去观察,用自己的心灵去感悟，用自己的头脑去辨别，用自己的语言去表达，而上得比较随意，试图使语文课成为传统文化与现实文化沟通、碰撞与交融的"沙龙"，让学生在欣赏中领略语言文学的无穷魅力。

下面是南通市通州区教科室原主任张鸿兵先生对我2001年执教的《水调歌头》的点评。

现代教学理念的生动体现、教学技艺的灵活精巧，令专家、名师们赞赏不已。素以坦直著称的教育专家肖川博士多次情不自禁地率先鼓掌。肖博士在评课和讲座中多次高度评价，认为凌老师的课熔开放性与深沉性于一炉，整体感悟，细处摄神，激趣灵活，旷达潇洒，用生命激情为生命喝彩。笔者仔细回味凌宗伟的课，之所以那么潇洒自如，深受学生欢迎和同行赞赏，源自他一贯的教学风格：贵在一个"随"字，随学生之意、教材之意、随机、随和的灵活、机敏与风趣。不刻意作秀，没有固定的模式。形散而神不散，犹如散文般洒脱。纵观这堂课，依然如是。

纵导：得意于随意

为了让学生真正主动地自得词中之意，教师始终把自己置身于学生探索进取队伍中的随员角色，而不是"先导"。其"暗导"，皆导之无痕。多是随学生之意的商量、探讨，随课文之意的设疑、设境。课未始，课堂里便洋溢起多媒体播放的《水调歌头》的歌曲，气势雄浑而奔放。教者陶醉其中，随意踏歌徜徉，俯仰跟唱。学生受到感染，不经意地融入意境，纷纷哼唱……这，便是"导入"，也是本堂课的"旋律"。此曲成为贯穿始终、时隐时现的"背景音乐"。

教者在纵导上的"随意"，随处可见。比如，"你们觉得学习古典诗词最重要的方法有哪些？"学生认为一是"多读"，二是"理解词义语意"。教者倾听学生说明此"二法"最重要的理由后，便深表赞同："好，我们今天就用这两个方法来学习这首古词。"让学生听多媒体播放名人朗读录音时，不仅是提供示范和感受，而且还要求学生注意有没有自己认为读得不准确的字。一个小小的细节，便使学生由被动的"听众"转向主动的"评委"。细微处也未忘批判、研究精神的培养。在学生查字典的过程中，教者的"导学"微处见大："我发现有的同学是边查边抄录，有的同学是边查边折书页，有的是同桌分工合作，收获共享。你们说，哪种方法更快、更好呢？"依然是方法指导，仍是"就地取材"，随手捡来，依然是"导而弗牵"，让学生去自我比较、自我选择。其效，立竿见影。

教者没有直接让学生进行就词解词的"专项交流"，而是将之融进对课文领悟、赏析、讨论的过程之中，教与学以词前小序为"序"，拉开讨论的序幕。运作过程中，教者机敏、幽默、亲和地"挑逗"学生，或据典引申，或揣摩猜度，或大胆想象地各抒己见。其间随学生所言，随机暗导巧引，或故作无知，有意误解，追问"请教"，或由衷地赞赏、评点。口头语言与神态、肢体语言随情所致，随心所欲，挥洒自如，师生皆"得意"于"随意"之中。

"'清影'是什么意思？字典里也查不到。"有同学提问。

"对了，影子为什么是'清'的，难道还有浑浊的影子？什么意思？猜猜看。"稍静，即有同学兴奋地回答："清影，是寂寞孤独的影子。""你怎么知道的？""因为'清'还有寂静的意思。作者远离故乡亲人，中秋团圆时，孤身独饮对明月，顾影自怜，这不是一般的'寂静'，我想，应该是说自己孤独寂寞的身影。""有没有不同意见……都赞同？我也赞同。我很佩服这位同学理解这类词的方法，一是把'清'和'影'分开来理解，合起来思考；二是结合课文中有关句意去分析思索，不拘泥于字典上的一般性解释。我们不仅要会查资料，更要会用资料。现在，对那些字典上查不到的词，有办法对付了吧？来，我们试试看。"于是，如"朱阁""绮户"等词，便很快迎刃而解了。显然，教者把解词法中的"析语素法"随机暗授给学生了。

让学生说说词中上下阕的主要意思时，一位学生说得不全。教者问："嗯，有这层意思，还有其他吗？"另一位学生作了补充。一位学生把前两者来了个"连加"。"意思全了，把面粉、糖、奶、水等原料和起来了，还不是压缩饼干，谁会加工压缩饼干？"一位学生作了概括。"很好，饼干成了，能不能再精炼一些？"就这样步步引导，最后精炼到一句话。如此展示过程的操练，把领悟文意与提炼概括能力的训练相融、互动，效益明显。在讨论下阕时，教者便由导演退为观众了，学习过程大大缩短。学生对某些词句意境的领悟发表了不尽相同、又各有道理的意见，教者不强加主观倾向："好，这就叫'仁者见仁，智者见智'，对问题的理解与评判，应该有自己的见解。"如此开放式的"导"，何止是"导学"，亦在"导人"！教者看似"随意"洒脱的纵导，其形散神不散的"神"，主要是以多种形式的"读"为主线的。听读、评读、自由读、边读边查（字典）、探讨研读、自练朗读、教师范读、学生范读，最后的课堂"小结"也以师生齐诵全词而代之。整个教学过程的起承转合、思研议结、纵究横拓，都始终扣在"诵读—理解"这根"主轴"上。缘起于读，发散于读，领悟于读，归结于读（情感体验与体现），为语文教学尤其是古诗词教学如何让"读"走出"峡谷"，如何进行多层次、多种形式的灵活运用，提供了很值得借鉴的范例。

横拓：生发于随文

开放性的语文教学要求教者凭借教材载体，给学生以更多的知识信息和思维、表达、创新等能力训练的机会。凌宗伟的课"纵导"中随意、随机的横向拓展，也足见其机敏灵活、收放自如的教学技艺。"纵导"中随处可见的学法指导，如果说是一种隐性"横拓"，那么以下几例，倒可谓显而易见的"横拓"。

在以歌曲导入后，以写作对象"月亮"引发学生回忆、举例、背诵古往今来的咏月诗词，以"温故"之拓，为欣赏本词"特色"垫底。

在关于作者和"序"的讨论中，让学生竞说所知，拓展到有关文学常识。教者巧妙地"调控"在作者的生平际遇、当时处境、词作风格及本词的创作背景上，为透视、领悟全词"蕴意"铺垫。仅欣赏、研讨上下阕内容和表达方式、写作方法的过程中，就有三处"横拓"。

一是研讨上阕写景中实写了几种景物，讨论关于"我"这个"人"是不是景中一"物"。教者以两张有人和无人的校景照片，让学生从比较中发现词中"把酒问青天""起舞弄清影"的"我"，不仅是"景"，而且是联系天上人间虚、实景的主体，于是学生便能用自己的语言描绘出一幅"东坡把酒赏月图"。

二是讨论"联想"和"想象"的写作方法时，教者横拓到学生学过的郭沫若的自由诗《天上的街市》，让学生回忆、背诵，并在屏幕上出示"街灯""星空""牛郎织女游天街"三幅图像。学生轻松、快捷地从具体形象中领悟：从现实的地上的街灯（一个事物）想到天上的星空（另一个事物），是联想；由"街灯""星空"（现实）想到"天街"（虚幻），是想象。由此一"拓"再回归课文的研读赏析，学生都快捷而准确地"认出"本词最主要的写作方法：由"人间""月亮"想象"天上宫阙"；由"月有阴晴圆缺"联想到"人有悲欢离合"，构成全词触景（含想象景）思亲、借景抒情的表达方式。

三是拓展性训练。在学生领悟了"联想"与"想象"及其联系与区别之后，教者即在屏幕上出示了几幅形色各异的"看云识天气"的云彩图，让学生运用联想和想象看图说话，进行发散思维、口语表达等创造性"实践"能力的训练。预留课后作业：用"遥望星空浮想联翩……"开头，写一段话。学生们的即兴联想丰富而奇特，语言也充满诗情画意。有位同学由云景联想到草原上的羊群，进而想象九天之上的苏武骑马牧"天羊"，俯观人间美景，竟唱了起来："马儿啊，你慢些走……"教者在赞赏之中，巧妙地把话题转归课文——词牌的来源及特点：可吟唱。接着播放了仿古人吟哦《水调歌头》的录音，而后很自然地引到诵读训练上。纵导横拓交叉连接，相融互动，情理相济，情趣盎然。

情趣：激发于随机

教者十分注重调动兴趣，激发情趣，使学生一直处于亢奋、愉悦、张弛有致的学习状态。其中有"预谋"设计，如课前播放、跟唱豪情奔放的《水调歌头》，课中自由研读、朗读时以此曲作背景，以及尾声处听仿古人吟哦此词的录音等，无不令学生兴趣盎然地陶醉于词意、词风特定的情境之中。然而更让观摩者诚服的还是教者随时随机、随情而发的即兴的情趣激发。

一是语言的机巧与幽默。一开始，在学生相继述说苏轼其人其作及本词写作背景的精彩处，教者惊喜突问："你们是初二哪个班的学生？"学生齐答后，教者答赞："初二（1）班，乖乖，了不起，懂得的文学知识比我们高二的同学还多!"评价学生所言本与何班关系不大,然而教者却先问班级而后称赞,这功效则大不一样,除拉近师生距离之外,激起的是班组荣誉感,是团队精神,是群体的士气。同学们的自豪、自信与勇气都写在脸上,一个个喜形于色,跃跃欲试。也许正是这一问,激发了整堂课的活力之源。

一位学生描述"观云图"的想象:"……蜿蜒起伏的白云,如同一座座雪山连绵不断……"教者笑问:"如雪山的白云(指图)是想到的,还是……"学生:"是看到的。"教室里扬起笑声。少顷,该生顿悟:"不,那是一个银装素裹的冰雪王国,原驰蜡象,山舞银蛇,银装素裹的骑士们骑白驹扬鞭,天马行空……""好!"教者扬臂竖起大拇指高声喝彩。同学们热烈鼓掌。

一位学生把"观云图"描绘成古城堡,国王、卫队……斗转星移,奴隶群起,将国王打翻在地……的连环画镜头。同学们大笑、鼓掌。教者笑问:"很好!这位同学将来可以成为一个……"学生答:"政治家、科学家……"教者说:"有这么好的创造能力,干什么都行,但我更希望他成为一个作家、文学家,他的作品一定很畅销,信不信?""信!"课堂里充满欢声笑语。

二是以激情激情趣。教者不拘斯文,随意洒脱,情随意发,时而温雅如涓流,时而奔涌如惊涛。神态、动作、姿势、语气、声调……协调应拍而多变,张弛起伏的幅度、张力,无不充溢着充沛的激情,给学生带来强烈的感召力和感染力。学生发言,他前倾着侧耳细听,大喝一声"好!"仰身举臂高高地翘起大拇指。最精彩的是他的示范背诵,声、情、神、动协调自如,将作者酒后郁愤、旷达、豪放、向往之情表达得淋漓尽致,人们似乎看到了"把酒问青天""起舞弄清影"的苏轼,听到了他愤然而旷达豪放的心声。诵毕,学生与观摩者都情不自禁地报以热烈的掌声。

教者以激情传递着作者之情,感染了学生,唤起学生的激情。因而,学生的试诵,并非模仿,学生代表的范读,同样赢得满堂掌声。最后的师生齐诵,把课的尾声推向高潮。我们从这充满激情的朗诵声中,完全可以深信,以此为这堂课的"总结",足矣!

第五篇

语文教师应该是个好玩的人

第一讲 好玩的人首先是个"有问题"的人

杜威在《我们如何思维》中说，思维就是"从各个不同的方面和角度审视事物，不漏过任何重要之处——就像是看一块石头，还要把它翻过来看看它朝下的那一面以及它覆盖之下的东西"①。人的思维总是以某种疑惑为发端的。用一个简单的句子来表达，就是："疑是思之始，学之端。"日本著名实业家稻盛和夫也有个著名的人生方程式：人生·工作的结果＝思维方式 × 热情 × 能力，而这之中，最重要的是"思维方式"，甚至可以说"思维方式"决定了人生的结果。②问题是，应试教学的弊端之一是把学生教得没有问题了。真正的教育要做的是，让每个学生在教师的引导下不断地产生新的问题，使他们成为一个个"有问题"的人。前提是教师自己要成为"有问题"的人。这里以文本解读为例，就教师的问题意识与阅读教学的关系谈一点个人的认识。

要带着问题意识去阅读文本

我们必须搞清楚这样一个问题：面对一个文本，语文教师与其他读者，特别是与学生的区别在哪里？一般来说，普通读者拿到一个文本，主要的阅读方式是浏览，有人在浏览中发现有意思的片段、句子时或许会逗留一下，或者做点摘录。也就是说，普通读者的阅读是没有明确的任务的，更多的只是出于兴趣或者休闲的需要。这样的需要语文教师也有，但是这样的需要不

---

① ［美］约翰·杜威.我们如何思维［M］.伍中友，译.北京：新华出版社，2010：47.
② ［日］稻盛和夫.心与活法［M］.曹寓刚，译.北京：东方出版社，2020：4.

是语文教师为教学而阅读的需要。为教学需要的阅读，是要从培养学生的阅读技能出发的。

要培养学生的阅读技能，语文教师的阅读大致要弄明白这样三组关系：读者与文本的关系、教师与文本的关系、学生与文本的关系。其中，教师与文本的关系是阅读教学的基础。课堂上教师的主要职能之一就是引导学生学会找问题：发现问题、解决问题、再发现问题。这就决定了语文教师阅读的特殊性。这种特殊性，就我几十年的教学体验而言，就是要努力在文本当中找问题：作者想表达怎样的情意与观点？为表达他的情意与观点，调动了怎样的写作手段？如果换一种手段会出现怎样的状况？学生在阅读这个文本的时候估计会遇到哪些困难？教师可以从哪些不同的角度选择教学的突破口？……遗憾的是，随着出版业的兴盛、网络技术的发展，一些语文教师似乎离开参考资料和网络就难以解读文本了。

阅读教学的主要任务之一就是引导学生走进文本、走近作者，分享作者的情意，丰富自己的体验。此外，还有培养学习能力、研究能力、写作能力、问题意识等任务，最终帮助学生形成独立学习的能力。学生在阅读具体文本的时候，或多或少总是有困难的。对于有的文本，因为学生缺乏人生经验和阅历、文本与现实有一定距离等缘故，学生往往不容易读懂，或者他们在读文本时会有许许多多疑问。狭义地说，阅读教学就是帮助学生理解文本。由此观之，我们在备课的时候，最需要做的一件事，就是在文本中发现问题、提出问题。

具体来说，拿到一个文本时，如何从中发现问题呢？

问题从文本的标题中来

爱因斯坦有言："提出一个问题往往比解决一个问题更为重要，因为解决一个问题也许只是一个数学上或实验上的技巧问题。而提出新的问题、新的可能性，从新的角度看旧问题，却需要创造性的想象力，而且标志着科学的真正进步。"我们教一篇课文，一般思路是先与学生一起"解题"：这篇课文的标题为什么这样定？如果换个标题会怎样？标题中为什么选用这个词语而不用那个词语？这个词语跟那个词语的取向有什么区别？……当然，把它们变成具体的问题时就不那么简单了，因为许多文章的标题往往就是文章的"文眼"所在。从写作角度来看也是这样，文章好写，标题难定。一个好的标题，会很好地传递作者想要表达而又不好直接表达的意思，这恐怕也是时下"标题党"盛行的一个原因吧。譬如，为什么是"济南的冬天"而不是"冬天的济南"？为什么是"四季的雨"而不是"雨的四季"？为什么是"故都的秋"而不是"北平的秋"？"济南的冬天"可能意在强调济南这座城市的冬天的独特氛围和风景，"济南的冬天"是指所写的是济南的冬天，不是别的地方的冬天。结句"这就是冬天的济南"，是对全文描绘的冬天里济南山水特有的明丽色彩的回应；"冬天的济南"则可能更强调冬季对济南的影响，用"冬天"来修饰"济南"，反映的是在冬天这个特定季节里的济南不同寻常的魅力。"四季的雨"突出了雨在四个季节的不同状况，赋予了"雨"人格化，充满了情趣和意趣；"雨的四季"貌似一年四季就是这个雨，可能在表达上稍显笨拙。"故都"即已久远的都城，让人的思念有点悲切，因此用"故都"恰好体现了文章的感情基调。所以做教师的要有多种多样的问题，走进课堂时才能够应对自如。

问题从精彩的或不起眼的段落、句子、词语中来

阅读时我们可以问一问自己，这个文本最精彩的段落、句子、词语在哪里？当然，每个人的生活体验不一样，所理解的"精彩"也是不一样的。强调要读出自我的意义就在这里。每个人对具体的文本的感觉是不一样的，因为每个人的生存环境、生活状态、人生经历不一样，每个人的人生感慨自然就不一样，不同的人对同一文本的关注点也不一样。所谓"读出自我"，并不是要将文本中的人物、意象变成自己或自己所处的那个环境和意象，而是在阅读中从文本中的人物和意象联想到自己某个方面的人生经验和体验，或者曾经读过、看过、听过的东西（未必是我们自己直接的经验）。

《故都的秋》中有"你也能看得到很高很高的碧绿的天色，听得到青天下驯鸽的飞声""说到了牵牛花，我以为以蓝色或白色者为佳，紫黑色次之，

淡红者最下";北方的枣子树"像橄榄又像鸽蛋似的这枣子颗儿,在小椭圆形的细叶中间,显出淡绿微黄的颜色的时候"。我在阅读这类句子时则会想起一些类似场景下的句子:"望着远山,我看到了一片苍翠的树林,它们像是一幅画卷中的墨绿色调。""在湖畔散步时,我听到了水波轻拍岸边的声音,仿佛是大自然为我们奏起了一首悦耳的乐曲。""漫步在花海中,各种鲜花绽放着绚丽的色彩,红、黄、紫,犹如一幅明艳动人的画卷。"或许我想到的,其他同仁、学生也读到了,但他们未必会与这个文本联系起来,因为我们的阅历、见识、知识背景不一样,"自我"也就不一样。有人可能会想到白居易的"浔阳江头夜送客,枫叶荻花秋瑟瑟",也有人会想到杜甫的"万里悲秋常作客,百年多病独登台",或者李清照的"满地黄花堆积,憔悴损,如今有谁堪摘",我自然也会想到。但就这个句子而言,我以为白居易他们的诗句在这里不一定合适。这种种的"不一样",就决定了个体在阅读中的取向不一样。我的理解是,《故都的秋》虽然整体感情基调是"悲凉"的,但作者笔下故都秋天的色彩是变化多样的,用一种相对而言的暖色调恰当地表达了作者对故都秋的怀念。

也正是这个缘故,我们不仅自己在阅读中要尽量从文本中找"最精彩"的段落、句子、词语,从这些段落、句子、词语中提问题,更要在阅读指导中引导学生在文本中寻找自己喜欢的段落、句子、词语。想一想,问一问:这一段、这一句、这个词我为什么喜欢?教师在这背后需要用到写作理论、文艺理论、审美学知识,甚至还有逻辑学、社会学、哲学等层面的知识。当然,这些知识我们不一定都会在课堂上跟学生分享,但教师必须从不同层面去思考。还要考虑这个段落、这个句子、这个词语跟文本的主旨有什么关系,跟标题有什么关系。由此像自行车的轮辐一样,向四面扩散——这个段落跟它的上下段落之间有什么联系,这个句子跟文本的哪个段落里面哪个句子有什么关系、有什么呼应……

问题从看似矛盾与夸张的文字中来

文本中总有一些看似矛盾实则合理的表达,这些表达往往就是激起学生理解文本的兴趣点所在。作为教师，我们要想对学生理解文本有所帮助，就要更多地关注这些地方。最典型的看似矛盾实质不矛盾的恐怕要数鲁迅的《为了忘却的记念》。"忘却"和"纪念"似乎是相互对立的概念。忘却意味着遗忘、抹去，而纪念则意味着记忆、铭记。然而，鲁迅通过标题传达了一种特殊的含义。在《为了忘却的记念》中，鲁迅谈到了历史的遗忘和忽视，他认为人们对于历史的了解和记忆非常有限，往往忽略了历史中许多重要的事件和人物。通过"忘却"，鲁迅强调了人们对历史的无知和遗忘的现象。鲁迅用看似矛盾的标题强调了"记念"的重要性。他认为，只有通过对历史的记念和反思，才能从历史中吸取教训，避免重复过去的错误，并推动社会的进步和发展。通过"记念"，鲁迅呼吁人们对历史保持关注，不忘记历史中的教训和警示。

再如，鲁迅的《无常》中"但是，和无常开玩笑，是大家都有此意的，因为他爽直，爱发议论，有人情，——要寻真实的朋友，倒还是他妥当"就是个看似矛盾，实质颇有意味的句子。无常作为死神的形象，通常被认为是冷酷无情的。然而，鲁迅在这里却赋予了他人情和真实的特点，或许是在暗示人们对死亡和无常的恐惧和回避，并希望通过幽默和讽刺的方式来减轻这种恐惧。这也可以理解为，人们对于真实朋友的渴望如此之强烈，以至于他们甚至愿意与无常开玩笑，因为无常被描绘为一个爽直、发表评论的人，而这样的朋友在现实中是十分难得的。想明白了这一点，就会发现这个句子独特的意蕴了。

又如，《我与地坛》中"时间限制了我们，习惯限制了我们，谣言般的舆论让我们陷于实际，让我们在白昼的魔法中闭目塞听不敢妄为。白昼是一种魔法，一种符咒，让僵死的规则畅行无阻，让实际消磨掉神奇。所有的人都在白昼的魔法之下扮演着紧张、呆板的角色，一切言谈举止，一切思绪与梦想，都仿佛被预设的程序所圈定。因而我盼望夜晚，盼望黑夜，盼望寂静中自由的到来。甚至盼望站到死中，去看生"。这段文字中无疑使用了过度语气来夸大白昼的影响，如将白昼描述为让人"扮演着紧张、呆板的角色"，以及一切言谈举止、思绪与梦想"仿佛被预设的程序所圈定"。这是为什么？这种过度语气的运用强调了白昼对个体的压抑和限制，使得文字更加生动、有力地传达了作者对白昼束缚的忧思和对自由的渴望。

问题从看似合理和貌似多余的文字中来

一个文本中，总有一些词句看上去是多余的，其实，作者正是想在这些看似多余的文字中透露出他的某种价值取向。比如，《怀疑与学问》中作者引用了不少事例、名言等来证明"做学问不要盲从或迷信，要有怀疑的精神"的观点，但有必要引用这么多吗？为什么？又如，《济南的冬天》为什么要写北平与伦敦呢？类似这样的问题，可以帮助学生理解反复与对比的修辞手法的表达效果。课文中反复出现的句子或段落可能有以下几个原因。

（1）强调重点：重复出现类似的句子或段落可以帮助学生更好地理解和记忆重要的知识点或观点。反复强调可以加深学生对关键概念或重要内容的理解和记忆。

（2）强调情感或主题：重复出现类似的句子或段落可以加强情感的表达或主题的呈现。反复的描述和描绘可以让读者更加深入地感受到作者想要传达的情感或主题，增强作品的感染力和艺术性。

（3）强调文化或历史背景：有些课文可能反复出现类似的句子或段落，以强调特定的文化或历史背景。这样做可以帮助学生更好地理解和感受特定时期或特定文化的特点和精神内涵。

《济南的冬天》中用济南的冬天无风声、无雾、无毒日与北平、伦敦、热带进行对比，目的是突出济南的冬天温晴的特点。

总的来说，课文中重复出现类似的句子或段落是为了强调重点、加强表达效果、帮助学生理解和记忆重要内容，以及深化对文化和历史的理解。这种重复的手法有助于学生更好地掌握课文的内容和语言技巧。我认为，任何一个文本，当我们用挑剔的眼光去看，用批判性的思维去思考时，多少会在其中看到某些不足。即便是鲁迅这样的"大家"的作品也是这样，更不要说学鲁迅的那些文字了。至于我们的这些疑问，尤其是学生的这些疑问，究竟有没有道理，在我看来并不是最要紧的，关键是，我们对名人名作是只有顶礼膜拜，还是在欣赏与崇拜之外也有自己的思考呢？

所有的问题都要统摄在对文本主旨的理解中

许多情况下，我们的语文教学从小学到高中都是支离破碎的，文本解读多是把文本大卸八块。而生活的经验是，我们平时看人首先看到的是一个整体的人，他或是四肢健全，或是相貌堂堂。但我们上课的时候，偏偏要让学生去关注"那双眼睛"在文中出现了几次，这几次的描写有什么变化……结果，学生在文本中看到的就只是他的眼睛了，除了眼睛，再也不会关注其他。教《祝福》，让学生关注文本中描写祥林嫂眼睛的文字固然没有错，但是不提醒学生祥林嫂眼神的变化与她命运的变化有什么关系，不引导学生思考鲁迅通过这样的描写要告诉读者什么，学生留下的也许就只有"眼睛"。黄厚江老师上《孔乙己》，选择了对孔乙己的"手"的描写作为解读的抓手，他引导学生将孔乙己的"手"放到孔乙己的命运中来解读，放在《孔乙己》所表达的主旨中来解读，这样的解读，就避免了可能"只见其'手'，不见其人"的弊端。

我说这些，为的是强调这样一个观点：我们在读文本提问题的时候，一段一段读下来，有可能是支离破碎、没有联系的，但在设计教学方案时，要将提出的问题统摄在文本的情境之下，必须考虑这些问题跟主旨的关系，跟上下段落、句子之间的关系，跟标题之间的关系。在教学设计中，得把所有问题串起来放在一个系统里。这个系统就是文本本身的价值取向和表达方法。

有问题意识的教师才能培养出善于思考的学生

我想强调的是，要想让学生成为不断有"问题"的人，或者说要培养学生的"问题意识"，教师首先就得是"有问题"的人，只有问题意识增强了，才可能引导学生慢慢地形成问题意识。作为语文教师，我们与学生的区别就在于，教师是"专业工作者"，教师的提问更多地应当具有专业性。

我们现在往往缺少的就是职业身份感。在中小学，我们这些教师只是作为学生应付考试的"教练"出现，而不是以学生求知和成人的"导师"身份出现。身为学生的人生导师，教师的学业是基础，专业是特征，人生态度是灵魂，后两者更会影响学生未来的人生取向。若丢掉了这些，就很可怕了。

从这个角度来理解"一桶水跟一杯水"的关系，是有一定合理性的，我甚至认为这种关系还可以上升到"长流水与一滴水"的高度。教师只有一桶水是远远不够的，这样的认识，不是出于量的考量，而是出于"活"与"死"的思考。一个教师走进课堂，给学生的若是一桶死水，往往是解决不了问题的。真正进入课堂，教师能给学生的或许只是一两滴水，但这一两滴水的性质可能是不一样的，或许是甘泉，或许是江水，或许是海水，也可能是药水，甚至是毒药水。所以，对于文本，教师的教学解读要建立在专业基础上。只有备课时从不同层面考量了，走进课堂时才可能是从容的、有底气的，才可能践行《高中语文课标》中提出的"发展学生的辩证思维和批判性思维，注重培养学生思维的逻辑性"的教学要求。

课堂教学中的问题讨论必须有教学价值

教师在独立解读文本的时候，提出问题是从多层面、多角度出发的，是建立在专业基础上的，但这并不意味着我们提出或者发现的问题都要带到课堂上与学生分享和探讨。课堂教学中究竟如何处置这些问题，要看具体情况，因为不同学校和班级，甚至不同情境下的学生程度是不一样的。

课堂上，更多地会从学生的提问中发现我们在阅读中原本没有关注到的问题，这些问题对学生而言往往就是"真问题"。还有一个要明白的问题是，我们发现的一些问题，可能是没有标准答案的，甚至就是没有答案的。有没有答案不重要，重要的是课堂上要跟学生探讨的是具有教学价值的问题。在讨论文本、讨论教学、讨论一切跟教育有关的问题的时候，应该关注的核心就是它的教育价值。什么样的问题都可以进入课堂，但并不是进入课堂的任何东西都有价值，尤其必须强调的是，并不是我们所关注的东西都是有教学价值的。课堂上跟学生分享和探讨的问题必须是有教学价值的问题。从培养问题意识的角度看，所谓"有教学价值的问题"，必须是着眼于学生的"学"

与"思"和学生未来的"生长"的。教学准备就是提出问题，激发学生联想到个人经历，也就是我们通常所说的要思考如何将学生引入具体的"问题情境"中来。建立在这个基础上的教学才可能对我们了解新的问题有所帮助。一个高明的教师，往往进了课堂，面对具体的教学情境时才知道这堂课该怎么上，这才是上课的正道。

需要强调的是，有些没有明确答案的问题，从教育的角度来看也是有教学价值的，说不定还是最有价值的。为什么？因为它可以引发学生的思考，甚至这个问题会陪伴他一辈子，若干年以后，当他遭遇某个事件，进入某个场景的时候，忽然明白了当初老师提的那个问题的答案就在这里。语文教学跟其他学科教学最大的差别或许就在这里。人生就是如此，许多问题的答案要靠人生的经验去解决，要随着一个人的人生经历去慢慢体悟。

从对自己身边的事和教材提问开始

无论什么时代，想成为一个"提问的人"还真不容易，一方面是我们一直自以为懂了，另一方面是因为别人不想让我们懂。在今天，敢像苏格拉底那样"很喜欢揭露人们真正懂得的事物的局限，很喜欢质疑人们作为人生依据的那些假定"，一次又一次地证明"他在集市上见到的人，其实并不真正懂得他们自以为懂得的东西"[1]，是要面临巨大的压力与挑战的，因为我们习惯了盲从，或者确切地说，许多因素迫使我们盲从。

就中小学教育而言，时下的基本特质就是，只要是理论或模式，不论是否正确，是否适合自己，统统拿来。谁会问这个理论或模式是不是靠谱，是不是与具体的团队和个人相匹配？权威崇拜导致我们迷信专家，向往名师而不去提问，当然也有迫于"专家""学者"头衔与名声而不敢提问的。至于那些专家、学者，更不排除他们"以为自己理解真实，其实并不理解"（当然，在不少问题上我们自己也是如此），他们真正需要的是那些能给自己带来时下实实在在名利的新名词、新理论、新模式，至于这些名词、理论、模

---

[1] ［英］奈杰尔·沃伯顿.40堂哲学公开课［M］.肖聿，译.北京：新华出版社，2012：2-3.

式是不是符合逻辑、有没有尊重教育实际，那就懒得寻根究底了，相反，对"敢冒天下之大不韪"提问的人，那必须纠集一批拥众"迎头痛击"。因此，我们即便有自己的想法和观点，也只能犹犹豫豫，避免与众人有异，以防给自己带来"冒天下之大不韪"的"罪名"，至少也要避免被人称为无礼貌的人，以图安安稳稳混个太平日子。就这样，许多情形下，我们总是自我调整认知，转而向流行看齐，或者习惯于被修改，日复一日，也就懒得提问了。当然，偶尔我们也会发愣，比如对教学模式，我们也会私下嘀咕，怎么是这样呢？但我们又说不清道理，因为说不清，也就没有底气提问了。总之，无论在什么时代，你想安安稳稳地混日子，最要紧的就是闭嘴，要不然，你就可能成为大众眼里的另类和诸位"大佬"的眼中钉。

但是，苏格拉底和柏拉图用他们的方式告诉我们，"未经省察的生存适用于牲畜，却不适于人类"。一个人的智慧来自他不断地提问和争辩，更来自他自己的思辨，没有经过自己思考的提问与争辩不仅是无意义的，还会导致纷争。一个提问的人，唯有知道自己在做什么，人生才有价值。

做教师的总明白，任何一种理论或一种操作总有它诞生的独特的历史条件，我们要做的就是去粗取精，去伪存真。教育是面向一个个具体的人的工作，是世界上最复杂、最具变化特性的工作，岂能生搬硬套一种理论或一种模式就大功告成？但是，感觉解决不了问题，想弄清楚问题的本质，最要紧的是要思考和学习。如果我们想弄清楚教学模式之类的究竟是怎么一回事，光凭感觉去与人争辩只会自取其辱。想要说明模式化的问题，首先要将什么是模式、什么是模式化弄明白。

就我个人而言，为弄清楚这些问题，我的选择是阅读，在阅读的同时不断提问。我前前后后花了一年多时间，读了十多本学术专著，做了几万字笔记，写了一篇 8000 多字文章《模式化的教育：新的压迫与侵犯》（其主要内容本书前面已有陈述），厘清了许多模糊认识。乔伊斯和韦尔等人认为："教学模式就是学习模式。当我们在帮助学生获取信息、形成思想、掌握技能、明确价值、把握思维方式和表达方式时，也在教他们如何学习。""教学的终极目标就是提高学生的学习能力，使他们将来能够更加便捷有效地进行学习,使他们一方面获得知识技能,另一方面掌握学习的过程。"①

我的基本判断就是,教学模式不是固化的,而是基于个体的,个体就是每所学校、每个学科、每位教师、每名学生以及某个特定的教学内容和教学场景。

美国现代教育哲学家乔尔·斯普林格在《脑中之轮》中指出,我们每个人的潜意识中都有一个"脑中之轮",我们都自以为理解周遭的世界,其实只是被"思维惯性"这个"轮子"给困住了。做教师的就是要摆脱"脑中之轮",努力成为一个有问题的人,只有成为有问题的人,才可能让学生成为有问题的人和习惯提问的人。

明代学者陈献章在《与友人论学书》中说:"前辈谓学贵知疑,小疑则小进,大疑则大进。疑者,觉悟之机也。一番觉悟,一番长进。"从教学的角度看,课堂上善于激疑的教师,是会搅动一池春水的,搅动春水会使学生的学习活动产生动力,促使他们的阅读思考欲望由潜伏状态转入活跃状态,在阅读中开展积极的思维运动,在文本的字里行间探寻文本的意蕴,发现文字的破绽,体验阅读思考的喜悦,转而慢慢形成独立阅读文字、分析文字、欣赏文字的能力。这当中还有一个重要认识是,教师对学生问题意识的引发,是要建立在学生的主体需求基础上的,离开了学生主体需求的教学活动,往往总是一厢情愿。从技术层面看,我们可以借助"任务驱动"来激发学生的主体需求,如课堂上可以要求学生在自读的基础上每人提出2~3个问题,这些问题或是自己不懂的,或是自己有兴趣深入了解的。这样,教师就可以了解学生的需要,在课堂上与学生共同探讨,共同成长。

我的认识是,教师想要成为一个提问的人,可以从对自己身边的事和教材提问开始,哪怕面临被人奚落的窘境,否则就有可能沦为自己所不齿的庸众。

---

① [美]布鲁斯·乔伊斯,等.教学模式[M].兰英,等译.北京:中国人民大学出版社,2014:5-6.

第二讲　语文老师应该是一个好玩的人

语文课本该是所有学科课程中最好玩的一门课程，语文老师同样应该是好玩的人。语文老师要变得好玩，就要不断地阅读，通过阅读使自己变得丰满一些，变得善于思考、善于反思、善于批判与舍弃，使表达变得通俗一些、有趣一些、幽默一些、好玩一些。

语文阅读教师的内功在阅读中修炼

要使自己变得好玩一点，首要的是要有一点阅读的耐心。香港的一位媒体人在他的《疯狂教育》里讲，大工业思维的学校教育模式在今天依然相当猖狂，大工业思维的特征就是效率崇拜"谋财害命"，谋纳税人的财，害学生学习的命。而我觉得，我们现在强行推行的教育教学模式是一种"谋才害命"，谋杀了我们这些人原有的才华，使我们原本还有的那一点点想法和激情慢慢地消解直至泯灭。满脑子想的就是如何控制我们的学生、束缚学生的思维，使他们在我们框定的思维模式和框架里运作，更可怕的是，这种方式慢慢地弱化了我们这些语文教师解读文本的能力，慢慢地限制了这些语文教师对课堂的认识，导致的是教师对文本的浅表阅读。从学生学的角度来看，教师的浅表阅读、浅表教学，必然导致学生的浅表学习：沉浸在题海里，瞄准在考试上。

语文教师现在很少有耐心去读文本，甚至连教参也懒得去翻，有的甚至懒得用搜索引擎检索一下。我在一个网络社区里就遇到这样一位语文教研员，动不动就向大家提问：这个词是什么意思，那个词怎么解释。我问他为什么不查阅工具书，为什么不用搜索引擎检索，他很率真地回答，他很懒。也许他是调侃，但调侃的背后是不是也有他真实的一面？

黄玉峰老师的语文课，基本上是以"讲授法"为主的。讲授法原本就是最为基本的教学法，属于"直接教学法"，但要讲好是要有功底的。我们从黄老师的课上，不仅可以看到他丰富的文史知识背景，教学中他把庄子的论著中与《秋水》贴近的文本都引入了课堂，提供给学生，而且更让我们钦佩的是，他总是娴熟地将被我们这些语文人渐渐丢弃的"小学"之学引入具体的教学，不断地从字词的源头来给学生解说文本中具体的字词，帮助他们理解具体的字词在文本中的实际含义。当学生明白了这个字最初的意思，放在这里是这样的意思的时候，不就渐渐地养成刨根究底的思维习惯了吗？有了这样的习惯，所谓的问题意识、所谓的创新精神也就有了可能。

黄玉峰老师对有关典故倒背如流，信手拈来，但在课堂上面对学生，他是立足于生活现场，用生活语言来解读的。他用他的方式践行杜威的"教育即生活"的理念。我一直主张课堂要关注生活，关注当下的生活，关注学生的生活，关注未来的生活，回观已有的生活。但在实际的教学生涯中，我们很少考虑这样的问题。

教师，尤其是语文教师，本是读书人。我们总是埋怨我们的学生不读书，可我们自己连教材都不读，凭什么叫学生读？

我们都清楚，语文教学是不可能立竿见影的。语文老师既要有大视野，又要有慢功夫。文本的解读就如品茶，不是用大杯子牛饮。"功夫茶"讲究一道一道程序，不同茶叶要用不同茶具，要考虑不同水温，甚至还要选择不同喝法。想要领略不同茶的不同口味，需要慢慢地品，急不得。文本本身总是有它自身的指向性的，作为教师，我们总要对其内在意蕴明白个八九不离十。"一千个读者就有一千个哈姆雷特"，说的是人生阅历不同，对文本的解读也就不同，但并不意味着我们可以远离文本本身的意蕴肆意解读。要贴近文本本意，需要的是工夫，要沉下来慢慢读，一个字一个字、一个句子一个句子地读。

中小学语文阅读教学一直都是以文本为基础的，离开了文本的教学是不存在的，教材需要我们用心去读，别人的解读替代不了我们的思考。我讲一篇课文会花几天的工夫反复阅读文本，在阅读过程中不断地提问，一篇课文总会提出二三十个问题，然后去看教参，上网搜索相关文献，努力解决自己的疑惑，寻找对自己思考的问题的某种支撑。当我带着对这许多问题的思考走进课堂，一般情况下，是不用担心招架不住的。

一个好的语文老师会有意识地进行还原性阅读。教材的选文往往是经过编写者删节、修改的，尤其是那些板块式结构的教材，为了突出某个版块，多少会对原文进行改动。我们备课的时候要尽可能地把原文找出来比对一下，尤其是国外作品，更要尽可能地将原文找来看一下，当然最好还是看原著，而不是译本。可惜的是，很多人外语水平有限，没有多少人能够读原著，更重要的是，我们没有这样的意识，我们习惯了"以讹传讹"。

现在的学生不像我们这些"50后""60后""70后"，他们是网络社会的"土著"，我们充其量只是"移民"。网络的信息是海量的，许多知识我们不懂，他们懂。因而，反哺现象在今天的学生身上显得更为明显，但我们这些教师依然毫无察觉，依然习惯于管控，依然无视学生学习的发生，更不要说激发他们的创思了。

语文老师，多少总得读一点经典，不仅要读文学经典，更要读教育学经典、社会学经典、哲学经典。比如中国文学、中国文化典籍，以及《民主主义与教育》《康德论教育》《乌合之众》《脑中之轮》《中国文化的深层结构》等。如果我们读了《乌合之众》，就会警觉自己可能出现的群体性无思识，也可能对当下的社会生态有比较理智的认知。许多情况下，我们就会守住做人应有的底线。

我一直认为，一个具备专业精神的教师在某种程度上讲就是研究者，因为教学即研究，好的教学一定是在研究课程标准、教材、学生的基础上确定恰当的教学目标，结合具体场景选择依据一定的策略，选择合适的方法相机实施。优秀的教师发表的教育教学言论，尤其是教学主张之类的陈述，一定是在相关教育科学理论指导下，经过具体教学实践检验的基础上反复论证得出的，在表达和发表时是会认真推敲的。

谢锡金先生说："中国语文教育与语文不同，主要是研究人的科学。很多时候，针对中国语文教育的理论及实践的方法，每个学者有不同的观点和看法，甚至产生很多争论，无法确定谁是谁非。有时一些理论无法用到实践中去，甚至提出理论的人自己重做，都不能得到同样的结果。有些观点太随意，太强调顿悟。事实上，唯有通过科学的方法和研究，才能够不论做什么，什么时候做，都得到一致的结果和结论。"[1]

无论什么研究，总是为了找到可靠的知识。无论在怎样的价值观主导下的研究，一般都有这样几种假设：一是经验论。经验论认为人类的知识来自人的感官，否定有任何先于经验的观念。我以为，"语文为王""不读书的孩子是潜在的差生"之类的论断就是如此。二是实证论。"实证论以可以观察的经验事实为基础，以逻辑方法推理，以自然科学的方法保证如何从经验和推理产生可靠的知识，否定任何无法根据经验验证的论述。"[2]我之所以认为"语文为王""不读书的孩子是潜在的差生"这类论断不靠谱，就是因为它们不合逻辑。三是解释论。"解释论者虽然同意知识必须以经验事实为起点，但认为自然科学的原理不适用于研究人类"[3]，社会科学研究更关注"为什么"。为什么他们会得出"语文为王""不读书的孩子是潜在的差生"的结论，就是我一直想搞明白的问题。四是主观论。"强调人类拥有先于经验中的概念，认为通过内省的方法，可以把握这些先于实施的知识"[4]，研究人员必须有信心找到这些知识。比如，我们总有自己对教学问题的理解，但是这理解是不是可靠的知识，则需要花气力去验证。

2021年11月，应华东师范大学出版社北京分社大夏书系与超星平台合作的"一周一书"栏目邀请，对余文森老师的《从有效教学走向卓越教学》一书作介绍的时候，我就建议同行们探讨一下余老师在书中关于教学主张的阐述的章节以及他所列举的"语用语文""文化语文""感性语文""汉字文化导向的识（字）教学""有思想的数学""智慧数学"等教学主张，与余老师对教学主张的一些陈述如"教学主张是名师的教学思想、教学信念"之间有没有值得推敲的地方。

---

[1] 谢锡金.怎样进行语文教育研究［M］.北京：北京师范大学出版社，2013：1-3.
[2] 同[1].
[3] 同[1].
[4] 同[1].

我之所以提出这样的建议，就是希望同行们的教育阅读，要秉持审慎的立场，以研究者的视角去读；更希望有志于教学研究的教师们在研究中，尽可能多地读一些相关理论著作，掌握一点儿基本的研究方法，提醒自己自觉遵循一定的研究方法，力戒先入为主、单一思维，力求从不同视角去审视自己和他人的观点、表述，防止误导同行，也防备被同行误导。我在跟教师们分享教师作为研究者的话题时，还向他们推荐了《教师行动研究指南（3版）》《教育研究方法（第三版）》《从实践到文本：中小学教师科研写作方法导论（第三版）》以及《社会研究方法（第十一版）》《研究是一门艺术（第4版）》等。

在这个浮躁的时代，我们如果能静下心来阅读几本名家的精品，感受他们的人性，体会他们的情感，理解他们的思考，可以说是人生一大幸事。在我看来，好玩的人，总体而言是对自己赖以生存的职业充满兴趣，并具备强劲的学习力与思考意识的人。

好玩，总是在具体的情境中发生的

借班上课，老师在跟学生互动的时候，热身所花的时间往往要比在自己的班级多。因为师生之间不熟悉，会影响沟通，还因为这节课有表演的成分，要表演得好，不能演砸了。我在南京指导初二学生写《成长的烦恼》作文的时候，为了打开学生的心门，先从自己的年龄说起，然后说到自己的学校是如何开办"体育器材"超市的，最后还告诉学生，自己正在为29岁女儿的婚姻大事而烦恼。到了此刻，学生纷纷打开心扉，将烦恼倾诉了出来：有的学生因为不能经常打球而烦恼，有的学生因为带手机却不能光明正大地使用而尴尬，有的学生因为抄作业被发现而自责，有的学生因为喜欢某个异性被老师找去谈话而郁闷……

课堂上我问小W："你有喜欢的女同学吗？"小W回答："班上的漂亮女生都有喜欢的人了。"我追问大家："你们班上小W喜欢谁？"学生一致喊出："小W喜欢……"其中一个男生很激动地站起来说："小W喜欢女同学的事被班主任发现了，班主任已经找他谈话了。"又一个高高的女生抢着说:"小 W 被那个女同学拒绝了,而且被拒绝不只一次……"我随即问小 W:"同学们说的属实吗?"小 W 闷闷地说:"我拒绝回答。"于是我给了他一个肯定:"你的拒绝是对的,这是你的隐私,我们应该尊重。"我同学生研究《变色龙》这篇课文,就不会按照常规思维来组织教学活动。我会让学生谈谈变色龙是一种什么样的动物,它为什么会有这样的生物特征;会同学生讨论奥楚蔑洛夫为什么会一变再变,如果那条狗真是将军家的,他将它打死了,会有怎样的后果;会让学生比较阅读《一个小公务员之死》,让学生思考在小公务员伊凡·德米特里·切尔维亚科夫与警官奥楚蔑洛夫身上有怎样的共同点,如果你是警官,遇到这样的情况,你会怎样处置;我可能还会要求学生去读《套中人》以及契诃夫其他关于小人物的小说,研究作者为什么会写这些小人物,进而让学生明白,人物分析,不仅要放在小说的具体情节中,还要放在故事发生的特定社会情境中。

"好玩"的老师,会在文本中找到独特的乐趣

我在做《老头子做事总是对的》的教学准备时,发现教材本身并不深奥,道理也很明白,但写得很有趣。我在阅读的时候,提出了许多有趣的问题。比如,老头子生活在穷苦的乡下,唯一的财产就是一匹漂亮的马,为了解决温饱问题,老头子牵着他的马去集市上换些对他们更有用的东西。那匹马就是他们唯一的财产,老婆子与老头子一起生活了这么多年,老头子会干出什么样的蠢事来,老婆子知不知道?应该知道,但她还是让他牵出去换些生活用品,她为什么要这样做?老头子换回一袋烂苹果,老婆子居然还很开心,又是为什么?如果老头子与两个英国人打赌输了,他们还会那么乐观吗?老头子外出前,有这样一节很短的文字:"她替他裹好围巾,她把它打成一个双蝴蝶结,然后她用她的手掌心把他的帽子擦了几下,同时在他温暖的嘴上来了一个吻。"为什么要有这一系列动作描写?后面的叙述更好玩,老头子原本只是想到集市上走走,光是看看,他有没有想到会发生后面这些事情?老头子一路走下来很快,但一路上发生了这么多事情,快得起来吗?老头子拿着一袋烂苹果回家了,他告诉老婆子:"我用马换了一头母牛!"

老婆子兴奋地说:"真是多谢上帝,我们有牛奶了!""这下子我们有奶品吃了,桌上有黄油干酪啦。换得太好了!"老头子又说:"是的,不过我又用母牛换了一只羊!"老婆子居然这样夸老头子:"你总是考虑得很周到;我们的草足够一头羊吃的。这下子我们可以喝羊奶,有羊奶酪,有羊毛袜子,是啊,还有羊毛睡衣!母牛是拿不出这些来的!它的毛都要脱掉的!你真是一个考虑问题周到的丈夫!"可事实上,老婆子既没看到牛,也没看到羊,什么也没看到,看到的就是老头子和那一袋烂苹果。老婆子是不是同老头子一样傻呢?这些都是这个文本中好玩、有趣的地方。提出来与同学们细细玩味一下,这个过程是不是很有意思?

努力让自己变得好玩一点

2017年苏州的陈兴才老师曾写过一篇文章《老凌》,全文如下。

"好事者"把凌宗伟给学生上课或作报告时的照片发到微信朋友圈,总是很耐看,即使是连拍十张图,那表情也绝对当得瞬息万变,生动得不要不要,有时大眼一瞪,有时作呵呵状,有时头仰到天上去发出"哈哈哈",有时把头歪过来作一休和尚状。学生就有评价,凌老师"傻傻的,真真的"。我们听了要"喷饭",近60岁的人了,但想想,儿童的观察也许比我们强。

见多了公开课老师的亲切、端庄、慈祥、激情的造型,和一些不上课的教育名家的优雅、高贵、成就满满以及平易近人状,还真少见到像凌宗伟那样的活泼生动——年轻时也就罢了,明明他已是"老凌",年近耳顺,很少见。比如,他听到什么,嘴张开,眼瞪大,定格——这是表示"活见鬼了",然后那瞪大的眼睛里,眼珠转一圈,再转一圈,嘴形变圆,发出"哦"——那是他找到了某件事的可解释性或根源,"原来是这么个东西"——这个过程一般持续两秒钟。我们常说老凌脑洞大,眼光毒,教育界好多言论或事情,突然爆得大名的,或吸睛千万的,或"放卫星上天"的,或收获粉丝无数的,在有人特别信而崇拜时或是将信将疑时,老凌已经在早上六点钟的第一波微信状态里表示怀疑,"开扯"。待到后来,事实出来,每每被其表情砸中。

老凌爱用一个词,叫"扯"。

一是东拉西扯,侃也。这个需要读书多。老凌正好是一个月所读的书超过我们一年的"活书橱",每天数则人、事评价的转发,他往往都在所言前面随手加个帕斯卡尔、黑格尔、波普尔、索绪尔、哈维尔之类的话以作佐证。有时我就感叹,读就读了,批注还做得多,偏偏他还记性好,"肚货"多,在大家为一话题绕舌时,他随手拈来,扯出各种东方西方、子丑寅卯。上课,他就是跟学生扯扯,学生也喜欢跟他在课堂上"扯"。又因为嘴皮子功夫好,擅长辩论,喜欢一辩到底,所以他的课堂,总是把学生"扯"得无处逃而转身应扯,40分钟就成了绕舌带烧脑的"体操活"。教研,他是跟老师们扯扯。在微信圈里,是跟同行们东拉西扯。讲座,是跟老师们、校长们、局长们扯扯。他的讲座跟课堂一样,烧脑子,因此没人打瞌睡,全都睁大眼睛。所谓有见识,又能识见,所以才扯得开。

二是爱"扯",但不是胡"扯",而是验明正身;或是扯人花衣裳,扯太过华丽的。太正经的、太奇特的、太模特的、太像衣服的,他都喜欢扯,扯开了,就露出人家肚子上的浮膘;又或是扯皮之扯,非互相推诿之意,而是扯人造之皮,扯红皮、绿皮,也扯西装、中山装、汉装、唐装。所以,坊间人送外号"凌扒皮"。他自得其乐,外号就成了自号。终于,他被人暗中立了群规:"凡是凌某文章不可以在本群转发。"

三是扯着不放,不把话和理扯明白了不罢休,不惹人急才怪。要知道教育明星凡是"大佬"们被扯得内急的同时,又都要借着教育的大义作庄重优雅高贵之状,其实是很难受的,于是就有人嘀咕着表示厌恶和不欢迎。这"扯着不放"算是老凌的轴和拗,而他的轴和拗,不是露青筋梗脖子那种,他掰理,解剖,解析。但凡"模式"、"流派"、"高效"、每尊教育"大神"出现,老凌都会去"扯"。

他爱用的另一个词是"忽悠"。他把上课、讲座都说成忽悠。"扯"和"忽悠"倒是般配,他用在自己身上,其实是行为艺术。比如,有些名校,理论建树不见得,独厚资源决定了复制推广几无可能,但特别会运作,请媒体和专家帮忙,开总坛,设分坛,系统庞大,分工明确,著作累累,活动频繁，神话流传。这些神话，遭遇老凌，他就要"审视"，就本能地问"是真的吗""果真吗"，然后就要"扯"出人家"忽悠"的本质来。对教育界的各种"花头精"、噱头、不正常的巨大成果，见多了，鄙视之下，渐渐地，他也把这两个词用在自己身上，把自己的上课和讲座都说成是"扯"和"忽悠"。他不太正经的样子，自嘲，反讽，我想可能表达的是对伪神圣假崇高的解构与消解。老凌的武器常常是"词语是事物的谋杀者，教育言论要审慎，不迷信他人，也不迷信自己"，老是扯掉人家的包装，那些标榜最好、动辄代表什么的名师名家自然忌讳他的存在。我就想，是老凌过于执着，还是教育界迷惑、炒作、虚浮、假正经的太多而"凌扒皮"又太少？有好心人作占据道德高地状："宽容些吧。"他不以为然。对这逻辑我也奇怪，对虚和丑的玩意呼吁宽容，为何就不能对老凌批评虚和丑的行为宽容？

老凌有个口头禅是"我读书不够，欠学"。遇到装腔作势和卖弄读书的人，他就抛此表情包。其实他读书很多，也有购书瘾，是"2012年度中国教育报推动读书十大人物"之一。常听有些读书人说，读书让人优雅和高贵，但从没见老凌这么优雅和高贵过。在他那里，读书是为了自由，读书是求真和发现不真，是不轻信，是会"扯"道理，是让人会批判，让人不被洗脑，所以在这个"老书虫"一般的老凌身上，你看不到酸气、文气，倒有些侠气、真气、豪气。

爱质疑、爱批判之外，老凌对于有价值的东西又会不吝称赞和推荐，完全是勤勤恳恳、俯首为人作嫁衣的情形。他的文绝对高产，估计每天都有两三千字，一半是批判，一半是苦口婆心，两副表情。他课上得极好，自己个子不高，所以在课堂上总爱手臂伸直在头顶，把大拇指举得高高的，生怕学生看不到表扬，把学生的小得意也举得高高的。他主持乡村骨干教师工作站，发通知、找场地、设主题、请专家、安排课务、落实吃饭，都是他的事，而两三天的培训，他可能要听十节课，逐课评点、布置作业、逐个批阅、展示、修改、再展示，全程手把手。我有幸被邀请与他的学员们"生活"了两个半天，才知道，原来有种培训可以这么认真而细致。批评时的金刚怒目和爱护时的菩萨心肠同属老凌的表情，于是他的一本书叫《你也可以成为改变的力量》。

老凌的另一本书叫《有趣的语文：一个语文教师的"另类"行走》，从书名就可以看出他的教学生命的情态：好玩、有趣。他把跟人说道理叫"玩玩"，把与之讲道理讲不清的人形容为"不好玩"，把扯名家衣裳叫"好玩"。他将好为人师玩出正能量——做老师的，不好为人师，岂不失职；好为人师，得有本领。他批评教育奇观和指导青年教师，都当"玩"不让。他说上课就是要好玩，让学生会玩那些语言文字、意象、意境和脑力操。他在课上经常对学生说这样的话："有的事情，不能居中，不能骑墙。""你的拒绝是对的，这是你的隐私，我们应该尊重。"他的课堂玩出的是品质，生长的品质。

有时我想为当今的教育态势作个描述，发现还是用狄更斯的话最省事：那是最美好的时代，那是最糟糕的时代；那是个睿智的年月，那是个蒙昧的年月；那是信心百倍的时期，那是疑虑重重的时期……我们面前无所不有，我们面前一无所有。我们的教改、课改似乎正应着这个态势：有着各种灿烂的念头和发现，又有着各种伪饰和虚浮；有着各种真挚的情怀，又有着各种名和利的纠缠；有着日拱一卒的负重前行，又有着树大旗开山门的习气；有着积重难返，千万吨木材凝不成一块煤，又有着五光十色、繁荣昌盛、一地鸡毛化成满天花雨而真伪莫辨……老凌的存在，我觉得是必需的，似乎另类，不自立山门，不站队，不轻信，不背书，瞪大了眼睛跟你思而辨，求真与打假。

对老凌，我们都或有被其词锋扫过面颊的可能，因为他批评人时虽不吝指名道姓或一望而知是谁，但这个谁往往并非孤立的个体，而是一类典型、一种现象、一拨群众，他才会用心出声。所以教育圈里对他可谓是爱恨兼有，毁誉同辉。如此，我想说，面对老凌，你可以不喜欢，但必须尊重。

我偶有念头，孔子的那句关于年轮的名言在老凌那里可能得改改：三十可能未立，他是中师毕业的，路走得比别人长；四十有惑，到几个学校去做校长，换来换去，不安分；五十不知命，不愿把校长做到光荣退休，就把主业放到帮助青年教师上去；六十耳不顺，爱扯，爱扒皮；也许到七十呢，他会是从心所欲多逾矩，算是不做妖精做愤青。

第三讲　语文老师还应是个敏感的人

我总觉得，当下这样那样的模式推出来的"好课"几乎千篇一律：激情有余而理性不足，课堂表面显得热闹，但往往忽视了学生心智发展的规律与需要。

我为什么主张教师要有课程意识、要有自己的课程体系？没有课程意识与课程体系的课堂必然是鸡零狗碎的。没有课程意识的课堂，要么是教师随心所欲的表演，热闹非凡；要么是教师死板的灌输，了无生趣。为什么教、教什么、什么时候教、怎样教、为什么要这样教，其实不是死板的，而需要我们相机而行。更重要的是，作为一名教师，我们一定要明白在教的这门课程中，学生已经有了什么，还缺什么；缺什么就要补什么，至于什么时候补是要看机缘的，这就是我说的"遇物则诲，相机而教"。"遇物则诲，相机而教"，其实就是要求教师在组织教学的时候，既要有感性，又要有理性。

感性必须以理性为基础

现在许许多多轰轰烈烈的行政推动，媒体呐喊的所谓"课改""深度课改"，用时髦的说法是"课堂的革命"，其实更多的是某种利益驱动下的"改课"。课改的指向是课程改革，着眼点是课程，绝不仅仅是课堂。把课程改革看成是课堂改革，是恶意的偷换概念。课程是指学生所应学习的学科总和及其进程与安排。它有广义与狭义之分，广义的课程是指学校为实现培养目标而选择的教育内容及其进程的总和，包括学校老师所教授的各门学科和有目的、有计划的教育活动。狭义的课程是指某一门学科。课堂则是学生学习的场所，是一种有结构的时期，学生在这个时期需要学习某门学科的某一方面或某一点学科知识。教师或导师会在上课时，教导至少一个学生，或者更多学生。因此，教师在教学中，要根据教学实际创设必要的情境，给学生提供课内实践的机会，让学生在特定环境中进行实践体验，使他们在活动中感悟道理、体验情感、规范行为。

就语文学科教学而言，无论是阅读还是写作，总是需要以形象、情感等为主要参与方式的感性学习手段。因此，教学的高手，总是会在联想、想象、比较方面花心思，联系某种特定的情境，通过课件演示、场景置换、活动组织等手段让学生"身入其中"。这样的课堂就是所谓的感性课堂。有人说这样的"实施途径分为情境化、心境化和语境化三种方式"。在我看来，感性课堂往往是以热闹的课堂气氛为外显特征的。

相对于感性课堂，理性课堂在强调外显活动氛围的同时，更多关注的是学生心理活动氛围的建构，其价值取向是帮助人的心智成熟。

一方面，理性课堂是针对教师的，即教师在教学实践中要对课程有全面而理性的认识，也就是我所说的，它要求教师既要有自己的教育理念，又要能巧妙地将理念转化为具体的教育行为——某一个具体的教学活动会给学生带来怎样的影响，会在哪些方面促进学生发展，对此教师心中要有明晰的思路与全面的把握。

另一方面，理性课堂又是针对学生的，也就是要让学生明白在自己活动其中的课堂所学的涉及哪些知识和能力，对自己的当下与未来有怎样的帮助。换句话说，就是要让学习变得可见：首先是让学生的学对教师可见，确保教师能够明确辨析出对学生学习产生显著作用的因素，也确保学校中所有人（学生、教师和领导）都能清晰地知道他们对学校学习的影响。其次，"可见"还指让教学对学生可见，从而使学生学会成为自己的老师——这是终身学习或自我调节的核心属性，也是热爱学习的属性。

教师个性的不一样，决定了课堂不可以是一个模式，这本就是一个常识。可是急功近利的教育，给了模式化巨大的市场。急功近利，往往使善良的人看不到常识。对此，我们必须有清醒认识。那些看起来激情四射的课，如果离开了理性的支配，充其量也就是"热闹一时"的"开心一刻"，貌似

"培养"了学生的情感态度,但我认为这种缺乏理性支撑的情感态度是不牢靠的。

理性的课堂要的是教师明白为什么教、教什么、什么时候教、怎样教,更要明白为什么要这样教。"遇物则诲,相机而教"的奥妙就是,当教则教。我们不能因为学生的探究没有涉及,就不教了。学生的探究没有涉及,教师就不教,还要教师干什么?当一个教师能够在课堂上当教则教了,也就明白了为什么这样教,那么他的课就会上升一个台阶。

要善于捕捉课堂上矛盾与碰撞所产生的灵光一现的美好瞬间

课堂是一个充满活力的生命整体,处处蕴含着矛盾与碰撞:师生之间、同学之间、师生与文本之间、文本与现实生活之间……而这些矛盾与碰撞,往往就是生成的火花和引子!遗憾的是,现实中,我们往往对这些火花和引子视而不见,甚至毫无感觉。原因就在于我们缺乏独特的感受力和敏锐的洞察力,也就是前面谈到的教师应该具有的"课感"。因为我们缺乏它,所以我们就不可能捕捉到课堂上矛盾与碰撞所产生的灵光一现的美好瞬间,也很难在矛盾与碰撞中,感受到生命力的涌动和人性的回归。

我在教《蓝蓝的威尼斯》时,给学生们提出了这样的阅读建议:读的过程中要学会圈点勾画,圈点不理解、读不准的词语,勾画觉得写得相当好的句子和不理解的句子,觉得写得好的就画波浪线,不理解的就画横线并打个问号;要在觉得写得好的地方做批注,写下思考,不理解的地方要把具体问题提出来。在具体教学中,我不断提醒同学们:尽可能找一个最准确的词语来表达自己的认识。

有学生在独立阅读的基础上,提出了一个问题:"为什么是'蓝蓝的威尼斯'?"有学生解释:"蓝蓝"既是威尼斯这个城市的色彩特征,也是作者眺望威尼斯得到的整体形象的概括。我问:"'整体形象'能不能找一个更为准确的词语?"学生马上意识到可以是"整体感受"或"整体印象"。在此基础上我建议学生们查词典,看看"蓝蓝"是什么意思。查到的同学说:

"像晴天天空的颜色。"我追问:"'蓝蓝'表明威尼斯是怎样的一座城?"

生:水城。

师:既然是水城,为什么不用"水城威尼斯"做标题呢?

生:因为"水城威尼斯"与"蓝蓝的威尼斯"相比没有美感。

师:为什么"水城威尼斯"没有美感,"蓝蓝的威尼斯"就有美感呢?

生:"水城威尼斯"告诉我们的是,这个城市水多,但说不定是污水。

师:具体说说。

生:首先,"蓝蓝的威尼斯"是因为不仅这里的天是蓝的,水也是蓝的,威尼斯是一个水天一色的城市。其次,我觉得蓝色还象征着和平,文章最后也说了马可·波罗来中国把中国的文化带到西方,中国文化与西方文化融合在一起,不同的国家要和平相处,"蓝蓝"有这个象征的意思。

师:一套一套的啊,他用了一个很准确的词——

生:水天一色。

师:下面我们来分别读一读"水城威尼斯"与"蓝蓝的威尼斯",体会一下有什么差异。

学生们读过后,我让他们谈谈感觉。有学生是这么说的,"水城威尼斯"给人的感觉是水比较多而已,很表面(是一种浅表性表达),而"蓝蓝的威尼斯"因为有了色彩带来的美感,给人美好的想象,就像秋天仰望天空看到无边无际的蓝天那样爽。另外"蓝蓝"是个叠词,读起来朗朗上口。

我历来主张课堂上教师要充分发挥智能中的人文情感和文本内容中的人文因素,唤醒学生的求知欲,将文本与生活、文本与现实、文本与自我有机结合成一体,凸显学生在课堂教学中的主体地位。要落实这样的理念,所以我说,没有事前对课文的"硬读",是不可能在课堂上潇洒自如地应对的。

前面说过,语文教育,应当成为一项"立体性"的事业:要有它的长度,即为人一生的发展负责;要有它的广度,即发展人全部生活的各种层面;还要有它的深度,即应该以人生的终极意义为诉求和归依,不断提升生命的境界。它的基础在于教师对文本的个性化处理。

生命是第一位的，然后才是理想

前面谈到，我教《雅舍》时，就思考这应该是富有挑战性的教学，我的用意是要提醒学生，评价一个人要把他放在特定的历史条件和生存环境之中，而不是轻易地用是"好"或"坏"来定性。对人的要求不能苛刻。生命是第一位的，然后才是理想。我觉得，这样的语文教学才是本真的语文教学，这样的教育才是尊重生命的教育。

河南油田教育中心教科所的田向远老师这样评价这堂课：没有丝毫作秀作假的成分，课堂上师生关系融洽，思想交流丰富。教师在和学生交流时敢于表达自己真实的想法，坦陈自己的观点，供学生参考，甚至对学生提出的与教学内容关系不大的尖锐问题，也能泰然处之、真诚以对，展现在我们面前的是真诚、可亲、可近的师长。难能可贵的是，课上还能让学生提出自己不懂的问题、提出自己想知道答案的问题、发表自己对文本不同的理解和感受，充分调动了学生参与的积极性。这样的课堂，是学生自己的课堂。

关注生命的课堂"是学生自己的课堂"。为了避免课堂成为教师的课堂，我在课堂教学中常常喜欢设置这样一个环节："你喜欢文中哪些文字，为什么？"这样的环节最贴近学生，最能引发学生思考，学生也往往最有话说，因为话语权是他们自己掌握的。在这样的环节中，学生不再是听众，更不可能成为看客。他们的生活、他们的感悟、他们的交流，就是最好的教学资源，会使课堂教学变得生机勃勃而富有灵气。

没有教师的充分预设，就没有有效的动态生成，也就难以开启学生的智慧、推动学生的发展。我们强调动态生成，是不是就可以排除教师的预设呢？答案是明确的，没有教师的充分预设，就没有有效的动态生成，也就难以建构立体的、多维的课堂。传统教学的弊端之一是"统得过死"，一切都按老师预设的流程进行，是束缚学生思维的凶手，无异于压抑和摧残他们的生命。有人也许会说，课堂上学生的讨论涉及的东西多着呢，你都推动一下，那不乱套了！这就需要教师的机智和"课感"了。我们反对"统得过死"，但并没有要求教师"放羊"，更不是不论有无价值，都来生成一下。适时的点拨和引导，是教师的职责所在。

　　我的认识是，课堂教学，如果不能根据教育情景及学生需要进行适时调控，一切按既定教案进行，那么，等于无论是教师还是学生都失去了自由。殊不知，自由是生命的灵魂。人的生命不仅应该是自由的，还应该是完整的。完整的生命不仅包括知识、智力、智慧等认知因素，而且包括感情因素。传统教学的弊端就在于把人的感情排除在外，一味地抠教材、教参，教师成了教材、教参的传声筒，学生成了教材、教参的容器。

　　关注生命化的课堂，要在教育中充分发挥教师智能中的人文情感和文本内容的人文因素，去唤醒沉睡的学生，唤醒他们的求知欲望，将文本与生活、文本与现实、文本与自我有机地结合成一体，让课堂成为关注生命、放飞生命、提升生命质量的舞台，让课堂奏响生命的乐章。

　　还有一点要强调的是，理性课堂，不仅要沉稳、沉着、沉静，还要沉勇和沉醉，万不能沉闷与沉滞。而这些是需要教师在教学实践中慢慢体悟的。所有的生成都必须回到语文教学目标上来，从语用学视角审视，归根到底，"语文教学的最终目标是要使学生理解课文的各种意义，并扩大知识，提高能力，从而认识并把握人生和社会，全面提高各方面的素质。任何教学方法都要围绕这个目标，最好的方法便是对提高学生阅读理解能力真正有帮助的方法。围绕语用学的核心——话语意义，我们可以从理解策略的角度对教学方法加以抽象。""语用学理论认为，在教学过程中，教师和学生都是主体，不仅要承认学生是接受主体，也要承认教师同样是主体。而且这个主体一身兼二任，更为重要：一方面，他要引导学生学习教材，阐释教材的意义，做作者的'代言人'，此时，他是表达主体的身份；另一方面，他自己对教材也有一个接受理解的问题，相对于教材的作者他又是个接受主体。""作为接受主体的教师应该对教材有深刻、透彻的理解，要在广阔深厚的知识基础上提出独到的见解，一个老在固定的范围和框框之内打转转的老师，不敢也不能发挥创造性思维的教师，不是一个好的接受主体，也很难指望他能当好一个传授、表达者，能把学生真正教好。"[1]

---

[1] 王建华.语用学与语文教学[M].杭州：浙江大学出版社，2000：256-259.

第四讲　语文老师更应是一个乐于行走的人

我觉得要成为一个好玩的语文教师，一定要乐于行走，这种行走包括阅读、与人交往、外出讲学。

读书，不仅可丰富自己，也可丰润同行者

阅读的最大受益者就是自己。阅读让我对许多事情有了更为深入的思考和认识，促使我写下上百万字的工作日记和读书笔记，更帮助我在自己的教育生涯中明晰了学校教育的方向所在。

有怎样的教学理解，就有怎样的教学行为。一个教师的教学理解总是与个人知识分不开的，要促进对教育教学问题的理解和认识，增强对那些看似有道理的言辞的辨别力，就要不断丰富个人知识。我以为一个有效的途径就是坚持阅读，读一些有关教育教学专业知识（尤其是教育史）的专著，如有可能，还要读点儿哲学、社会学、人类学、认知心理学、脑神经科学、人工智能等方面的书。

每个人的阅读是与自己的关注点密不可分的。我这些年主要的关注点是教学设计与教学评价，2021年我就读了不少有关教学设计与评价方面的书，如《追求理解的教学设计（第二版）》《设计与编写教学目标（第八版）》《为了更好的学习：教育评价的国际新视野》《基于标准的教学设计：理论、实践与案例》《从有效教学走向卓越教学》《怎样进行语文教育研究》《中学英语阅读教学设计与实践教程》《黄金时代》《教育究竟是什么？——100位思想家论教育》《教育的情调》《课程与知识的专门化：教育社会学研究》《简

单的逻辑学》《说理》《爱智统一："好教育"的精神法则》《怎么做课题研究：给教师的40个教育科研建议》《健康的心理源泉》等。加上一些浏览的，或者翻翻、听听的，这一年加起来读了200多本，这当中有一些过去几年读过，但还是会经常拿出来翻翻的书。

在我看来，教育在一定程度上就是"讲道理"的过程。要将道理"讲"清楚，还真不是一件容易的事，至少我们得读几本类似陈嘉映先生《说理》的书。

刘庆昌在《爱智统一："好教育"的精神法则》中说："教育哲学家一定会特别关注教育是一种'做'、一种由人类一般行为在一定精神原则支配下构成的'行动'，他们一定愿意明晰地告知众人，教育者在'做'什么，以及因'做'了什么才能成为教育者。"① 这让我想到梁光耀先生在《图解伦理学》中提到苏格拉底的"德性即知识"，"苏格拉底认为，如果知道'公正'，那么就能实践公正，做一个公正的人"②。于是，我想到一些名师们写在书中、喊在嘴上的"没有爱就没有教育"的箴言的虚空与夸饰。从社会学意义上讲，一个教师对学生的爱，不过是一种天性而已，如果用来炫耀，那么他的所谓爱就值得怀疑了。从教育学意义上看，教育之爱，至少不应该是溺爱，也不是不分对错的一味的爱，也就是说，当一个教师一味地大谈"没有爱就没有教育"的时候，最好看看他是如何理解教育之爱的，看他"晒"了些什么"爱"，这些"爱"该不该"晒"……

读《教育的情调》，不仅让我想到"情境教育"理论应该属于教育现象学的范畴，而非简单的"情景预设"，更让我想到人们耳熟能详的"儿童立场"：有多少时候，自己的"儿童立场"是儿童们真实的立场？如果我们真的领会了"儿童立场"的精髓，或许我们的教育行为就会时时刻刻以"一种积极的、正面的方式去体验学校这一时空性的、有形的实体给自己的感受"③，而不会以成人视角的"儿童立场"去看待儿童。

读一读《简单的逻辑学》《做自己是最深刻的反叛》后，凭直觉就可以

---

① 刘庆昌.爱智统一："好教育"的精神法则［M］.北京：中国社会科学出版社，2021：116.
② 梁光耀.图解伦理学［M］.台北：五南图书出版股份有限公司，2017：36.
③ ［加］马克斯·范梅南.教育的情调［M］.李树英，译.北京：教育科学出版社，2020：108.

发现当下诸如"不主张教师专业成长""高考不过是考试,填志愿才是人生"的言辞并不是真正在讲道理。

在今天这个普遍存在碎片化阅读的时代,如何才能从许多看似正确的道理中澄明自己的教育认知?阅读,静下心来阅读一些经典之作,并时刻保持怀疑态度,用个人知识去辨别、去筛选,不失为一条可选之道。

身为语文教师,我们的责任就是要让孩子们喜欢上读书。在强大的应试教育的格局下如何让孩子们做到读书、应试两不误呢?我想到通过网络和在平时与孩子们的交往中,给他们"每天一个故事",因为每个看似简单的故事都蕴含着深刻的道理。我没退休前,这故事一讲就讲了1400多天。有学生在给我的微博私信中这样说:"凌老师好!每次听你讲话,总是很开心,你哪来那么多的好故事呀?"也有孩子这样说:"老师好!真的很喜欢你,真真的、傻傻的。读了那么多的书,还让我们喜欢上了阅读。"是的,每年我们的学生写出的读书笔记总有几十篇获奖。

比较好玩的是,如果有一天,我上网迟了,就会有师生乃至远方的朋友在QQ上留言:"今天的故事呢?"

为了让学生能阅读到更多好书,我与同仁们商量,给学生们提供了几个开放书橱,放上几百本图书,让他们随时拿取,从不计较他们有没有归还。我的认识是,书,本就是给人读的,有人拿回去读了,这些书才有意义。

我阅读,因为我自知"不满",原本可以好好读书的年龄,却遭遇了不允许读书的年代。当教师后,在与同仁的交往中,在课堂上,每每悔恨自己读书太少,一个没读多少书的人,怎么有资格来教书呢?于是我开始拼命地读书。

作为教师的同行者,我能和他们一起读书是一种幸福。当校长了,尽管我也带一些课,但毕竟站在讲台上的时间少了很多,有时甚至很羡慕那些做班主任的年轻人带班级的幸福。于是,我在江苏南通市通州区二甲中学成立了20多人的青年教师读书会,把好为人师的冲动又狠狠地发挥了一把。在二甲中学五年间,他们读的书,大多是我用稿费买来赠送给他们的。我们读杜威,读保罗·弗莱雷,读"大夏书系",读《教师月刊》……读书会成员还做读书笔记……读书会的活动除了在通州本地颇有名气,还被"大夏书系"旗下的《教师月刊》深度关注，主编林茶居说，这是因凌宗伟而发生的大夏故事。

读书会常常风景各异。邱磊老师不但跟着我们读，还跟着上海浦东教育发展中心的王丽琴博士读，单《民主主义与教育》就写出了40余篇读书笔记，然后主编《偷师杜威》《杜威教育箴言》，他也被评为《中国教育报》2019年度推动读书十大人物之一。读着读着，把王丽琴博士也读到了我在二甲中学的沙龙里，她是《教师月刊》的年度教师。朱建老师读书、写博，不仅从学科教学出发，更多的是从如何改善班主任工作出发，读着、写着，现今在校本课程的开发与实施上颇有心得，他任职的江苏南通通州区西亭初级中学的"葫芦科艺"综合课程已经引起业内的广泛关注。季勇老师的读，则是专攻语文教学和人文素养的，他的语文教学的"散养观""对话观"，在阅读、思考和课堂实践中慢慢"生长"出来。他们是读书会中走出来的最具代表性的青年才俊。

如果有相同的志趣，人生就能相遇，读书便是如此。有一回我同朱建老师应邀去西安给陕西的同仁讲学校管理与班级管理。考虑到有同行者，我就用一个大纸箱装了几十本书，包括中外名家的以及我们的校刊《今天第二》，带给那些喜欢读书的朋友们，与他们一起分享。从车站到机场，再到宾馆，我和朱建老师一路肩扛手提，辛苦，但快乐。

晚上，我的房间几乎被挤满了，有时任宝鸡眉山常兴中学校长的雒宏军带着他们学校的一位老师，西安鹿原中学的杨欣副校长和他的妻子西安市第五十五中学的张晓明老师，还有陕西师范大学附属中学的杨林柯老师、西安灞桥区教师进修学校的赵清风老师、西安市第三十四中学的王萍老师、西安铁一中的范明珠老师……我们之间或曾有一面之缘，或素未谋面，大多只是在博客或者QQ上知道对方是爱书之人。杨林柯老师、赵清风老师后来在不同年度被评为《中国教育报》推动读书十大人物。

简单自我介绍之后，我们喝茶聊天，聊读书，聊教育，有喜悦，也有忧思；聊教育的、人生的、学科教学的话题……真是相见恨晚，不知不觉聊到午夜，这才依依不舍地分手。雒宏军校长还要驱车两小时赶回宝鸡。杨林柯老师对此的感慨是："几十本书，一个大箱子装满，从江苏带到西安，虽说有飞机托运，但一路上的麻烦和负担自不必说。他的书也成为我和我们办公室同行分享的精神财富。"因为那次聚会,他们成立了两个读书会。这样美好的聚会,每年总有几回。

一次讲学就是一次生命结缘的过程

我们在讲学的过程中,总会有缘和一些名家相遇。他们不但会讲,而且善行;不但有智慧,而且有生命感悟,当然感悟更多的是满怀希冀的听者。这就要靠我们用自身"读"人的功夫去与他们结缘了。当我们读懂了对方,我们才能体悟其奇妙所在。一次讲学就是一次思想洗礼的过程。我们的讲学面对的往往是不同的课题:熟悉的、模糊的,我们会有意识地进行一次再思考,形成相对清晰的认识,这个过程必然有一些思想上、理念上、方法上的洗礼。讲学者更需要来自一线教师的观点与思想修正,借此完善自己。每一次讲座,也都会给予讲学者观念的顿悟、思想的洗礼。这是一种别样的支持与帮助。

一次讲学就是一次观念嬗变的过程。当下存在一些教育现象,如"每堂课只允许讲15分钟""学生下课以后某个班的学生只能在某种颜色的地砖上行走""高考吊瓶班、焚书班",以及"工作没几年就出了一本教育著作"的某名师"两天教会不会写作文的学生写好作文",某名师"在全国建立了几十个自己思想的研究基地",还有一些学校"花巨资请教育策划公司策划学校文化",名校收门票,一些地区用行政手段推行一种教学模式等。对这些现象进行思考之后,我希望我和我的同行们面对纷繁的教育现象,一定要慎言慎行,努力做到不守旧、少创新,不否定、少武断,不仰视、少空谈。

读万卷书,行万里路,是对讲学者的一个基本要求。这也是讲学者生命成长的关键所在。对于讲学者来说,我们一定要克服浮躁的心态,在世风浮躁当中,要沉得住气、读得进书、做得好学问。很难想象一个不读书的学者能够受人欢迎。一个不会践行理念的学者,不可能行走太远。阅读,可以帮助自己将道理"讲"清楚。陈嘉映先生在《说理》中说,"哲学通过说理达乎道""哲学的突出特点在于它关乎说理"。[1]我以为,教育教学的过程,在

---

[1] 陈嘉映. 说理 [M]. 北京:华夏出版社,2014:2.

一定程度上是"讲"道理的过程。教育哲学家们往往认为获取知识是一件困难的事,因为获取知识的过程必然遭遇种种额外因素的介入。作为帮助学生获取知识的教师,我们必须学会将道理讲清楚,而要讲清楚,自己就要想明白,想不明白,可以读书,读那些经典之作。因为这些经典之作可以不断地提醒我们,教育是一件困难、复杂的事,我们不能将教育教学的问题作简单化处理。如何理解经典?卡尔维诺在《为什么读经典》中有这样一个诠释:"经典是那些你经常听人家说'我正在重读……'而不是'我正在读……'的书。"①

在许多人眼里,我就是一个只知道追问其他人的教育言论与行为的"主儿",是不懂得包容的家伙,却很少有人知道,我的这些追问更多是从自己出发的,既有对他者的审视,更有"扒"自己的目的:如何才能保持时刻提醒自己谨言慎行的意识;如何将自己的理解想明白、说清楚;如何在想明白、说清楚的前提下,自己先做到位,然后帮助他人想明白、做到位,进而说清楚。2021年当我读到《说理》中"什么道理,初说起来,都像是可以成个道理,稍加追究,却难免生出疑问,需要进一步澄清"②这一观点时,想到几年前我给一些区域与学校提出"目标导向,任务驱动,尊重差异,当堂进阶"的教学改善建议,这一建议没有得到很好的行为转化。对这一个问题,我进行了自我批判:尽管"目标导向,任务驱动,尊重差异,当堂进阶"的道理在那里也是符合教学原理的,但这 16 个字更多的只是在我的教学经验与教学理论阅读基础上形成的默会知识,对不具备这默会知识的教师而言,则需要比较具体而完善的说明。要以此为重点:帮助教师更为完善,或者说更为深入地理解"目标导向,任务驱动,尊重差异,当堂进阶"的道理,尤其是在如何由观念转化为实际的教学行为方面,致力于为取得看得到的成效而努力。

2021年,我在主持厦门市海沧区"发展中学校项目"专家助力部分的工作中,就一再同团队成员强调:教学指导中,一定要跟教师们强调,教学目

---

① [意]卡尔维诺.为什么读经典[M].黄灿然,等译.南京:译林出版社,2023:1.
② 陈嘉映.说理[M].北京:华夏出版社,2014:4.

标不仅要可操作、可评价，还应该可分解，分解成一个个具体的学习任务，而这些学习任务，对不同学习起点的学生而言不仅有部分是可以达成的，也有部分是有挑战性的；只要有勇气、有毅力，学生能在完成前面任务的基础上总结经验、吸取教训，通过自己或者同侪互助是可以"跳一跳摘到桃子"的，如此，他们在完成基础性任务的基础上又完成某一项具有挑战性的学习任务，就会坚定学习的信念，去完成更多的挑战性任务。而要帮助学生当堂进阶，关键在于充分预设：教学目标与学习任务的设计，从不同类型学生的认知起点出发的设计。其背后有教师对"因材施教"教学原则的理解，有"学生立场"的教学信念，也有对"教学评合一"的追求，而这一追求是与《高中语文课标》提出的"教—学—评"一致性要求不谋而合的。

  要使教师能够理解这 16 个字，并且将之转化为具体的教学行为，在表述和示范的时候就要朝戴震所说的"如有物焉"去努力。因为这样不断地自我审视，不断地完善表述与示范教学，更因为有对具体教师的针对性指导，这 16 个字才慢慢地在项目学校得到认同，并初步找到他们各自实践的路径。

  作为讲学者，我们还要有面对质疑与批评的良好心态。谁都不是圣贤，谁都不会真理在握，尤其是现场生成的时候，谁都有可能出现不假思索、信口开河的时候，这时你敢保证你的言辞一定是放之四海而皆准的吗？退一步讲，如果人家的评价与批评出于远离我们的心理需求，也没有必要耿耿于怀、纠缠不清，有则改之，无则加勉，再说人家能对你讲的内容提出评价与批评，至少说明他们比较在乎你的言辞。我们是不是更要因此提醒自己不断地反思自己的言辞呢？或许我们的言辞原本就有问题，或许这些言辞在特定场景里是有问题的，更为重要的是，从批判教育学的视角来看，我们的言辞一旦"吐"出来了，就应该接受来自他人的，更应该是来自自己的批判。看开一点，明天又将翻开新的一页！

第五讲　批判性思维对语文老师来讲尤为重要

2015年11月，联合国教科文组织通过了《教育2030行动框架》，明确将"创造性和批判性思维""协作技能""好奇心""勇气和适应力"视为所有人的知识基础。前面提到，《高中语文课标》在"课程目标"部分明确提出要"发展逻辑思维。能够辨识、分析、比较、归纳和概括基本的语言现象和文学现象，并能有理有据地表达自己的观点和阐述自己的发现；运用基本的语言规律和逻辑规则，判别语言运用的正误，准确、生动、有逻辑地表达自己的认识；运用批判性思维审视语言文字作品，探究和发现语言现象和文学现象，形成自己对语言和文学的认识"。可见，批判性思维对人之为人的重要性。

何为批判

要理解"批判性思维"，首先得厘清"批判"一词的概念。美国学者琼·温克在《批判教育学——来自真实世界的笔记》中说："'批判'不仅意味着'批评'，批判还意味着能透过表面看到深处——思考、批评或分析。"[①]但我们往往把critic翻译成"批判的""批评的"，英文的含义却不只是这些中文意思，更多的是评、评判的意思，所以在那个语系里，批评家就不是挑刺专家，而是评论家。

我们从琼·温克对"批判"的解读里可以发现，批判不仅是批评，更多的是思考与分析。批判其实是透过对表面现象的思考与分析，探究其发生发

---

① ［美］琼·温克.批判教育学——来自真实世界的笔记［M］.路旦俊，译.长沙：湖南教育出版社，2008：1.

展的原因的思维和表达过程。我们语境里使用这个词的问题是,"批判"已经不是"思考、批评或分析"了,很多时候已经是一种变相的表扬与自我表扬。《现代汉语词典》(第 7 版)里解释"批判":"对错误的思想、言论或行为做系统的分析,加以否定。"我们早已经习惯了顺从,习惯了人云亦云,我们就在这样的习惯中失去了自我。

我们当初做教师的时候总是会迷信书本、教参,总是会从他人的视角来看我们的课堂,甚至跟着他人亦步亦趋。当我们做了几年,看了几年,再读过几本与教育有关甚至"无关"的书以后,回过头来审视一下,我们在信奉书本和教参以及他人的课堂的时候,或许会忽然发现,我们以往所信奉的教材与教参原来是存在一些问题的,他人的课堂也只是他人的,不是我们所能及的。这时,我们或许会慢慢地明白教材和教参是要考察的,他人的课堂或许是可以借鉴的,但却不是可以复制的。

琼·温克在谈"批判教育学"的时候,总不愿意给它一个明确的定义,认为定义往往会给人误导,会将人引向死记硬背,即便我们记住了定义,也会很快地忘记,"除非这条定义成为你的一部分,而且对你非常重要"。也就是说,对每个教育者而言,他都应该有自己的教育学,更应该有自己的批判教育学,这种教育学与批判教育学绝不是固化的,而是动态的、不断更新的。我们的问题就在于我们"非常急于创建一个模式或框架,然后把信息塞进去",因而很少意识到对教育教学而言,没有什么唯一的定义,更"没有什么唯一的批判教育学"。从教师的职业来看,批判性思维是"让人们思考、解决并转变课堂教学、知识生产、学校的组织机构之间的关系,以及更为广泛的社区、社会和国家的社会与物质关系"。但是定义总是生成性的,比如,"'批判性的'并不意味着'坏',也并不意味着'批评'。相反,它意味着'看到更远处',意味着内外反思,意味着更加深入地看到教学中的复杂方面"。[①]

---

① [美]琼·温克.批判教育学——来自真实世界的笔记[M].路旦俊,译.长沙:湖南教育出版社,2008:34.

为什么需要批判性思维

我们是不是可以这样理解批判性思维：不为事物的表面现象迷惑，不迷信他人，不崇拜权威，也不迷信自己，不固守已有的认知和思考，在行走的道路上不断地阅读、思考、交流，从不同视角来审视自己的实践和理论，用辩证的眼光来解读他人的实践和理论，全方位地考察我们面对的现实世界。因为没有批评与批判，就没有自我更新和进步，也就无所谓好奇心、创造性思维；没有批评与批判，就容易被形形色色的假象迷惑，也就看不到教育的价值和希望，更没有改善和建设，就会丧失协作技能。所谓批判性思维就是一种行为方式：在不断学习和反思中寻找适合当下的方法与路径，并具有在行走的过程中不断地扬弃和更新的"勇气及适应力"。

就一个人而言，"批评"和"批判"意味着激情满怀。一个习惯"批评"和"批判"的人，总是会有新的发现、思考和认识的，这些发现、思考和认识是会让他激情澎湃而不知疲倦的。一个缺乏批评意识和批判精神的人，往往唯命是从、唯唯诺诺，不善于与不同的人打交道。试想，一个没有激情又不善于人际交往的人，怎么可能让教育教学充满挑战和乐趣呢？

当下中小学校、中小学语文教育之所以为人诟病，一个重要的原因就是专家太多、口号太多、山头太多。这"三多"常常逼得我们无所适从。如果我们具备一点批判精神，有一点批判性思维，就有可能不被专家、口号、山头迷惑。

比如，"真语文"论者有种种言论：要真正提高学生语文水平，应该读和诵，应该尽快将古代诗文恢复；增加传统文化在语文教材中的比例，传统文化或者国学经典的教育内容在小学教材中应占到五分之二以上，在中学教材中应占到30%以上；现在的语文课，至少有一半是不应该学的内容……如何看待这些言论？如果我们没有批判的勇气，不具备批判性思维，就难免被裹挟其中。

应该承认，我们的语文教育确实不尽如人意，但在整个基础教育领域里，中小学语文教育者所做的努力不说超越了其他学科，至少不比其他学科少，成效也是客观存在的。断言"现在的语文课，至少有一半是不应该学的内容"，不说是危言耸听，至少也是妄下断语。这"一半"的依据在哪里？有具体的统计数据支撑吗？另外，哪一半该学，哪一半不该学？道理何在？总不能跟着感觉走吧！？

如果教育界的有识之士，特别是语文教育者不出来澄清是非，这种顶着某个以往的"类官方"头衔的判断更会在整个社会形成对语文教育不公正的评价，误导民众形成对语文教育浮躁的非专业的偏见。认为语文教材中"传统文化或者国学经典的教育内容在小学教材中应占到五分之二以上，在中学教材中应占到30%以上"的主张存在同样的问题。传统文化或者国学经典的教育内容在教材中所占比重，需要教育界的专家学者深入地研究探讨、严谨地科学论证、妥善地稳步推进，背后的理论实践和支撑远非喊一个"口号"那么简单。从某种程度上来讲，《红楼梦》里"世事洞明皆学问，人情练达即文章"说的就是语文如何学、学什么。在今天，我们如果没有开放的胸襟、具备全球视野下的课程意识，就只能停留在以往的时代，站在成年人的立场，囿于严格的学科视角来看待教材编写和具体的课堂教学。于是，类似"现在的语文课，至少有一半是不应该学的内容"就变得振振有词了，听起来也貌似很有道理，更会赢得一片喝彩，但细想一下，这样的夸张言辞，难道不是为了夺人眼球、赢得粉丝吗？作为权威人士，发表这种言论的人如果真是为了拯救语文，是不是应该慎言慎行、严谨一点呢？

一个真正的教育者要少讲一些伤害教育的话，多做一些改善教育的事。像杜威面对当时美国教育的弊端，提出了"儿童中心说"，认为教育即生活，教育即生长。他在美国建立了一系列实验学校，阐述他的主张，证明他的理论。他的践行也召唤着我们中国的教育者，如陶行知、晏阳初、梁漱溟等投身乡村教育运动，他们的理念和实践才是真正的教育者该有的。现在一些所谓的"权威人士"以教育的"独清者"自居，用一些标题式、口号式话语去夺人眼球、抢占舆论高地，其背后或许与"名利""商业"的干系更多一点。

"现在我们丧失了许多文学和语言科目的价值，这是因为我们抛弃了社会的因素。在教育学著作里，差不多总是把语言只当作思想的表现。语言固然是一种逻辑的工具，但最基本、最重要的是一种社会的工具。语言是一种交往的手段，是一个人用以分享别人的思想和感情的工具。如果只是把它当作个人获得知识，或当作表达已经学到的知识的工具，那么就会失去它的社会的动机和目的。"①杜威的这段话或许会帮助我们认识语文教材和语文教育的价值。

从另一个视角来看，如果我们真是为了孩子未来的幸福着想，教师就不应当教条式地对待课程与教材，而要尽其所能地收集与课程和教材有关的材料和信息，并将它们呈现给学生，邀请他们共同参与批判性思考。尽职的教师不只要告诉学生是什么，更要尽其所能地引发学生在已有资源的基础上求证：证真或证伪。在实际的教育生活中，我们缺失的正是这样的批判性思考，因为我们从未被要求过批判性思考，我们所接受的主要是接受与服从，就是一个标准、一个目标。所以我们也就自然而然地要求学生一个标准、一个目标。更为可恶的是，我们总是将那些有异见的同事与学生视为异类，千方百计地疏离甚至打压他们，迫使他们不得不循规蹈矩，回到我们的标准和预设的轨道上来。

从批判教育学的视角来说，好教育与好教师不应该追问学生是否相信什么，而要鼓励学生对所学课程进行思考和讨论。

---

① ［美］约翰·杜威.学校与社会·明日之学校［M］.赵祥麟，任钟印，吴志宏，译.北京：人民教育出版社，2005：10.

后　记

　　教育，说简单，似乎很简单，说复杂，还真的很复杂。所谓规律与常识，说起来容易，做起来真的很难，因为它面对的是人，活生生的、难以捉摸的、说变就变的人。因而，还是先要在做"经师"上用点心，不要总是急于做"人师"。我们的问题往往是"好为人师"，很少考虑我们是不是具备"人师"的资格。所谓"经师"，首先强调的是要有做教师的基本素养、基本知识、基本技能。"学富五车，才高八斗"大概说的就是这一点。一个教师，想要教人，先要教己。对许多问题想不通的时候还是要多看看前人和哲人的言辞再说。比如教学形式，我认为雅斯贝尔斯谈大学的教学形式的论述对我们就是有启发的，他说教学按照外在的形态来分，有演讲、练习、实验、研讨会、小组讨论、两人对话等形式。尤其是演讲，"每一次有价值的演讲，可以因主讲者不同的态度而迥然相异，如有的演讲在教学技巧上以听者为主，吸引住听者的心；有的演讲只是教师一人报告一项科学研究的成果，而且几乎不考虑学生的接受能力如何，但正因为如此，就让听众自然而然地参加了真正的研究工作"[①]。好的讲授，一样可以打动听者，引发听者参与的欲望。

　　"毫无疑问，历代名家的演讲，一辈子留存在人们的记忆中，而成为历史中不可取代的事实。演讲的效果固然和内容有密切关系，而内容也可以从印出来的文字中看到，但是印出来的文字却无法反映出演讲时的一切。在演讲中可以透过音调、手势以及精辟透彻的分析无意间造成一种气氛，而这

---

① ［德］雅斯贝尔斯.什么是教育［M］.邹进，译.北京：生活·读书·新知三联书店，1991：154.

种气氛只有透过说出来的话以及在演讲中——不可能在简单的对话和讨论中——显示出来。有些隐藏着的东西，只有在气氛的激促下，教师才会讲出来。教师在无意间表达了他严肃的思考，他对此的疑惑不解。这样，教师就真正让听众参与了他的精神生活。但是，如果他有意这么做，就达不到这一效果。取而代之的是装饰、辩才、狂热、做作的语词、煽动和无耻。因此，一个成功的演讲是没有规则的，唯有认真地去准备，把演说看成是职业当中重要的工作，除此之外，要放弃一切技巧。"[1]教学语言要干净，要有吸引力，关键在教者背后的经验、见识、阅历……即"学富五车，才高八斗"中的"学"与"才"。

教师的一个重要责任是点燃学生的梦想。雅斯贝尔斯说："谁若每天不给自己一点做梦的机会，那颗引领他工作和生活的明星就会黯淡下来。"[2]要让学生有梦想，最要紧的可能是自己要有梦想。梦想难免虚幻，如果想让梦想成真，最重要的可能还是"学"与"才"。我认为实现梦想的第一步是努力使自己成为一名技术精良的"匠人"，即"经师"。当一名技术熟练的匠人并不是一件简单的事情，需要长时间的历练；在这个基础上，玩一点技巧，将技术上升为艺术，使自己有一些艺术细胞，形成自己的教育艺术，将自己打扮成为艺人，但不能到处卖艺，到处卖艺，早晚必然废了武功。

"经师"对教育是要有自己的哲学思考的，至少对自己任教的课程有清醒认识，并努力在认识的基础上形成自己的课程意识和教育主张，这恐怕光有梦想和激情以及埋头苦干的精神还不够，还是要尽可能多读一些书，尤其是经历史验证过的教育经典，至少总得读那么一两本教育哲学方面的书。书读多了，可能会呆，但是不读书，你可能就不会发现"今日为之黯然伤神者，前人早已慨叹"，更何况许多当下的"人师"本来就没有伤神！

在中学语文的教坛中摸爬滚打了几十年后，我意识到，尽管我也想使自己成为一名"经师"，但回头望去充其量是一名不合格的教书匠而已，许多思考与实践，在方家看来多为自说自话与野路子。之所以还是将这些思考与

---

[1] [德]雅斯贝尔斯.什么是教育[M].邹进,译.北京:生活·读书·新知三联书店,1991:155.

[2] 同[1]:156.

实践梳理出来，就是为了能够得到方家们的匡正与指导，以免自己在探索的道路上迷失方向。

  在这本书即将付梓的时候，我首先要感谢的是几位师长，陈香老师的文理兼备、宋为民老师的文学修养、黄文章老师的小学功夫、马浩元老师的幽默，中师班几位老师的严谨，特别是宋建人老师的板书，尤其要感谢的是我的师父陈有明先生，正是他那句"钱梦龙是钱梦龙，凌宗伟是凌宗伟"的提醒，让我始终思考着如何成为一名特立独行的语文教育者。还要感谢一直以来支持和鼓励我的各位同仁。要感谢我年轻的同道季勇老师为这本书的整理与校勘付出的劳动。当然还有我的夫人和女儿。

凌宗伟

2015 年 12 月 28 日于嗜书斋